U0880409

中国核电工程有限公司年鉴

中核集团 CHINA NUCLEAR POWER ENGINEERING CO.,LTD.

2015年卷

中国核电工程有限公司　编

CHINA
NUCLEAR
POWER
ENGINEERING
CO., LTD.

中国原子能出版社

图书在版编目(CIP)数据

中国核电工程有限公司年鉴．2015年卷／中国核电工程有限公司编．—北京：中国原子能出版社，2015.9
ISBN 978-7-5022-6863-3

Ⅰ.①中… Ⅱ.①中… Ⅲ.①核电工业－工业企业－中国－2015－年鉴 Ⅳ.①F426.23-54

中国版本图书馆CIP数据核字(2015)第218227号

中国核电工程有限公司年鉴（2015年卷）

出版发行 中国原子能出版社（北京市海淀区阜成路43号 100048）
责任编辑 胡晓彤
装帧设计 崔 彤
责任校对 冯莲凤
责任印制 潘玉玲
印　　刷 北京盛通印刷股份有限公司
经　　销 全国新华书店
开　　本 787 mm×1092 mm 1/16
印　　张 18.75　　**彩　插** 36
字　　数 321千字
版　　次 2015年9月第1版 2015年9月第1次印刷
书　　号 ISBN 978-7-5022-6863-3　　**定　价** 177.00 元

网　址：http://www.aep.com.cn　E-mail:atomep123@126.com
发行电话：010-68452845
版权所有 侵权必究

《中国核电工程有限公司年鉴(2015年卷)》

编辑委员会

主　　任： 刘　巍

常务副主任： 马宇箭

副 主 任： 钱远华　徐鹏飞　唐景宇　邢　继　张宝钢　姜　宏
温新利　黄传文　钟　华　袁　旭

委　　员：(按姓氏笔画排序)

于利祥　才宝利　王勇跃　王秋林　朱大忠　杜长荣
杜建军　李　明　李正华　李泽斌　杨　宇　杨子春
吴建云　邹　涤　张兆盛　张胜利　陈学营　陈首雷
信天民　贺旭霞　高福春　梁振旸　黄思伟　魏　嵘

编辑部

主　　编： 贺旭霞

副 主 编： 唐　庆

编　　辑： 郭倩汝　王　冠

供稿人员：(按姓氏笔画排序)

白　璐　冯　婧　安　娜　杜晓颖　李　超　李　雯
汪徐根　张　进　张　晅　张平生　张松婷　林　颖
屈永佳　赵艳华　胡仙凤　高明然　郭　峰　盛　丹
魏　嵘

主要摄影： 范　晨　肖军和

编辑说明

一、《中国核电工程有限公司年鉴》（以下简称《公司年鉴》）的编辑、出版旨在全面系统的载录中国核电工程有限公司的发展历程，为公司各单位（部门）和职工提供信息资料，为各级领导决策和管理工作提供参考依据，也为社会各界了解我公司提供一个信息平台。

二、《公司年鉴（2015年卷）》采用分类编辑法，主体结构分为类目、分目、条目 3 个层次，条目下设各级子目，通过多层级结构描述 7 个篇目内容，即特载；股东会、董事会、监事会；组织机构及负责人名录；生产经营和科研工作；公司管理情况；党、纪、工、团工作；分支机构；以及彩插和附录部分。全面载录公司2014年生产经营、工程建设、公司党建等工作情况。文中记述时间，原则上截至2014年12月31日。

三、本年鉴编撰工作得到了各单位（部门）的大力支持。编撰工作由公司总经理办公室牵头，各单位（部门）指定专门的负责人，并搜集整理各单位（部门）年度工作情况总结汇报，在形成年鉴初稿后，经过各级领导审核反馈，编撰委员会通过反复的查漏补缺、不断完善，最终由中核集团原子能出版社出版印刷，形成《公司年鉴（2015年卷）》。在此，对给予帮助的公司各单位（部门）及社会各界表示感谢。

四、由于年鉴供稿人员众多，编撰人员能力有限，对可能出现的纰漏，敬请读者指正。

《中国核电工程有限公司年鉴》编辑部

2014 年 1 月 17 日，中国核工业集团公司董事长、党组书记孙勤到福清核电工程项目现场调研指导工作。福建省发改委副主任兼福建省重点办主任俞开洋陪同

2014 年 1 月 21 至 22 日，中国核工业集团公司党组成员、总会计师李季泽赴八二一核废物处理总承包工程项目检查指导工作

2014 年 1 月 26 日，中国核工业集团公司党组成员、副总经理邱建刚一行到公司慰问指导工作

2014 年 1 月 27 日和 30 日（农历除夕），中国核工业集团公司党组成员、副总经理俞培根一行先后到公司总部和方家山核电工程项目部检查指导工作，并向广大工程建设者们致以节日的问候

● 2014 年 1 月 30 日（农历除夕），中国核工业集团公司党组成员、副总经理吕华祥到福清核电工程项目现场检查指导工作并慰问一线员工

● 2014 年 2 月 17 日，国家核安全局一司司长郭承站、华北站副主任刘璐一行到公司调研指导工作

● 2014 年 5 月 8 日，中国核工业集团公司总经理助理兼核动力事业部主任李晓明到福清核电工程项目现场调研工作

● 2014 年 5 月 30 日，中国核工业集团公司党组成员、副总经理俞培根一行到福清核电工程项目现场检查指导 1 号机组装料工作

2014 年 6 月 17 日，中国核工业集团公司董事长、党组书记孙勤到福清核电工程项目现场调研指导工作

2014 年 6 月 20 日，福建省委书记尤权一行到福清核电工程项目现场调研指导工作

2014 年 7 月 1 日，中国核工业集团公司党组成员、副总经理吕华祥一行到福清核电工程项目现场参加福、方、海项目 DCS 第三次高层协调会并调研工作

2014 年 8 月 7 日，中国核工业集团公司总经理、党组副书记钱智民到福清核电工程项目现场调研指导工作

2014 年 8 月 19 日，国资委监事会工作局副局长方炳兴一行来公司就核电项目建设情况及存在问题和风险开展预调研工作

2014 年 8 月 22 日，中国核工业集团公司党组成员、纪检组组长李学东一行到方家山核电工程项目现场检查指导工作

● 2014 年 9 月 11 日，国防科工局核应急与军工核安全监管司司长姚斌赴八二一核废物处理总承包工程项目现场调研

● 2014 年 9 月 19 日，国家发展改革委副主任、国家能源局局长吴新雄，福建省副省长陈冬到福清核电工程项目现场调研指导工作，中国核工业集团公司党组成员、副总经理邱建刚陪同

2014 年 10 月 30 日，中国核工业集团公司总经理、党组副书记钱智民，党组成员、副总经理俞培根出席福清核电工程项目 5、6 号机组沙盘推演方案系列会议

2014 年 10 月 30 日，中国核工业集团公司党组成员、副总经理杨长利，国防科工局系统二司副司长段六一一行赴八二一核废物处理总承包工程项目调研指导工作

● 2014 年 11 月 14 日，中国核工业集团公司董事长、党组书记孙勤，中国核工业集团公司党组成员、副总经理杨长利调研指导八二一核废物处理总承包工程项目工作

● 2014 年 11 月 26 日，中国核工业集团公司总经理、党组副书记钱智民，党组成员、副总经理吕华祥，党组成员、副总经理俞培根一行到公司就福清核电工程项目 5、6 号机组工作准备情况调研指导

2014 年 2 月 22 日，海南核电工程项目 1 号机组压力容器顶盖第一次扣盖成功完成，为一回路冷态功能试验目标实现打下良好基础

2014 年 5 月 18 日，方家山核电工程项目 2 号机组核岛压力容器顶盖扣盖成功

● 2014 年 5 月 26 日，海南核电工程项目 1 号机组安全壳整体打压试验圆满成功，打压节点顺利实现

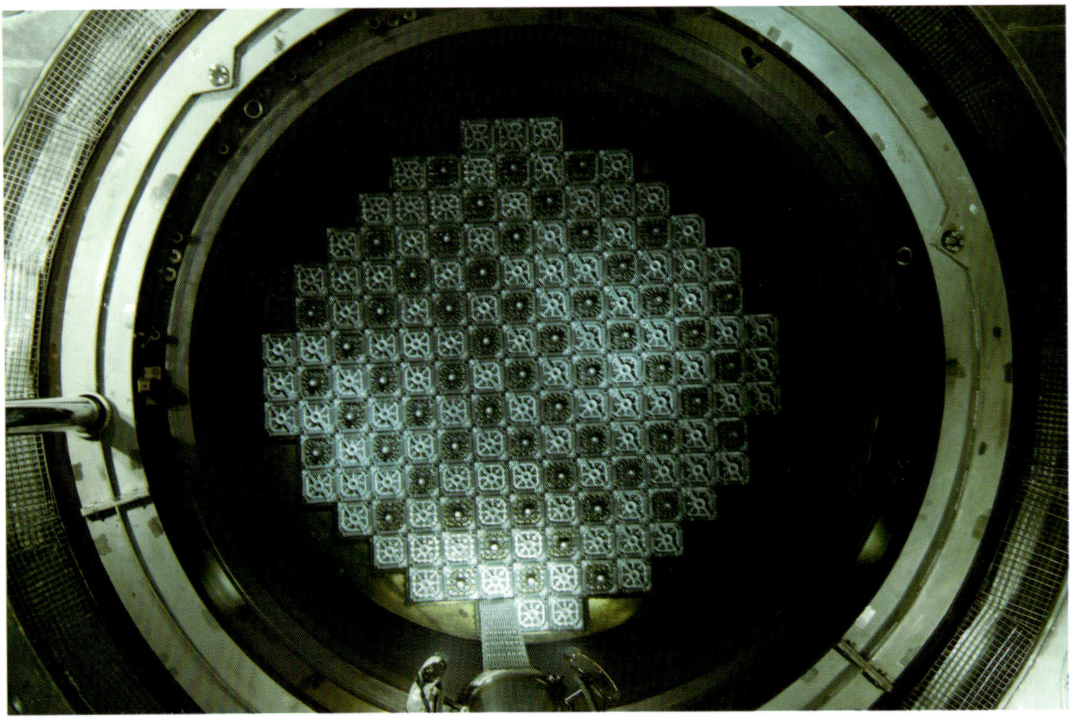

● 2014 年 6 月 6 日，福清核电工程项目 1 号机组 157 组燃料组件全部安全准确就位，首次装料工作取得圆满成功

2014 年 6 月 24 日，福清核电工程项目 4 号机组安全壳穹顶吊装节点圆满完成

2014 年 7 月 1 日，福清核电工程项目 3 号机组主管道自动焊施工顺利完成

2014 年 7 月 24 日，福清核电工程项目 1 号机组首次达临界圆满成功

2014 年 8 月 20 日，福清核电工程项目 1 号机组首次并网成功

2014 年 9 月 1 日，方家山核电工程项目 1 号机组首次装料圆满成功

2014 年 10 月 26 日，田湾核电工程项目 3 号机组环吊大梁顺利吊装就位

2014 年 11 月 4 日，方家山核电工程项目 1 号机组首次并网成功

2014 年 11 月 7 日，海南核电工程项目 1 号机组一回路水压试验圆满完成

● 2014 年 11 月 12 日，福清核电工程项目 4 号机组完成环吊可用关键里程碑

● 2014 年 11 月 19 日，公司总承包项目福清核电工程项目 1 号机组临时验收顺利完成并签约，公司正式完成福清核电工程项目 1 号机组全部总承包工作

● 2014年12月5日，方家山核电工程项目2号机组首次装料圆满完成，为2号机组临界、并网发电打下坚实基础

● 2014年12月16日，公司总承包项目方家山核电工程项目1号机组临时验收顺利完成并签约，公司正式完成方家山核电工程项目1号机组全部总承包工作

2014 年 12 月 20 日，田湾核电工程项目 3 号机组穹顶整体吊装关键节点实现，这是世界上核电站最重的薄壳穹顶，也是 WWER-1000 型核电机组首次实施穹顶整体吊装

2014 年 12 月 28 日，八二一核废物处理总承包工程项目三条桶外搅拌水泥固化线 72 小时验证试验全部顺利完成

2014 年 1 月 17 日，公司在京召开 2014 年度工作会议。中国核工业集团公司总经理助理兼核动力事业部主任李晓明出席会议并讲话。会议全面回顾总结了公司 2013 年度工作，并安排部署了公司 2014 年度重点工作，动员全体干部员工为圆满完成“十二五”各项任务、共同开创公司科学发展新局面而努力奋斗

2014 年 2 月 5 日至 6 日，公司与中广核工程有限公司项目管理交流会在海南核电工程项目现场顺利召开。中国核工业集团公司总经理、党组副书记钱智民，总经理助理兼核动力事业部主任李晓明等出席

● 2014 年 2 月 21 日，公司召开党的群众路线教育实践活动领导班子专题民主生活会。中国核工业集团公司董事长、党组书记孙勤同志出席会议并发表重要讲话，中国核工业集团公司第一督导组组长潘建明、副组长周定文参加会议

● 2014 年 3 月 21 日，公司第一届第六次职工代表大会在北京顺利召开

2014 年 4 月 3 日，公司召开 2014 年科技创新奖励表彰大会。2013 年公司获奖总数首次在中国核工业集团公司以及中国核能行业协会中均排名第一

2014 年 4 月 14 日，公司组织召开了企业文化建设动员大会，会议主要就 2014 年度企业文化建设计划进行了安排部署

● 2014 年 8 月 8 日，公司在北京召开 2014 年年中工作会。会议对“项目总经理负责制和项目人才培养”“充分发挥设计龙头作用”“增收节支”等三个重要专题进行了深入讨论

● 2014 年 8 月 22 日，“华龙一号”总体技术方案在京通过国家能源局、国家核安全局组织的专家评审，专家一致认为“华龙一号”的成熟性、安全性和经济性可满足三代核电技术要求，核心技术具有自主知识产权，可以自主出口并建议尽快启动示范工程

2014 年 9 月 22 日，公司召开“党的群众路线教育实践活动”总结大会。核动力事业部党组书记、中国核工业集团公司第二批党的群众路线教育实践活动第一督导组副组长周定文出席

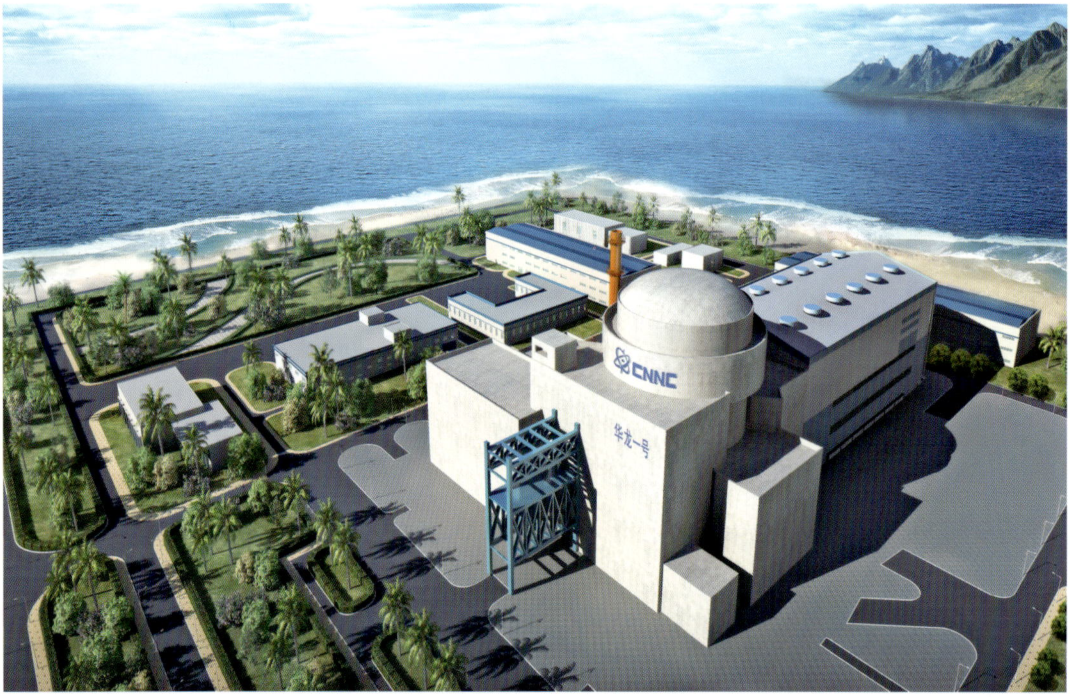

2014 年 11 月 3 日，国家能源局对福建省发改委、中国核工业集团公司的请示报告发出复函，同意福清核电工程项目 5、6 号机组工程调整为“华龙一号”技术方案。中国自主知识产权三代核电机型正式落地

● 2014 年 11 月 15 日，由公司承办的“第四届核能行业概率安全分析（PSA）研讨会”在北京顺利闭幕

● 2014 年 11 月 25 日，由公司牵头，中核四 O 四有限公司、中国原子能科学研究院和清华大学参研完成的“动力堆乏燃料后处理中间试验厂设计与建造”科技成果顺利通过由国防科技工业局组织的科技成果鉴定。标志着我国已掌握了核电站乏燃料后处理的核心技术，具有里程碑的意义

2014 年 2 月 24 日，沙特阿拉伯阿卜杜拉国王科技城（KACST）副主席 Turki Saud Mohammed Al-Saud 博士一行到公司访问

2014 年 8 月 6 日，沙特阿拉伯阿卜杜拉国王核能与可再生能源城（KACARE）代表团副主席瓦利德·阿布尔法拉一行到公司访问

2014 年 8 月 12 日，伊朗原子能机构（AEOI）技术代表团 Mr. Jamshyd Kamali 一行到公司访问

2014 年 9 月 2 日，阿根廷核电公司总裁 Jose Luis Antunez 先生到公司访问

2014 年 10 月 21 日，公司举办了中美高放废物深钻孔处置技术培训与交流会。美国能源部乏燃料处置研发司司长 William John Boyle 先生、美国 Sandia 国家实验室研究员 Partrick V. Brady 先生等参加了会议

2014 年 11 月 18 日至 20 日，公司总经理刘巍陪同中国核工业集团公司党组成员、副总经理俞培根出访沙特阿拉伯，并在“可持续能源促发展”第四届中阿能源合作大会上发表了题为《中核集团 ACP 核电技术以及合作建议》的主旨演讲

2014 年 3 月 7 日下午，为庆祝“三八”妇女节，公司工会在玉渊潭公园组织开展了“女职工健康、快乐大步走”活动，来自公司各单位 600 余名女职工参与了活动

2014 年 4 月 21 日，公司代表队参加中国核工业集团公司核动力事业部“十分精彩”青年演讲比赛。最终公司“核你有约”代表队荣获本次比赛一等奖，公司团委荣获本次比赛优秀组织奖

● 2014 年 6 月 20 日，在中国核工业集团公司京区单位职工趣味运动会上，公司代表队经过全力拼搏，取得了团体总分第二名的好成绩

● 2014 年 6 月，公司举办第一届职工台球比赛，共有 22 个代表队 90 余名台球爱好者参加比赛

2014 年 10 月 16 日，由我公司团委承办的中国核工业集团公司“纪念核工业创建 60 周年暨原子弹爆炸 50 周年核工业发展史首场演讲活动”在京举行

2014 年 10 月 26 日，公司在京召开第四届职工运动会。来自公司 37 个代表队的 1478 名运动员参加了运动会，在 9 个运动项目上尽展风姿

2014年10月，公司代表队参加中国核工业集团京区单位“核电杯”职工羽毛球团体赛，并最终获得团体第四名的佳绩

2014年10月25日，在中国核工业集团公司核动力事业部举办的第二届职工运动会上，公司代表队以优异的成绩获团体总分第一名

目　录

第一部分　特　　载

蛮拼坚持　牢记使命　勇于担当
全面实现公司管理与国际接轨

——在公司 2015 年度工作会议上的报告

刘　巍

2015 年 2 月 6 日

同志们、朋友们：

中国核电工程有限公司 2015 年度工作会议今天开幕了。

会议的主要任务是：认真学习贯彻党的十八大、十八届届三中、四中全会和中央经济工作会议、集团公司和核动力事业部年度工作会议精神，回顾公司 2014 年的工作，深入分析、主动适应核工业发展“新常态”，全面部署公司 2015 年工作，动员公司全体干部员工为圆满完成重大专项工程及“十二五”各项任务、实现“十二五”末公司管理与国际一流工程公司接轨发展目标而努力奋斗！

2014 年工作回顾

2014 年，在集团公司和核动力事业部的总体部署和领导下，公司正确把握改革发展的方向和重点，生产经营工作取得历史性突破。福清、方家山 1 号机组全面完成总承包工作，方家山 2 号机组也成功并网；“华龙一号”总体技术方案通过国家权威评审，华龙团队获集团重大科技成果特别奖、“2014 年度国防科技工业十大创新团队”荣誉称号；福清 5、6 号机组采用

"华龙一号"核电技术的"路条"获批，ACP1000 通过国际原子能机构反应堆通用设计审查，巴基斯坦、阿根廷项目"走出去"取得可喜成绩；AP1000 自主设计能力通过国家核安全局专家组评估；后处理中间试验厂设计与建造科技成果通过科工局鉴定；全年共获得省部级科技奖 42 项，核工业部级优秀咨询、设计、工程勘察奖 26 项，获奖数量排名在集团及核能行业协会蝉联第一，其中公司牵头完成的"百万千瓦级核电站自主设计与技术创新"科技成果首次获得国防科技进步一等奖；总包项目安全质量总体受控，全年未发生保密保卫事件以及因自身违法违规引发的法律纠纷案件。

一、以科学绩效为手段，经济效益平稳增长

2014 年，公司实现营业收入 112. 76 亿元人民币，利润总额 3. 56 亿元人民币，EVA 2. 55 亿元人民币，集团外收入 2. 15 亿元人民币，成本费用比 96. 93%，超出考核指标 1. 33 个百分点。

二、以兴核强军为使命，军工任务圆满完成

（略）

三、以创新发展为目标，2014 年重点任务完成良好

2014 年工作报告提出的各项工作目标已于 3 月份全面分解到各部门的 JYK 考核任务中，重点任务考核节点共计 45 项，完成 39 项，滞后 4 项，未完成 2 项：一是福清 5 号机组 2014 年 6 月底前具备 FCD 条件；二是乏燃料运输容器研制取得设计许可证。

深化改革、提升管理能力方面，发布并宣贯创建国际一流工程公司的中长期发展战略和顶层设计方案；在新建项目实施设计、采购、施工、调试赢得值管理和"三级计划一体化"管理模式；8 月开展与国外知名工程公司对项目管理人员的国内培训工作；开展采购管理对标，主要指标实现对标国内企业的管理水平；拓展人才的招聘渠道，超额完成目标；召开公司领导务虚会，就"公司与国际接轨相关指标数据分析""优化薪酬管理体系，充分调动科研设计人员工作积极性"等 13 个议题进行深入研讨；公司获评集团公司管理提升活动优秀基层单位。

（一）核电工程总承包及科研项目成果丰硕

福清、方家山1号机组分别于11月19日、12月15日完成临时验收，标志着公司首次全面完成了两台机组的总承包工作。面对福、方项目主泵、DCS到货严重滞后的情况，公司全员积极采取措施，全力挽回工期，通过优化逻辑、制定专项、调试引领等一系列措施，创造了国内同类型核电机组从装料到性能试验结束工期最短的佳绩。

方家山2号机组已于2015年1月12日成功并网，2月2日完成97%功率平台试验，有望进一步缩短工期。

福清2号机组于11月20日热试开始；3号机组于12月31日完成核回路冲洗，2015年1月27日完成500 kV倒送电；4号机组于6月24日实现穹顶吊装，2015年1月27日开始压力容器安装。

福清5号机组于11月3日取得国家核安全局开展前期工作的复函，召开项目核准报告评审会，10月15日核岛基坑验槽完成。

海南昌江1号机组于11月7日完成一回路水压试验；2号机组于12月23日主电源倒送电完成，2015年1月31日开始核回路冲洗。

田湾3号机组于12月20日完成穹顶整体吊装，2015年1月20日实现环吊可用；4号机组处于土建高峰期，正在进行反应堆厂房内部结构的施工。

徐大堡1号机组于4月获得“两评”报告批复意见及可研报告的审查意见，目前核岛底板第二层钢筋绑扎已完成。

漳州1、2号机组于2月27日签订总承包框架协议。

积极推进核电前期工作，在AP1000、模块式小堆、浮动堆、行波堆、快堆等先进堆型方面开发国内适应性厂址，开发海外核电市场，开展巴基斯坦C5、苏丹、阿根廷、沙特等核电前期工作。

各工程项目监理质量控制成效明显，顾客满意率100%，工程质量、安全全面受控。

“华龙一号”（ACP1000）型号研发稳步推进，54项科研课题正在按照既定进度开展工作，科研开发和工程设计满足国内示范工程、海外首堆工程FCD要求；完成“ACP1000技术标准体系建设”分析策划报告，促进

ACP1000 产品的标准化及规范化。

AP1000 于 3 月顺利通过国家核安全局组织的设计能力评估，具备开展 AP1000 项目自主化工程设计的能力。

ACP100 完成初步设计和初步安全分析报告，19 项科研课题具备验收条件；ACP100+纳入集团“龙腾计划”，总体方案设计进展良好，获得国际认可。

ACP600 完成概念设计、商标注册并启动型号研发。

成立核电安全研究中心，开展具有国际先进水平的实验研究、软件开发等核安全研究和人才培养工作。

（二）核化工科研设计稳步推进

大型核燃料后处理厂进行 10 轮中法合同谈判，编制完成项目建议书。

完成三废治理、后处理工程项目及退役项目近 50 项；承担的 23 项后处理关键设备研制和工艺技术研究科研项目取得阶段性成果，为专项设计奠定了基础。

完成“乏燃料运输容器研制”课题试验验证和设计优化，开展容器原型样机制造工作。

（三）核燃料科研开发进展顺利

核燃料芯块先进烧结系统完成“动梁式高温烧结装置”48 小时冷态运行试验；MOX 燃料元件技术试验线已产出 MOX 芯块，编制完成安全分析报告。

（四）民用工程领域树立品牌

公司与万达集团等著名房地产企业保持良好合作的同时，与恒大地产集团等签订战略合作协议；完成西藏羊易地热、土耳其脱硫等多个项目的设计及施工服务工作；完成益阳生活垃圾焚烧发电厂等施工设计工作，获得“广厦奖”等奖项。新年伊始，公司召开民用业务成果展览暨座谈会，进一步整合资源，建立联席制度，保留公司发展的“优秀基因”。

四、以深化改革为指引，向“国际一流工程公司”目标迈进

（一）统一思想，完善战略规划管理体系

发布并宣贯《创建国际一流工程公司中长期战略和顶层设计》等办法；编制2015—2017年三年滚动发展专项规划；启动了在科技、人力等四个领域11个“十三五”重大专题研究。

制定公司核心领域技术发展路线图，明确公司技术发展顶层设计，科学确定核电、核化工以及核燃料三个核心领域技术路线的发展方向、目标和重点。

制定公司项目管理提升顶层方案，编制《项目管理提升中长期规划（2014年—2020年）》，通过标杆研究及差距分析，借鉴国际先进工程公司发展路径和成功经验。

（二）集中精力，重点提升EPCS各板块管理能力

扎实提升设计管理水平，完成设计院管理顶层设计，优化设计院管理体系；发布了设计优化的评比奖励办法；完成AP1000、ACP1000设计三级进度计划标准模版，形成标准人工时定额。

持续深化采购管理对标，从一体化计划管理、标准化、供应商履约评价等十个方面开展对标工作，初步建立计划、采买、合同执行和监造等岗位的标准化作业指导规范，建立采购管理指标体系，实现对采购全过程的指标管理。

创新提高工程管理能力，进一步落实项目总经理全面负责制；形成项目管理标准化体系，制定M310机组项目标准人力配置方案；完成福清、方家山项目总包合同价格的阶段性变更工作，为保证项目建设提供资金保障。

努力开创调试管理新局面，重点培养在核电调试启动，核电运行支持服务和三废治理、后处理厂调试三大业务领域的核心竞争力，完全具备了独立承担核电站调试任务的能力。

（三）一抓到底，全面深入推动 JYK 一体化管理

进一步优化公司 JYK 管理工作体系和流程；修订全面预算管理办法，完成二十余项专项预算管理办法和定额标准的编制工作。

（四）多头并举，深化人力资源改革

全年共引进核心骨干人才 119 人；初步建立起“分层、分类、分对象”的培训体系；建立项目管理队伍“传、帮、带”机制，选拔 19 名骨干人才实施项目总经理助理岗位挂职培训；选拔聘任公司首批首席专家 4 名，公司岗位、薪酬、绩效考核、工资总额体系改革实现平稳过渡。

（五）强化保障，优化科研管理体系

全年完成 48 项重点科研项目总体目标，3 项通过国家能源局验收；实施了科技奖、专利、科技成果转化等奖励激励机制；首次获得北京科委重大科技成果转化落地培育项目；后处理研发中心及核设施退役研发设施建设项目建议书通过科工局评审，公司研发基地落户河北廊坊。

（六）靠前思考，提高信息化应用水平

提前一年实现公司信息化水平达标 A 级的集团考核目标；全年四大业务板块系统建设顺利推进，设计、采购系统二期、施工、调试系统一期试运行；核电工程项目管理信息平台第二批功能上线；招标管理、经验反馈等系统建成投运；推进 IT 基础设施改造，完善信息安全体系，全面对标国际规范信息系统。

（七）落实责任，确保质量和 HSE 管理受控

实现国防科工局系统军工单位安全生产标准化一级达标，深化落实安全生产责任制，推动各总包项目部 HSE 管理；从绩效、管理、现场标准化三个方面对福清和海南两个项目开展安全评估；全面优化经验反馈体系，实现闭环和有效性管理。

（八）精益求精，巩固公司财务管理高水平

公司连续六年获得集团公司“财务决算管理先进单位”荣誉称号；开展成本精益管理，严格预算管控；制定项目资金支付计划管理办法和项目资金池管理办法，为确保项目进度提供资金保障；发布公司《项目费用控制大纲》提升项目全周期预算编制、考核和费用控制能力。

（九）凝心聚力，引导企宣理念深入人心

凝练形成了公司“聚文化”理念体系，确立了“海纳百川，聚德思变”的核心文化理念；公司新闻宣传工作实现多点开花，信息报送工作成绩在集团公司 107 家成员单位中排名第二，《中核要情》首次录用公司报送综合信息；公司发布首份企业社会责任报告，实现多维度展现公司成绩。

（十）兢兢业业，持续增强审计和风险管控能力

防范管理盲区，首次全面开展科研项目实物资产、无形资产摸底统计与审计；整合提高全面风险管理及专项风险评估能力；健全价格稽核工作机制，有力促进采购合规性和价格合理性提升。

（十一）夯实基础，筑牢法律风险防线

全面落实新三年法制工作目标，实现重要决策、重大合同和规章制度法律审核率 100%；法律纠纷案件管控成效显著，为公司挽回和避免损失 500 余万元人民币。

（十二）放眼海外，力推国际合作开发迈上新台阶

国际交流合作成果丰硕，国际市场开发稳步推进，阿根廷项目签署政府间协议，沙特项目签署备忘录，英国项目完成了大小堆技术组设立、工业参与等方面的工作，编制了 GDA 调研报告、启动了多家企业的技术合作谈判工作。

五、以落实整改为抓手，加强党风、廉政建设

（一）持续深化党的群众路线教育实践活动

在一年多的时间里，聚焦查摆“四风”方面的问题意见 2 126 条，严格制订工作方案和计划，召开领导班子专题民主生活会，按时落实各项整改工作，以“抓铁有痕、踏石留印”的精神圆满完成教育实践活动各环节的任务，使得群众路线深入人心，党的作风建设落地生根。

（二）聚焦“八项规定”，坚决整治“四风”

进行反腐倡廉专项检查，督促整改落实，有效控制业务招待费用，健全制度，加强对权力运行的制约，加大查办案件和问责追究力度，做到有案必查，有腐必惩。

（三）积极开展工会、共青团工作

组织召开第一届第六次职代会，落实民主管理及合理化建议，召开公司领导双周座谈会，与基层员工进行直接沟通。召开第二次团代会，选举产生公司共青团第二届委员会，开展五四主题活动月等丰富多彩的活动。

同志们，过去的 2014 年对于公司来说是极不寻常的一年，这一年，大家在逆境中坚持、在压力下拼搏、在奋斗中成长……一路曲折艰辛，我们矢志不渝；最终苦尽甘来，我们昂首阔步！这一年，我们实现了核电工程总承包之路的“成人礼”，“华龙一号”被载入中国核电发展史册，这些卓著的成绩，饱含着公司全体干部员工的心血和汗水，在此，要向给予工程公司深切关怀与大力帮助的集团领导、核动力事业部及总部各部门领导表示衷心的感谢！更要向奋战在生产、科研一线，为公司发展做出卓越贡献的全体干部员工、各单位驻现场人员、驻厂代表、驻海外代表，表示最衷心的感谢和最诚挚的慰问！

面临的形势和改革发展思路

2015年，纵览环球经济，形势依旧纷繁复杂。从国际看，经济全球化在曲折中深入发展，新科技革命蓄势待发；从国内看，社会主义市场经济朝气蓬勃，新技术、新产品、新业态、新商业模式层出不穷，经济发展进入新常态。

习总书记为核工业60周年做出重要批示："60年来，几代核工业人艰苦创业、开拓创新，推动我国核工业从无到有、从小到大，取得了世人瞩目的成就，为国家安全和经济建设做出了突出贡献。核工业是高科技战略产业、是国家安全重要基石。要坚持安全发展、创新发展，坚持和平利用核能，全面提升核工业的核心竞争力，续写我国核工业新的辉煌篇章。"习总书记的指示，从民族复兴和强国强军的战略高度，指明了核工业在新时期的发展道路，是中国核工业改革发展的根本遵循，指导当今核工业发展的"新常态"。

一、正确认识核工业发展的"新常态"

（一）核工业是国家安全重要基石

当前国际形势复杂多变，我国周边少数国家积极谋求发展核武器，核扩散形势十分严峻，对我国加快战略核力量建设提出了紧迫要求。建设与我国大国地位相称、与国家安全和发展相适应的强大核工业，是建设中国特色先进国防科技工业体系的重要组成部分。公司承担的军工任务重、时间紧、要求高，特别是在技术、能力上还存在短板和不足，各方面资源配置都要加大力度，确保军工任务后墙不倒。

（二）核电进入规模发展期

坚持和平利用核能，国内核电仍处于重要发展机遇期，我国要实现2030年左右二氧化碳排放达到峰值，非化石能源占一次能源比重提高到20%左右的目标，到2020年核电装机和在建容量要达到8 800万以上，从

2015 年起，平均每年要开工 6~8 台机组。核电项目竞争将是技术路线、建设能力、地方支持等综合实力的比拼，竞争将更加激烈。

（三）“走出去”成为国家战略

国家实施“一带一路”的战略，积极推动核电、高铁“走出去”，政策、资金方面都给予支持。目前“走出去”仅限于巴基斯坦、阿根廷，但由于海外开发具有周期长、短期难以落地的特点，“走出去”的任务依然艰巨。

（四）科技创新作用更加突出

习总书记在中央经济工作会议上讲到，整个世界正在孕育新一次技术创新的浪潮。现在国家部委正在积极行动，开始接受第二批国家重大科技项目的申报，大家都在积极通过科技创新争取发展。另外，国家层面也正在制订关于科技成果转化收益分配方面政策，鼓励科技创新积极性。

（五）市场化改革深入推进

2014 年是我国全面深化改革的开局之年，而经济体制改革是全面深化改革的重点，发挥市场在资源配置中将发挥决定性作用。国家已同意国核技和中电投重组，其他几家，包括中核、中广核、中核建按现有模式经营，总的思路是军民分线、适度竞争、先易后难。国内核电竞争很快变成真正的三足鼎立，政府的市场化导向相当强烈。

（六）安全环保标准不断提升

国家相关安全监管当局对核工业的安全指标不断提升，环保标准更新频率显著提高。公众对核工业的安全预期持续增加，任何项目的落地都必须充分考虑当地公众的接受程度，积极做好与百姓的沟通工作。核工业产业链“一荣不一定俱荣、一损一定俱损”的特点反映了核安全文化的重要性。

二、落实公司改革发展的新要求

面对当前六方面的“新常态”，结合公司自身发展和内外部环境，我们提出要做到“六个必须、六个确保”来满足外部形势对公司提出的新要求，分别是：

（一）必须牢记使命、勇于担当，确保军工任务顺利开展

如果没有老一辈核工业人的无私奉献与艰苦奋斗，就不会有我们今天核工业的崇高地位与安定幸福的生活。现在正是祖国需要我们的时候，我们作为拥有“四个一切”精神的核工业人，必须牢牢把握历史机遇期，精心组织、反复推演，确保任务顺利开展并为后续工作打下坚实基础，这是“大局”。

（二）必须科学谋划、统筹资源，确保重点任务按时完成

面对各项重点任务，我们要理清思路、分清轻重缓急，科学制订计划，统筹做好全公司各项资源的协调工作，体现出工程公司资源优势，特别是人才的流动与调配，采用多种方式保证任务完成。

（三）必须持续创新、落实激励，确保技术研发优势地位

我们要建立完善质量体系，不断激发科技创新活力，落实集团科技创新奖励措施，加强科技成果转化激励，加大对科技成果、知识产权、国际标准的奖励力度，支持公司研发基础设施的建设工作，稳固公司在核工程领域的优势地位。

（四）必须深化改革、依法治企，确保实现管理接轨目标

我们要抓住深化改革的契机，落实好集团深化改革指导意见，加快推进依法治企工作，加强执行力建设，完善考核机制、提升经营能力和产业竞争力，实现管理主要指标与国际一流工程公司接轨目标。

（五）必须提升服务、控制成本，确保顺应市场竞争要求

我们要按照“职能部门服务于业务板块、业务板块服务于项目、项目服务于业主”的“三个服务于”核心理念，加强服务意识、提升服务水平，做好项目全成本核算工作，为业主提供有市场竞争力的产品。

（六）必须落实责任、做好沟通，确保安全环保万无一失

我们要牢记安全生产是核工业生命线，责任一定要到位，责任体系一定要落实，做好与相关单位部门的沟通，做好与上级部门、与宣传单位的沟通，为公司发展争取全方位的支持。

同志们，面对“新常态”带来的机遇与挑战，我们要有一种争朝夕时不我待的精神，要有一种慢不起、等不起的紧迫感，主动作为，抓住转瞬即逝的发展窗口，像我们“两弹一艇”的前辈那样去干一番事业！

同志们，在接下来的日子里，面对紧张繁重的工作，面对祖国的召唤，大家要有决心，甚至要牺牲部分与亲人朋友共度的休闲时光来投入到紧张的科研设计工作中！大家要有决心，为了公司的长远发展，向团队无私奉献自己的所有聪明才智！大家要有决心，为了祖国的强盛，为了和平的生活，攻坚克难，圆满完成祖国交给我们的任务！

2015 年工作重点

2015 年，是“十二五”的收官之年，也是“十三五”的布局谋篇之年。我们要正确认识核工业发展的“新常态”，落实公司改革发展的新要求，把握机遇，勇于担当，以国家战略为先导，把提升核心竞争力、巩固核心优势放在更重要位置，全力以赴保增长，大力抓好科技创新，积极推进深化改革和依法治企，努力做好安全环保和保密工作，全面加强党建和干部人才队伍建设，为“十三五”开好局、起好步奠定坚实基础。

一、保持增长，完成事业部下达各项经营效益考核指标

实现主营业务收入 125.39 亿元人民币；利润总额 3.62 亿元人民币；EVA 2.35 亿元人民币；成本费用比不高于 97.18%。

二、牢记使命，确保军工任务圆满完成

（略）

三、乘势而上，确保重点工作目标按期实现

（一）确保核电项目实现“四大控制”目标

福清 5 号机组于 6 月具备 FCD 条件；6 号机组于 9 月完成核岛负挖。

福清 2 号机组于 6 月实现首次并网，8 月完成性能试验；3 号机组按 12 月开始热态功能试验推进，8 月开始冷态功能试验；4 号机组按 52 个月工期推进，于 7 月完成主管道冷、热段焊接。

方家山 2 号机组按 65.5 个月工期推进，于 2 月完成性能试验，提前计划两个月完成总承包工作。

海南昌江 1 号机组按 66 个月工期推进，7 月首次临界；2 号机组按 11 月开始热态功能试验。

田湾项目按 62 个月工期推进，3 号机组，6 月开始主回路管道焊接；4

号机组，10 月实现反应堆厂房穹顶整体吊装。

田湾 5 号机组年底前具备 FCD 条件。

徐大堡项目在业主批准并通知核岛底板施工后 4 个月具备 FCD 条件，在核安全局正式通知后 3 个月内，完成初步安全分析报告审评工作。

完成漳州项目的初步设计，沧州项目的总体设计，同时配合做好项目执照申请工作。

ACP1000 完成 54 项科研课题结题，确保文件图纸出版满足 K2、K3 项目 FCD 条件。

AP1000 实现设计完全自主化，完善参考电站跟踪数据库，建立核电标准三维模型，12 月完成第三阶段消化吸收工作。

巴基斯坦 C5 项目，开展初可研报告评审工作和可研相关工作。

ACP100 完成 25 项科研课题结题，ACP100+完成概念设计。

ACP600 于 9 月完成总体方案设计。

提升在役电站运行技术服务能力，12 月签订秦山二期 1、2 号机组技术规格书改造项目合同。

（二）确保核化工任务按期完成

开展乏燃料离堆干法贮存技术的初步工程研发，5 月完成技术标准初稿和典型工程方案；完成四〇四退役与废物治理分析检测中心初步设计；开展重大专项后处理分项科研项目及核能开发项目课题研究；8 月，编制完成《乏燃料金属干法容器运输安全分析报告》；12 月，根据集团确定的合同签约模式，签订乏燃料运输容器首台套样机转产品供货合同。

（三）确保核燃料目标顺利实现

稳步推进核材料加工领域前沿技术研究，保持公司在核燃料元件工艺技术装备开发、核技术应用与无损检测等领域研究的领先地位，重点做好“MOX 燃料元件制造”科研项目的研究工作，确保项目的研发进度和技术先进性。

四、全面提速管理提升，按下国际接轨“快进键”

（一）加强战略引领，推进国际对标

发布公司及专项2015—2017年三年滚动发展规划，完成“十三五”重大专题研究；提前谋划公司下一步改革方向和发展重点，深入开展国际对标研究，完成“十三五”发展规划编制工作。

（二）完善JYK体系，创新绩效管理与考核机制

按市场化和责权利一致的原则，颁布经营合同与生产计划一体化管理规定；推行全面经济效益责任制，强化利润中心和成本中心的主体责任；建立激励为主、约束为辅的绩效管理与考核机制，运用内部产值量化分配与考核手段。

（三）着力挖潜增效，积极推动内控体系建设

强化内控体系建设，细化标准、严格控制，4月底，完成内控实施方案和建设制度制定，8月完成《内控手册》编制，建立效率督导组织，提高流程执行效率，初步构建公司内控体系。

（四）加快改革节奏，高效提升项目管控能力

3月完成总包项目人力标准配置大纲；6月提出物项分解原则，并在原有物项编码基础上编制ACP1000机型物项编码体系；完善经验反馈信息系统；全面启动“华龙一号”工程量清单统计工作；做好总承包合同费用和利润分解工作，形成公司总承包项目报价体系；正式发布公司WBS工作规范，并依托福清5、6号项目，按计划完成沙盘推演及同行评估后续行动项整改工作；确保年度安全质量管理目标。

（五）围绕核心任务，努力提高科研设计管理水平

完善核电、核化工、核燃料等三大领域的专业技术体系，制定ACP1000及后续机型技术战略和规划，12月发布《公司技术发展路线图》；依托K2、

K3、福清 5、6 号项目，完成 ACP1000 核岛典型设计，完善设计优化、科技科研创新激励机制，强化科研保障能力建设，12 月，海盐调试基地开工建设，10 月，廊坊研发基地项目取得国有土地使用证。

（六）科学筹划体系，系统增强人力资源管理能力

强化公司人力资源管理与统筹，提升板块间协调能力，建立公司人员专业背景数据库；年内引进项目管理骨干人才 20 名，科研设计骨干人才 10 名；完善公司培训体系建设，推进经营管理、科技创新、项目管理三支人才队伍的国际化；加强行业对标，完成市场化薪酬对标报告。

（七）紧跟时代步伐，坚定完善信息化管理工具

推进核心领域信息化的建设，扩展和完善设计、采购、施工板块管理系统；继续推动项目信息化，并以信息系统为载体固化相关业务流程；推进财务与预算管理系统、企业内容管理系统建设。

（八）加强国际合作，坚定“走出去”步伐

制定公司“走出去”经营能力培养方案，8 月完成核电国际总承包资质清单梳理；加强法国、意大利等国国际合作项目，做好 2016 年第 20 届太平洋地区核能年会的承办工作；做好巴基斯坦、阿根廷项目落地配合工作，英国项目新建核电的工业参与、厂址争取、退役等相关工作。

（九）坚守安全底线，通过保密资格复查

坚决杜绝一般及以上环境事件、较大及以上生产安全事故；继续做好保卫保密国家安全工作，确保今年顺利通过国家一级保密资格复查，确保全年不出现失泄密事件和重大保卫责任事故。

五、常抓不懈党建与党风廉政建设

（一）切实加强学习，深入贯彻十八届四中全会精神

继续加强党建工作，完善基层党组织建设，健全党建规章制度，创新党

委中心组学习方式；加强基层党组织发展党员工作，开展特色党支部创建活动。

（二）践行三严三实，深化反腐倡廉教育

进一步完善纪检监察体制机制，聚焦中心任务，推进公司廉洁文化体系建设，突出执纪问责，促进反腐倡廉常态化开展。深化反腐倡廉教育，认真践行“严以修身、严以用权、严以律己，谋事要实、创业要实、做人要实”的要求。

（三）坚持正风肃纪，推动惩防体系建设

依据公司惩防体系五年规划，深入开展政治纪律教育，加强党风廉政建设责任制考核，加大查办违纪违法案件的工作力度；创新监督方式，探索以巡察的形式开展公司内部综合检查工作。健全完善反腐倡廉体制机制，通过系统机制真正让各级干部职工做到“不敢腐、不能腐、不想腐”。

同志们，随着国家“走出去”战略的实施以及“华龙一号”国内外示范工程的开工，核军工项目的陆续启动，核工业的发展将迎来前所未有的机遇和挑战。希望在新的一年里，我们能够秉承“海纳百川，聚德思变”的企业精神，以昂扬的斗志，饱满的热情投入到紧张的工作中去，蛮拼坚持、牢记使命、勇于担当，圆满完成 2015 年的各项工作任务，努力实现公司管理与国际接轨目标，共同谱写公司蓬勃发展的新篇章！

第二部分　股东会、董事会、监事会

一、公司股东、董事会、监事会成员

（一）股东方成员

中国核工业集团公司、核工业第二研究设计院、中核第四研究设计工程有限公司、核工业第五研究设计院。

（二）第二届董事会成员

董事长：李晓明

董　事：高　峻、毋　涛、程慧平、肖　丰、吴忠俭、古德军

职工董事：刘　巍、马宇箭

（三）第二届监事会成员

监事会主席：王世鑫

监　　事：吴庆华、李云章、卢洪龙

职工监事：陈首雷、王锦华

二、中国核电工程有限公司股东会

（一）股东会第十二次会议（2014-05-04）

（1）审议并表决《中国核电工程有限公司 2013 年度董事会工作报告》；

（2）审议并表决《中国核电工程有限公司 2013 年度监事会工作报告》；

（3）审议并表决《中国核电工程有限公司 2013 年度财务决算方案》；

（4）审议并表决《中国核电工程有限公司 2013 年度利润分配方案》；

（5）审议并表决《中国核电工程有限公司 2014 年度财务预算方案》；

（6）审议并表决《中国核电工程有限公司注册资本增加及股东投资比例变更方案》；

（7）审议并表决《中国核电工程有限公司〈公司章程〉修改议案》。

（二）股东会第十三次会议（2014-11-26）

（1）审议并表决《中国核电工程有限公司第二届董事会任期工作报告》；

（2）审议并表决《中国核电工程有限公司第二届监事会任期工作报告》。

三、中国核电工程有限公司第二届董事会

（一）第二届董事会第六次会议（2014-05-04）

（1）审议并提请股东会表决《中国核电工程有限公司 2013 年度董事会工作报告》；

（2）审议并表决《中国核电工程有限公司 2013 年度总经理工作报告》；

（3）审议并提请股东会表决《中国核电工程有限公司 2013 年度财务决算方案》；

（4）审议并提请股东会表决《中国核电工程有限公司 2013 年度利润分配方案》；

（5）审议并提请股东会表决《中国核电工程有限公司 2014 年度财务预算方案》；

（6）审议并提请股东会表决《中国核电工程有限公司注册资本增加及股东投资比例变更方案》；

（7）审议并提请股东会表决《中国核电工程有限公司〈公司章程〉修改议案》；

（8）审议并表决《中国核电工程有限公司创建国际一流工程公司中长期发展战略及顶层设计方案》。

（二）第二届董事会第七次会议（2014-11-26）

（1）审议并表决《中国核电工程有限公司 2014 年 1—9 月工作总结及

2015 年工作计划》；

（2）审议并表决《中国核电工程有限公司 2014 年 1—9 月财务情况分析及 2015 年财务预算报告》；

（3）审议并表决《中国核电工程有限公司调试基地项目专题汇报》；

（4）审议并表决《中国核电工程有限公司研发中心项目选址方案专题汇报》；

（5）审议并表决《中国核电工程有限公司科技管理工作专题汇报》；

（6）审议并提请股东会表决《中国核电工程有限公司第二届董事会任期工作报告》。

四、中国核电工程有限公司第二届监事会

（一）第二届监事会第六次会议（2014-05-04）

审议并表决《中国核电工程有限公司 2013 年度监事会工作报告》。

（供稿人：何一乐）

第三部分　组织机构及负责人名录

一、组织机构概述

公司组织机构共设置4个业务板块、13个职能管理部门、1个招标中心、2个分公司、2个分院、3个子公司、1个北京民用设计院。

二、组织机构图

2014年中国核电工程有限公司组织机构如图3-1所示。

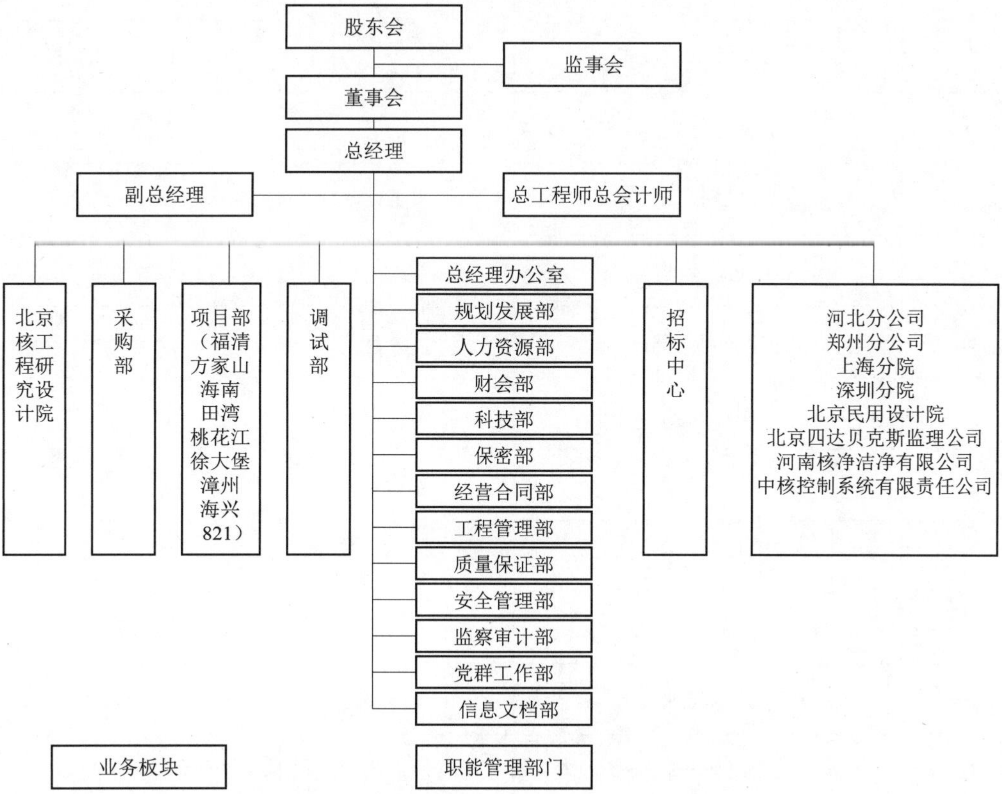

图3-1　中国核电工程有限公司组织机构图

三、公司领导班子及各部门负责人名录

（一）公司领导班子名录（见表 3-1）

表 3-1　公司领导班子名录

序　号	职　务	姓　名	备　注
1	总经理	刘　巍	
2	党委书记	马宇箭	
	纪委书记（兼）		2014-06-09 止
	副总经理（兼）		
	总法律顾问（兼）		2014-07-30 止
3	党委副书记	钱远华	2014-06-09 起
	纪委书记		2014-06-09 起
4	副总经理	徐鹏飞	
5	副总经理	唐景宇	
6	副总经理	邢　继	
	总工程师（兼）		
7	副总经理	张宝钢	
8	副总经理	姜　宏	
9	总会计师	温新利	
	总法律顾问（兼）		2014-07-30 起
10	副总经理	黄传文	
11	副总经理	钟　华	

（二）各部门负责人名录（见表 3-2）

表 3-2 各部门负责人名录

序号	部门	职务	姓名	备注
职能部门				
1	总经理助理及副总工程师	总经理助理	丁 健	2014-06-27 止
2		总经理助理	袁 旭	
3		常务副总工程师	信天民	
4		副总工程师	吕冬宝	
5		副总工程师	朱大忠	
6		副总工程师	武红兵	2014-08-25 止
7		副总工程师	欧阳立华	
8		副总工程师	王长东	
9		副总工程师	赵 侠	
10		副总工程师	张超琦	
11		副总工程师	李思凡	
12		副总工程师	薛海宁	
13		副总工程师	赵 博	
14		副总工程师	马卫民	
15	总经理办公室	主 任	贺旭霞	
16		副主任	张兆盛	
17	规划发展部	主 任	陈学营	
18		副主任	余 佳	
19		副主任	杨景龙	
20	人力资源部	主 任	王秋林	
21		副主任	郭会东	
22		副主任	罗 军	
23	财会部	主 任	杜长荣	
24		副主任	胡 敏	
25	科技部	主 任	才宝利	
26		副主任	袁 坤	
27		副主任	王 蔚	2014-01-06 起
28	保密部	主任（兼）	张兆盛	

续表

序　号	部　门	职　务	姓　名	备　注
29	经营合同部	主　任	张胜利	
30		副主任	李　芳	
31		副主任	许　明	2014-07-01 起
32	工程管理部	主　任	杨子春	
33		副主任	张璟春	
34		副主任	葛育勤	
35		副主任兼长阳新区项目部总经理	李文伟	
36	质量保证部	主　任	李正华	
37		副主任	韩松柏	
38	安全管理部	主　任	杨　宇	
39	监察审计部	主　任	陈首雷	
40		副主任	崔一兰	
41	党群工作部	主　任	吴建云	
42		副主任	吴　斌	
43		副主任	孔美荣	2014-7-17 起
44	信息文档部	主　任	高福春	
45		副主任	王冬梅	
招标中心				
46	招标中心	主　任	杜建军	
47		副主任	王宏立	
北京民用设计院				
48	北京民用设计院	院长（兼）	朱大忠	
49		副院长	刘永鹏	
50		总工程师	刘　晨	
51		总建筑师	黄　珂	

续表

序号	部门	职务	姓名	备注
业务板块				
北京核工程研究设计院				
52	北京核工程研究设计院	院长（兼）	丁　健	2014-06-27 止
53		院长（兼）	信天民	2014-06-27 起
54		副院长	邓国清	
55		副院长	霍建明	
56		副院长	荆春宁	2014-06-27 起
57		ACP1000 型号总设计师（兼）	荆春宁	
58		AP1000 型号总设计师	堵树宏	
59	科研设计管理部	主任（兼）	霍建明	
60		副主任	徐义兴	
61		副主任	于新华	
62		副主任	韩国庆	
63	总体所	所　长	于　勇	
64		副所长	宋代勇	
65		所总工程师	唐　涛	
66		所副总工程师	付宵华	2014-10-09 止
67	反应堆工艺研究所	所　长	毛亚蔚	
68		副所长	王世民	
69		副所长	霍小东	
70		所总工程师	韩晓峰	
71	系统与布置设计所	所　长	吴　明	
72		副所长	王宏杰	
73		副所长	李　军	
74		所总工程师	于凤云	
75		所副总工程师	戴一辉	
76	核设备所	所　长	王晓江	
77		副所长	张耀春	
78		副所长	金　青	
79		所总工程师	高明清	
80		所副总工程师	谢　亮	

续表

序 号	部 门	职 务	姓 名	备 注
81	化工所	所 长	邓国清	2014-07-17 止
82		副所长（主持工作）	段 宏	2014-07-17 起
83		副所长	王国权	2014-07-17 止
84		副所长	孙智华	2014-07-17 止
85		副所长	李忠镝	2014-07-17 起
86		副所长	赵华松	2014-07-17 起
87		副所长	陈 勇	2014-07-17 起
88		所总工程师（兼）	李思凡	
89		所副总工程师	李忠镝	2014-07-17 止
90		所副总工程师	赵华松	2014-07-17 止
91	电气仪控所	所 长	肖代云	
92		副所长	窦慧元	
93		所总工程师	王彦君	
94		所副总工程师	周晓斌	
95		所副总工程师	曾敬梅	
96		所副总工程师	李晓薇	
97	建筑所	所 长	王宝树	
98		副所长	邵 瑛	
99		副所长	范君龙	
100		副所长	李玉民	
101		副所长	王东海	
102		副所长	孙智华	2014-07-17 起
103		所总工程师（兼）	李玉民	
104	总图地质所	所 长	施 红	
105		副所长	王旭宏	
106		所总工程师	郑权利	
107	工程经济所	所 长	杨利荣	
108		所总工程师	张 弘	
109	核电前期工作部	总经理（兼）	张宝钢	
110		副总经理	胡双跃	
111		副总经理	管永涛	
112		总设计师（兼）	胡双跃	

续表

序　号	部　门	职　务	姓　名	备　注
113	三维中心	主任（兼）	霍建明	
114	核电检测中心	主　任	战仕全	
115	核电安全研究中心	主任（兼）	马卫民	2014. 4. 2 起
116		副主任	元一单	2014. 4. 2 起
采购部				
117	采购部	主　任	李　明	
118		副主任	陈铁军	
119		副主任	董治国	
120		副主任	宗岳良	
121		副主任	迟照华	
调试部				
122	调试部	主　任	袁　旭	2014-08-06 止
123		主　任	梁振旸	2014-08-06 起
124		副主任	王　蔚	2014-01-06 止
125		副主任	梁振旸	2014-08-06 止
126		副主任	钟小华	
127		副主任	娄泰山	
128		副主任	刘建伟	2014-11-27 起
129		副主任	凌　星	2014-11-27 起
130		福清项目 1、2 号机组联合调试队队长（兼）	袁　旭	
131		福清项目 1、2 号机组联合调试队副队长（兼）	梁振旸	
132		福清 1、2 号机组联合调试队副队长（兼）	钟小华	
133		福清 3、4 号机组项目调试部总经理（兼）	钟小华	
134		海南项目调试部总经理（兼）	娄泰山	

续表

序　号	部　门	职　务	姓　名	备　注
项目部				
135	福清核电工程项目部	总经理（兼）	黄传文	
136		副总经理	郃　江	
137		副总经理	徐春富	
138		副总经理（兼）	梁振旸	
139		副总经理	刘连喜	2014-03-03 起
140		副总经理	惠宏彦	2014-08-28 起
141		副总经理	张继心	2014-08-28 起
142		总工程师（兼）	郃　江	
143	方家山核电工程项目部	总经理	陈建民	
144		副总经理（兼）	郃　江	
145		副总经理	李现军	2014-05-20 起
146		副总经理	才　峙	
147		总工程师（兼）	郃　江	
148	海南核电工程项目部	总经理	金明军	
149		副总经理	梁岗岩	2014-05-20 止
150		副总经理	曹旭光	
151		副总经理	张鹏飞	
152		副总经理（兼）	娄泰山	
153		副总经理	田　雷	2014-08-01 起
154		总工程师	马丙增	2014-10-09 起
155	田湾核电工程项目部	总经理	沈振田	
156		副总经理	宋建军	
157	徐大堡核电工程项目部	总经理	赵加雪	
158		副总经理	田利民	
159		总工程师	齐增辉	2014-10-09 起
160	八二一核废物处理总承包工程项目部	总经理	郝文江	2014-04-01 起
161		副总经理	路双立	2014-04-01 起
162		副总经理	杨建明	2014-04-01 起
163		总工程师（兼）	李忠镝	2014-04-01 起

续表

序　号	部　门	职　务	姓　名	备　注
164	漳州核电工程项目部	副总经理（主持工作）（兼）	才　峙	2014-04-08 起
165		总工程师	闫广义	2014-08-01 起
分子公司				
河北分公司				
166	河北分公司领导	总经理	王勇跃	
167		副总经理	牟　疆	
168		副总经理	王献庭	
169		总工程师（兼）	王献庭	2014-03-13 起
170		副总经理	赵　荣	2014-03-13 起
171	综合办	主　任	陈士良	2014-05-26 止
172		副主任（主持工作）	张　鹏	2014-05-26 起
173	人力资源部	主　任	陈士良	2014-05-26 起
174		副主任（主持工作）	余自力	2014-05-26 止
175	财务部	主　任	杨　屹	2014-05-26 起
176		副主任（主持工作）	杨　屹	2014-05-26 止
177	技术质量部	主　任	任建平	
178	电气自动化所	所　长	康　乐	
179		副所长	解险峰	2014-05-26 止
180		所总工程师（兼）	解险峰	2014-05-26 止
181		副所长	吕晓婷	
182		所总工程师（兼）	吕晓婷	2014-05-26 起
183	核工程研究设计所	所　长	方　琳	2014-05-26 起
184		副所长	李建敏	2014-05-26 起
185		所总工程师	尹增广	2014-05-26 起
186	档案信息中心	主任兼保密办主任	余自力	2014-05-26 起
187	常规岛研究设计所	所　长	李舒平	2014-05-26 起
188		副所长	谭李师	2014-05-26 起

续表

序　号	部　门	职　务	姓　名	备　注
189	核电工艺所	所　长	赵　荣	2014-03-13 止
190		所　长	程　中	2014-05-26 起
191		副所长	苏新艳	2014-05-26 起
192		副所长	李舒平	2014-05-26 止
193		所总工程师	程　中	2014-05-26 止
194		所总工程师	武文广	2014-05-26 起
195	民用工程研究设计所	所　长	解险峰	2014-05-26 起
196		副所长	成　军	2014-05-26 起
197		所总工程师	卢春田	2014-05-26 起
198	建筑结构所	所　长	陈庆国	2014-05-26 起
199		副所长（主持工作）	陈庆国	2014-05-26 止
200		副所长	王书峰	2014-05-26 止
201		副所长	刘建辉	
202		所总工程师（兼）	刘建辉	
203	设计管理部	副主任（主持工作）	高俊芳	2014-05-26 起
204		副主任	王书峰	2014-05-26 起
205		副主任	方　琳	2014-05-26 止
206	工程经济中心	主　任	兰彦超	
郑州分公司				
207	郑州分公司领导	总经理	于利祥	
208		副总经理	陈力得	
209		副总经理	李　磊	
210		副总经理	王　刚	
211		副总工程师	汪建峰	
212		副总工程师	李　缨	
213		副总工程师	尚改彬	2014-03-21 起
214		副总工程师	王向东	2014-03-21 起
215	综合办	主　任	黄渝飞	
216		副主任	秦　峰	
217	人力资源部	主　任	王雪芹	
218		副主任	武文斌	

续表

序　号	部　门	职　务	姓　名	备　注
219	财会部	主　任	陈　赞	
220	经营合同部	主　任	王洪普	2014-03-21 起
221		副主任	徐会业	2014-03-21 起
222	技术质量部	主　任	孙瑞平	2014-03-21 起
223		副主任	周燕林	
224	设计管理部	主　任	王奕玖	2014-03-21 起
225		副主任	刘　彤	2014-03-21 起
226	三维信息档案中心	主　任	田　沁	2014-03-21 止
227		副主任（主持工作）	周广超	2014-03-21 起
228		副主任	田　沁	2014-03-21 起
229	核电工艺设计所	所　长	杨德刚	
230		副所长	张步岭	2014-03-21 起
231		所总工程师	王奕玖	2014-03-21 止
232		所总工程师	李海成	2014-03-21 起
233	电仪仪控设计所	所　长	刘卫东	2014-03-21 止
234		所　长	王德军	2014-03-21 起
235		副所长	王德军	2014-03-21 止
236		所总工程师（兼）	王德军	2014-03-21 止
237		副所长	云效国	
238		副所长	伍四清	2014-03-21 止
239		所总工程师	秦志伟	2014-03-21 起
240	土建设计所	所　长	李　昊	2014-03-21 起
241		副所长	李　昊	2014-03-21 止
242		副所长	刘　彤	2014-03-21 止
243		所总工程师（兼）	刘　彤	2014-03-21 止
244		副所长	同浩强	2014-03-21 起
245		所总工程师	叶　波	2014-03-21 起
246	核工程研究设计所	所　长	李芳林	
247		所总工程师	尚改彬	2014-03-21 止
248		副所长	孙瑞平	2014-03-21 止
249		副所长	翟家海	2014-03-21 起

续表

序 号	部 门	职 务	姓 名	备 注
250	民用建筑设计研究所	所 长	李志刚	
251		副所长	王向东	2014-03-21 止
252		副所长	史宏伟	2014-03-21 起
253		所总工程师	雷红岩	2014-03-21 起
254	实物保护所	所长	伍四清	2014-03-21 起
255		所总工程师	朱彦伟	2014-03-21 起
256	技术经济所	所 长	王洪普	2014-03-21 止
257		所 长	巫利兵	2014-03-21 起
258		所总工程师（兼）	巫利兵	
259	岩土工程所	所 长	陈恺昱	
260		所总工程师	顾 斌	
261	核技术应用研究所	所 长	刘 明	2014-03-21 起
262	工程管理部	主 任	王新顺	2014-03-21 起
263		副主任	齐国春	2014-03-21 起
分院				
264	上海分院	院 长	李泽斌	
265		副院长	潘国鸣	
266		副院长	张 进	
267		总建筑师（兼）	潘国鸣	
268	深圳分院	院 长	魏 嵘	
269		副院长	方成贤	
270		副院长	钟拥政	
271		总工程师（兼）	方成贤	
子公司				
272	北京四达贝克斯工程监理有限公司	总经理	黄思伟	
273		副总经理	王苏伟	
274		副总经理	郭润芳	
275		副总经理	高 新	
276		副总经理	周建新	

续表

序　号	部　门	职　务	姓　名	备　注
277	河南核净洁净技术有限公司	总经理	邹　涤	

四、公司党委、纪委

（一）公司党委

2013 年 10 月 23 日，中国共产党中国核电工程有限公司第二届代表大会在京胜利召开。选举产生了公司新一届党的委员会。

公司党委书记：马宇箭

党委委员：马宇箭、钱远华、徐鹏飞、唐景宇、邢继、张宝钢、姜宏、温新利、钟华、吴建云、于利祥。

基层党组织负责人名录见表 3–3。

表 3–3　基层党组织负责人名录

序　号	基层党组织	负责人	备　注
1	总经理办公室党支部	张兆盛	
2	党群工作部党支部	吴　斌	
3	人力资源部党支部	郭会东	
4	财会部党支部	杜长荣	
5	科技部党支部	才宝利	
6	监察审计部党支部	陈首雷	
7	规划发展部党支部	余　佳	
8	经营合同部党支部	李　芳	
9	工程管理部党支部	杨子春	
10	质量保证部党支部	李正华	
11	安全管理部党支部	杨　宇	
12	信息文档部党支部	王冬梅	
13	北京核工程研究设计院党支部	霍建明	
14	反应堆工艺研究所党支部	霍小东	

续表

序　号	基层党组织	负责人	备　注
15	总体所党支部	宋代勇	
16	核设备所党支部	张耀春	
17	电气仪控所党支部	窦慧元	
18	总图地质所党支部	施　红	
19	化工所党支部	王国权	
20	系统布置设计所党支部	王宏杰	
21	建筑所党支部	范君龙	
22	北京民用设计院党支部	刘永鹏	
23	工程经济所党支部	张　弘	
24	上海分院党支部	李泽斌	
25	深圳分院党支部	钟拥政	
26	八二一核废物处理总承包工程项目部党支部	郝文江	
27	徐大堡核电项目部党支部	田利民	
28	招标中心党支部	杜建军	
29	方家山核电工程项目部党总支	刘战勇	
30	福清核电工程项目部党总支	王小明	
31	田湾核电工程项目部党总支	沈振田	党总支副书记
32	海南核电工程项目部党总支	齐安生	
33	调试部党总支	王　蔚	
34	北京四达贝克斯工程监理有限公司党总支	王苏伟	
35	郑州分公司党总支	陈力得	
36	河北分公司党总支	牟　疆	
37	采购部党总支	王兴明	

（供稿人：张妍妍）

（二）公司纪委

公司第二届纪委书记：钱远华

公司第二届纪委副书记：陈首雷

公司第二届纪委委员：钱远华、陈首雷、吕冬宝、霍建明、施红、杨子春、李正华、陈力得、牟疆。

（供稿人：李毅）

五、公司工会、团委

（一）公司工会

工会主席：马宇箭

工会副主席：吴建云

1. 工会委员会委员

工会委员会委员名录见表 3-4。

表 3-4　工会委员会委员名录

序　号	单　位	姓　名	备　注
1	党群工作部	吴建云	
2	反应堆工艺研究所	王世民	
3	核设备所	王　庆	
4	北京核工程研究设计院（科研设计管理部）	余　淼	
5	总体所	赵　博	
6	北京民用设计院	刘永鹏	
7	安全管理部	杨　宇	
8	北京核工程研究设计院（科研设计管理部）	徐义兴	
9	质量保证部	周文辉	
10	总图地质所	王旭宏	
11	财会部	杜长荣	
12	方家山核电工程项目部	陈建民	
13	河北分公司	牟　疆	
14	北京四达贝克斯工程监理有限公司	黄思伟	

2. 工会常委会委员

工会常委会委员名录见表 3-5。

表 3-5　工会常委会委员名录

序　号	单　位	姓　名	备　注
1	总经理办公室	马宇箭	
2	党群工作部	吴建云	
3	反应堆工艺研究所	王世民	
4	电气仪控所	余　森	
5	质量保证部	周文辉	
6	总图地质所	王旭宏	
7	北京核工程研究设计院（科研设计管理部）	徐义兴	
8	财会部	杜长荣	
9	河北分公司	牟　疆	

3. 工会经费审查委员会委员

工会经费审查委员会委员名录见表 3-6。

表 3-6　工会经费审查委员会委员名录

序　号	单　位	姓　名	备　注
1	采购部	王兴明	
2	财会部	胡　敏	
3	核设备所	王晓江	
4	田湾核电工程项目部	张志伟	
5	北京核工程研究设计院（科研设计管理部）	李晓民	
6	河北分公司	杨　屹	
7	郑州分公司	陈　赞	

4. 工会女工委员会委员

工会女工委员会委员名录见表 3-7。

表 3-7　工会女工委员会委员名录

序　号	单　位	姓　名	备　注
1	北京核工程研究设计院（科研设计管理部）	余　淼	

续表

序　号	单　位	姓　名	备　注
2	党群工作部	刘彦明	
3	核设备所	虞雁翎	
4	工程经济所	曲　珺	
5	北京核工程研究设计院（科研设计管理部）	邱尚莉	
6	反应堆工艺研究所	马　华	
7	信息文档部	郝建欣	
8	郑州分公司	沙萱琳	
9	河北分公司	吕晓婷	

5. 公司所属各单位分工会主席

公司所属各单位分工会主席名录见表 3-8。

表 3-8　公司所属各单位分工会主席名录

序　号	单　位	姓　名	备　注
1	总经理办公室	唐　庆	
2	规划发展部	杨景龙	
3	人力资源部	罗　军	
4	财会部	胡　敏	
5	科技部	才宝利	
6	经营合同部	李晓东	
7	工程管理部	张璟春	
8	质量保证部	周文辉	
9	安全管理部	赵艳华	
10	监察审计部	崔一兰	
11	党群工作部	吴建云	
12	信息文档部	高福春	
13	北京核工程研究设计院（科研设计管理部）	邱尚莉	

续表

序　号	单　位	姓　名	备　注
14	总体所	李京彦	
15	反应堆工艺研究所	王世民	
16	系统与布置设计所	丁　亮	
17	核设备所	胡忠全	
18	化工所	谭再跃	
19	中核检测中心	戴　青	
20	电气仪控所	林玉华	
21	建筑所	范君龙	
22	核电安全研究中心	张慧敏	
23	总图地质所	王旭宏	
24	工程经济所	曲　珺	
25	采购部	王兴明	
26	调试部	钟小华	
27	招标中心	王宏立	
28	北京民用设计院	刘永鹏	
29	福清核电工程项目部	王小明	
30	方家山核电工程项目部	张　玲	
31	海南核电工程项目部	李　平	
32	桃花江核电工程项目部	王国旺	
33	田湾核电工程项目部	宋建军	
34	徐大堡核电工程项目部	孙淑芳	
35	八二一核废物处理总承包工程项目部	顾　琼	
36	河北分公司	陈士良	
37	郑州分公司	黄渝飞	

（供稿人：刘彦明）

（二）公司团委

团委书记：吴斌

团委副书记：陈洪涛、王明生、陈晨

团委委员：吴斌、陈洪涛、陈晨、王明生、高鑫、戴瑜铭、姜冬雪、马佳珍、杨毓琼、王胜坤、李奇。

公司所属各单位团支部名录见表3-9。

表3-9　公司所属各单位团支部名录

序　号	基层团组织	负责人	备　注
1	总经理办公室团支部	田益凡	
2	规划发展部团支部	王　静	
3	人力资源部团支部	张　伟	
4	财会、监审、党群联合团支部	魏重阳	
5	科技部团支部	杨晓卿	
6	经营合同部团支部	李　科	
7	工程管理部团支部	赵文昭	
8	质安联合团支部	姬宗锋	
9	信息文档部团支部	周月仙	
10	北京核工程研究设计院团支部	杨武力	
11	反应堆工艺研究所团支部	高　鑫	
12	总体所团支部	蒋慧黠	
13	核设备所团支部	马佳珍	
14	电气仪控所团支部	邵　拓	
15	总图地质所团支部	白　凯	
16	化工所团支部	李　昕	
17	系统布置设计所团支部	陈洪涛	
18	建筑所团支部	李　奇	
19	北京民用设计院团支部	杨玉平	
20	工程经济所团支部	赖晓丰	
21	八二一核废物处理总承包工程项目部团支部	韦正伟	
22	徐大堡核电工程项目部团支部	张灵杰	
23	招标中心团支部	张泽丰	

续表

序　号	基层团组织	负责人	备　注
24	方家山核电工程项目部团支部	宋晓青	
25	福清核电工程项目部团支部	杨毓琼	
26	田湾核电工程项目部团支部	侯　宜	
27	海南核电工程项目部团支部	黄　欢	
28	调试部团支部	宋　鹏	
29	郑州分公司团支部	陈　晨	
30	河北分公司团支部	徐　奔	
31	采购部团支部	王胜坤	

（供稿人：吴斌）

第四部分　生产经营和科研工作

一、核工程总承包项目

（一）工程进展

1. 福清核电工程项目 1、2 号机组

（1）概述

2014 年是福清核电工程项目 1、2 号机组从安装向调试移交的关键一年，也是调试的高峰期，其中 1 号机组顺利实现了并网发电、完成临时验收、全面完成总承包工作；2 号机组实现了热态功能试验。

（2）设计

福清核电工程项目 1、2 号机组设计工作已基本完成。

（3）采购

1）发标及合同签署情况

根据福清核电工程项目 1、2 号机组设备采购三级进度计划，共计 388 个合同，已经全部签署完毕。

2）主设备制造情况

已全部完成。

3）到货情况

2014 年度福清核电工程项目 1、2 号机组计划到货 24 261 台（套），实际到货 24 233 台（套）。

4）费用支付情况

2014 年共计完成支付 444 笔，其中人民币部分 4. 62 亿元，外币部分折合人民币 2. 67 亿元。完成全年计划 107. 3%。

（4）施工

1 号机组（0+1+9）核岛、常规岛、BOP 安装工作全部完成。2 号机组核岛、常规岛处于安装、移交、调试高峰期，主设备安装全部完成。

（5）调试

2014 年福清核电工程项目 1、2 号机组全部调试节点均已实现，其中 1 号机组热态功能试验于 2014 年 3 月 5 日完成，6 月 6 日装料结束，7 月 24 日实现首次临界，8 月 20 日并网，11 月 7 日首次满功率运行，11 月 22 日正式投入商业运行，当日完成临时验收证书签字工作；2 号机组安全壳试验于 2014 年 3 月 5 日完成，8 月 1 日一回路水压试验结束，热态功能试验于 11 月 20 开始，汽轮机非核冲转完成。

2. 福清核电工程项目 3、4 号机组

（1）概述

2014 年是福清核电工程项目 3、4 号机组土建、安装施工的高峰期，3 号机组进入安装高峰期，4 号机组进入土建高峰期。其中 3 号机组顺利实现了电气厂房送冷风、核回路冲洗等节点；4 号机组实现了穹顶吊装、环吊可用等节点。

（2）设计

福清核电工程项目 3、4 号机组设计文件已经基本完成。

（3）采购

1）发标及合同签署情况

根据福清核电工程项目 3、4 号机组一体化计划计划，2014 年应发标设备采购部包 10 个，实际完成 10 个，计划完成率 100%；应完成设备采购包合同签署 7 个，实际完成 5 个。

2）主设备制造情况

2014 年 3 号机组主设备已全部交付现场，目前 4 号主设备与一体化计划相比较，有一定延误，核岛主泵、蒸汽发生器、稳压器、控制棒驱动机构对主线安装存在风险。

3）到货情况

2014 年度福清核电工程项目 3、4 号机组计划到货 11 424 台（套），实际到货 14 260 台（套）。

4）费用支付情况

2014 年共计完成支付 487 笔，其中人民币部分 11. 17 亿元，外币部分折合人民币 3. 73 亿元。完成全年计划 100%。

（4）施工

2014 年福清核电工程项目 3 号机组安装工作全面展开，主管道焊接全部完成，主设备已全部就位，7 月 16 日电气厂房实现送冷风，12 月 28 日核回路冲洗开始，并逐步进入安装高峰期。4 号机组土建施工处于高峰阶段，6 月 24 日反应堆厂房穹顶吊装完成，11 月 12 日环吊可用，12 月 19 日龙门吊 380 t 吊车可用，为核岛安装创造了良好局面。

（5）调试

2014 年福清核电工程项目 3、4 号机组开始调试准备工作。1 月 13 日，调试质保大纲批准生效，4 月 4 日调试大纲批准，4 月 16 日调试准备工作大纲（升版）完成审批签字，5 月 21 日 3、4 号机组 220 kV 倒送电调试第二阶段完成，8 月 8 日 MPCM（多项目调试管理系统）正式上线试运行。

（供稿人：孙京树、冯嘉、王锋、齐宝源）

3. 方家山核电工程项目

（1）概述

2014 年是方家山核电工程项目 1、2 号机组收获之年，12 月 15 日 1 号机组通过满功率运行试验，具备投入商业运行条件；在仅隔 2 个月后，2015 年 2 月 12 日，2 号机组通过满功率运行试验，具备投入商业运行条件。

（2）设计

方家山核电工程项目设计工作已基本完成。

（3）采购

1）发标及合同签署工作

根据方家山核电工程项目设备采购三级进度计划，共计 371 采购合同，已全部签署完成。

2）主设备制造情况

已全部完成。

3）到货情况

2014 年方家山核电工程项目设备到货进入收尾阶段，全年计划到货 252 台（套），实际到货 251 台（套），到货率 99.6%。

4）费用支出情况

2014 年度方家山核电工程项目总计完成支付 412 笔，其中人民币部分 4.834 2 亿元，外币折合人民币 2.770 8 亿元，完成计划的 104.3%。

（4）施工

2014 年 6 月 6 日，方家山核电工程项目 1 号机组 DCS 1E 级控制柜到货，历时九天日夜连续奋战，于 2014 年 6 月 14 日圆满完成 DCS-1E 级 Tricon 机柜安装和通道测试，建安工作全部结束。

2014 年 4 月 4 日，方家山核电工程项目 2 号机组汽轮发电机转子顺利穿装完成，6 月 15 日真空可用节点实现，为非核蒸汽冲转打下基础。9 月 22 日，DCS 1E 级控制柜到货，经过 6 天日夜施工，顺利完成安装、调试工作，建安工作全部圆满完成。

（5）调试

方家山核电工程项目于 2015 年 2 月 13 日顺利完成两台机组的总承包临时验收任务。其中，1 号机组首次装料于 2014 年 9 月 3 日完成，10 月 21 日首次临界成功，11 月 4 日首次并网成功，12 月 15 日完成临时验收；2 号机组核回路冲洗、二回路水压试验分别于 2014 年 1 月 27 日、1 月 11 日圆满完成，5 月 26 日，主系统冷态水压试验圆满完成，12 月 25 日实现首次临界。

（供稿人：刘红、熊凯、潘军）

4. 海南核电工程项目

（1）概述

2014 年海南核电工程项目 1、2 号机组处于安装调试高峰期，土建工程进入收尾和清洁阶段，配套系统逐步完善进入临时验收阶段。

（2）设计

海南核电工程项目施工图设计已基本完成。已完成核岛土建施工图、安装施工图，BOP 子项施工图、设备类文件和图纸及设计阶段审评遗留问题的回答工作，按计划完成 FSAR 上报、PSA/SAMG 上报。

（3）采购

1）发标及合同签署工作

2014 年应发标设备采购包 0 个，实际完成 0 个，应合同签署 9 个，实际完成 9 个，其中独家采购 7 个，服务类合同 2 个。截至 2014 年底，海南核电工程项目共计 348 个采购包，合同签署完成 345 项。

2）主设备制造情况

2014 年海南核电工程项目 1 号机组主设备已全部到货。2 号机组主设备的制造进展除主泵外，基本满足现场的进度要求。

3）到货情况

2014 年海南核电工程项目计划到货 7 257 台（套），实际到货 7 016 台（套），到货率 96.68%。到货各类阀门 1 687 台（套），大宗材料 43 批次。

4）费用支出情况

2014 年海南核电工程项目总计完成支付 459 笔，其中人民币部分 8.727 9 亿元，外币折合人民币 3.534 亿元，完成计划的 100%。

（4）施工

2014 年关键节点均按计划或提前实现，1 号机组于 3 月 1 日核回路冲洗开始，4 月 15 日主电源倒送电，3 月 19 日常规岛汽轮机扣盖完成，3 月 30 日实体保卫系统安装及调试完成，5 月 25 日二回路水压试验开始，5 月 26 日安全壳密封性试验完成，10 月 24 日常规岛真空可用，11 月 6 日冷试开始。2 号机组于 1 月 20 日备用电源倒送电，3 月 25 日泵房进水，12 月 25 日主电源倒送电顺利实现。

（5）调试

2014 年海南核电工程项目 1 号机组从安装进入全面调试阶段，各节点顺利实现，为首次装料、首次临界等后续重大调试节点奠定了坚实基础。2 号机组完成调试准备工作。其中 1 号机组二回路水压试验于 5 月 29 日完成，8 月 25 日冷态开盖功能试验完成，11 月 7 日一回路水压试验节点完成，12 月 30 日完成第三阶段役前检查工作。

（供稿人：陈正梅、郭祥涛、潘军）

5. 田湾核电工程项目 3、4 号机组

（1）概述

田湾核电工程项目 3、4 号机组采用俄罗斯 WWER—1000 型号。3 号机组反应堆厂房+34 m 楼板于 2014 年 11 月 11 日完成浇筑，穹顶整体吊装关键节点于 12 月 20 日顺利实现。4 号机组常规岛于 2014 年 2 月 21 日开工。

（2）设计

田湾核电工程项目 3、4 号机组俄转中供非标设备设计、BOP 子项的初步设计基本已全部完成，常规岛施工图设计、核岛补充完善设计按计划开展。

（3）采购

1）发标及合同签署情况

根据田湾核电工程项目 3、4 号机组设备采购三级进度计划 D 版 CFC，2014 年应发标设备采购包 22 个，实际完成 23 个，计划完成率 104. 54%；应完成设备采购合同签署 25 个，实际完成 26 个，计划完成率 104 %。

2）到货情况

2014 年田湾核电工程项目 3、4 号机组计划到货 432 台（套），实际到货 522 台（套），到货率 120. 8%。

3）费用支出情况

2014 年度田湾核电工程项目 3、4 号机组共计完成支付 186 笔，其中人民币部 8. 163 亿元，外币折合人民币 1. 909 亿元，完成全年计划的 105. 11%。

（4）施工

田湾核电工程项目 3 号机组排水隧洞盾构掘进于 2014 年 9 月 17 日正式启动。3 号机组反应堆厂房+34 m 楼板于 11 月 11 日完成浇筑，常规岛汽轮机运转层平台砼于 12 月 28 日完成浇筑。3、4 号机组除盐水厂房土建施工于 11 月 4 日移交安装。4 号机组常规岛于 2 月 21 日正式开工。

（供稿人：曹昊、王其利、潘军）

6. 八二一核废物处理总承包工程项目

（1）概述

八二一核废物处理总承包工程项目为国务院批准的中核集团八二一厂中长期退役治理规划的重要组成部分，由4个总承包工程组成，即高放废液玻璃固化工程、中低放废液综合治理工程、堆工区低放废水处理设施新址新建系统、低放有机废液处理工程，其中高放玻璃固化工程于2014年6月28日实现FCD，其余三工程均进入调试阶段。

（2）设计

2014年八二一核废物处理总承包工程项目桶外搅拌水泥固化线取得突破性进展，完成72小时验证试验，玻璃固化项目按期完成FCD，正在开展施工设计工作，进度和质量安全整体受控。

（3）采购

1）发标及合同签署情况

根据八二一核废物处理总承包工程项目设备采购三级进度计划（821800、822100、82218、82210四个工程），2014年计划发标32个，实际完成30个，计划完成率94%；计划合同签署33个，实际完成23个，计划完成率70%。

2）到货情况

2014年八二一核废物处理总承包工程项目821800、822100、82218三个工程设备到货已进入收尾阶段，计划到货台1 298（套），实际到货1 293台（套），到货率99. 6%。共计完成支付50笔，合计人民币2 812. 77万元，完成全年计划的90%。

（4）施工

中低放废液综合治理工程及堆工区低放废水处理设施新址新建工程完成建安向调试移交，全年配合调试进行各项整改工作。配合调试完成三条桶外固化线和一条桶内固化线72小时运行验证试验。完成中低放废液综合治理工程及堆工区低放废水处理设施新址新建工程向业主运行单位实体移交工作。

低放有机废液处理工程全年完成整改方案第二版的现场实施工作，并按系统以 EESR 文件包形式组织向调试进行移交。

高放废液玻璃固化工程在 2014 年 6 月获得科工局相关批复后启动主体结构施工，于 6 月 27—28 日完成工艺区地下室二层底板混凝土施工，即工程 FCD，12 月 31 日顺利完成±0. 00 m 板混凝土浇筑重要节点。

（5）调试

2014 年 6 月，八二一核废物处理总承包工程项目 821800 和 822100 项目除固化线相关联外的所有子项（共计 9 个）均已 TOTO 移交业主。

822100 项目于 9 月 30 日完成 16C 子项 1 号固化线 72 小时验证试验，12 月 28 日，完成 16C 子项 2 号固化线 72 小时验证试验，12 月 31 日完成 16C 子项焚烧灰固化线 72 小时验证试验；

82218 项目于 12 月 2 日完成了 82218 项目首批调试人员的基本授权培训、考试以及授权工作，标志着 82218 项目的调试工作正式启动；12 月 24 日，120B 子项固化线 72 小时验证试验顺利完成。

（供稿人：刘苏、贾利蓉、潘军）

（二）质量管理

1. 质量目标管理

完善公司对年度质量目标的管理，通过加强质量目标牵引开展年度质量管理工作。发布了《中国核电工程有限公司年度质量目标管理规定（版次：1)》，将 2014 年度质量目标划分为两类：考核类质量目标及激励类质量目标，与公司 JYK 管理体系相结合，通过层层分解落实及各级措施保障实现各类质量目标。

2. 开展管理提升活动

2014 年上半年，通过管理评审系列活动，公司解决了项目建安质量控制、公司人员资格归口管理等若干职责、流程不清问题，为公司管理能力提升提供了有力保障。《管理评审精细化，质量体系保发展》案例入选《中国核工业集团公司管理提升典型案例》。

3. 通过体系再认证

2014 年 7 月，公司接受中设认证外部审核。中设认证审核组认为公司“持续改进机制已逐步得到完善，管理体系运行的持续有效”，同意向中设认证推荐保持质量管理体系认证注册。8 月，公司通过再认证，取得换发后的管理体系认证证书。

4. QC 小组活动成果显著

2014 年度，公司共登记有 80 余个 QC 小组，覆盖了设计、采购、建安、调试各个板块及职能管理部门。这些小组中，共有 10 项 QC 小组成果获得了核工业勘察设计优秀 QC 小组部级奖项，3 项 QC 小组成果获得核工业集团部级奖项，7 项 QC 小组成果获得国家工程建设优秀 QC 小组奖项，2 项 QC 小组成果获得全国优秀 QC 小组奖项。2014 年公司获得部级 QC 小组成果奖项数已增至 22 项。与 2013 年相比，增长了约 57.1%。

5. 质保监督检查活动

2014 年公司共实施 9 次计划监督、1 次随机监督，发现问题 19 项，提出改进建议 9 项。结合业主联合质保监查开启的 CAR、OBN、改进建议和高层行动项，编制了《2014 年度公司质保部监督活动及业主联合质保监查发现问题分析报告》，针对 114 个问题，提炼出 7 个方面的归纳和总结，并深入分析问题的根本原因，提出改进建议。

6. 优化公司经验反馈管理工作

公司在提高经验信息及时反馈、经验信息闭环管理、有效利用方面对经验反馈体系进行了全面优化，于 6 月正式升版了《经验反馈管理程序》D 版，在程序中重新规定了经验反馈管理要求、规范了管理流程及管理原则。同时启动经验反馈系统平台的改造开发工作，12 月 30 日，新版公司经验反馈信息平台正式上线运行。

7. 大力宣传核安全文化

2014 年 6 月公司正式发布《核安全文化建设方案》；9 月发布了《核安全文化政策声明》；10 月发布了《核安全文化手册》。公司的核安全文化建设已经起步；明确了全体员工对核安全文化建设的目标和行动方向。

（供稿人：高明然）

（三）安全管理

1. HSE 体系建设

2 月份发布公司 2014 年度安全和环境目标，并组织司属各单位进行分解落实；3 月份对公司安全生产管理委员会及其办公室组成人员与职责进行了调整；先后修订了《安全生产管理办法》等规章制度，发布了《核工程总承包项目部 HSE 责任制建设指南》和《核工程总承包项目部 HSE 培训管理体系建设指南》；7 月份顺利通过认证机构审核，体系运行有效。

2. 安全生产标准化达标建设

制定安全生产标准化达标实施方案和对标整改实施细则，组织对福清、方家山、海南、田湾核电工程项目部、八二一核废物处理总承包工程项目部现场及郑州分公司、总经理办公室开展了自评审。6 月份经过评审机构评审，公司最终得分率 94.4%，被评为军工系统安全生产标准化一级单位。

3. 安全培训

制作了“建设现场参观人员入场安全教育视频”，编制针对总承包项目的 6 种高风险作业标准化培训教材及针对其他业务板块、职能部门的办公室及出差安全知识、火场逃生及消防器材正确使用等培训教材。开展针对中高层管理人员、专职安全管理人员、兼职安全员等专项培训，共计 437 人参培；各项目部开展入场安全培训及施工用电、脚手架、特种设备等安全技术培训共计 261 次，14 865 人参培。

4. 监督检查

按照年初制定的监督检查计划，公司安全生产管理委员办公室组织对方家山、福清、海南、田湾、徐大堡核电工程项目部、八二一核废物处理总承包工程项目部开展专项、综合、达标监督检查20次，对郑州分公司、河北分公司和河南核净洁净技术有限公司开展监督检查6次。

5. 国际对标

邀请挪威船级社，应用国际安全及可持续评级标准（ISRS），从绩效标准化、管理标准化和现场标准化等三个方面，对公司福清和海南核电工程项目安全状态进行了全面评估。这是公司首次采用国际标准进行全方位、系统性的安全管理领域对标工作。

6. 新版《核电工程建设职业健康、安全、环境保护标准化图册》的制定

公司牵头联合中国中原对外工程有限公司、中国核工业建设集团公司成员单位编制的《核电工程建设职业健康、安全、环境保护标准化图册》（集团标准，简称《图册》）于2014年2月1日发布实施。公司对《图册》进行便携式设计、印刷，发放到各单位实施。对照新版《图册》各要素对《工程项目HSE考核评价工作程序》进行了升版，将外业考评范围与《图册》内容一一对应，在对总包项目检查的同时监督《图册》执行情况。

7. 承包商管控

继续完善与主要建安承包商协调机制，公司总部与主要建安承包商总部每季度召开安全生产协调会，落实对承包商项目部的考核，开展项目间、承包商间的交流学习。将“强化班组安全管理”作为本年度项目HSE管理的重点工作予以推广，开展班组标准化建设、先进班组定期评比等工作，不断加强对承包商尤其是一线班组的监管力度。

8. 风险激励与考核评优

按照风险激励机制，对总承包项目部现场人员进行考核，发放风险奖和累进奖；开展总承包项目安全生产评优工作，2014 年度共评选出 1 个“安全先进现场”、13 个“安全先进班组”、124 个“安全先进个人”。

9. 安全文化建设

公司发布了安全文化理念——“源于心，塑于行”。开展以“我要安全，我保安全”为主题的“4 · 6”安全生产日活动、以“强化红线意识，促进安全发展”为主题的安全生产月活动、开展企业安全理念、警句征集、安全管理创新论文征集等群众性安全活动，开展“六打六治”专项行动、消防隐患专项整治活动、油气输送管线安全专项排查整治、放射源与射线装置安全和防护状况评估等专项安全活动。

10. 经验交流

9 月份组织召开了第三届 HSE 交流研讨会，对 HSE 管理难点重点的三个议题进行交流讨论，在深化班组建设、应急演练策划与评估、高风险作业安全分析等方面形成 8 个行动项。公司先后与三门核电、荣成石岛湾核电、海阳核电、台山核电项目进行了 HSE 管理经验交流，对收集到的良好实践经验在公司内进行推广。针对公司内外部发生的典型生产安全事故，发布事故预警 2 次、经验反馈 5 次。

11. 消防管理

发布了公司消防重点部位清单，明确了消防管理的重点区域和管理责任。对总承包项目提前投入使用的子项进行了 4 次消防自验收，验收子项工程 43 个。

12. 事故事件

2014 年共发生生产安全事件 15 起，同比下降 34. 4%。

（供稿人：赵艳华）

（四）费用控制

截至 2014 年年底，公司各核电工程总承包项目的费用计划-实际累计完成情况见表 4-1。

表 4-1 截至 2014 年年底公司各核电工程总承包项目费用计划-实际累计完成情况

单位：万元人民币

项目名称	计划/完成	福清核电工程项目1、2 号机组	福清核电工程项目3、4 号机组	福清核电工程项目5、6 号机组	方家山核电工程项目	海南核电工程项目	田湾核电工程项目3、4 号机组	徐大堡核电工程项目
前期	计划额	95 086	5 428	—	21 187	53 571	9 457	27 216
	完成额	54 211	4 649	—	17 699	59 544	11 323	16 758
设计技服	计划额	143 929	104 937	42 391	167 705	64 173	42 499	35 820
	完成额	140 939	101 459	21 284	168 689	53 241	38 860	35 417
项目管理	计划额	111 303	59 268	11 975	103 770	58 450	33 809	11 999
	完成额	117 332	55 518	12 175	99 036	55 058	26 888	11 911
土建	计划额	326 399	153 075	4 163	313 032	244 309	183 546	50 197
	完成额	293 727	160 417	18 783	273 032	295 256	214 789	54 135
安装	计划额	262 147	131 663	—	287 429	159 565	4 739	10 000
	完成额	284 436	112 899	—	202 644	143 156	11 803	8 286
设备材料	计划额	1 081 199	788 127	323 336	1 005 720	524 748	187 830	100 128
	完成额	949 819	779 978	136 164	944 396	555 795	236 289	100 128

续表

项目名称	计划/完成	福清核电工程项目1、2号机组	福清核电工程项目3、4号机组	福清核电工程项目5、6号机组	方家山核电工程项目	海南核电工程项目	田湾核电工程项目3、4号机组	徐大堡核电工程项目
调试	计划额	43 949	14 009	183	41 072	9 424	—	—
	完成额	34 395	14 545	—	23 560	8 742	—	—
总计	计划额	2 064 013	1 256 507	382 047	1 939 916	1 114 240	461 880	235 359
	完成额	1 874 859	1 229 465	188 406	1 729 054	1 170 792	539 952	226 635

（供稿人：康立秋）

二、工程设计

（一）核电工程设计研发与评审

1. “华龙一号”（ACP1000）

（1）堆型大事记

1）“华龙一号”总体技术方案通过国家权威评审

2014年8月，“华龙一号”通过了国家能源局、国家核安全局牵头组织的专家评审。专家组通过对“华龙一号”总体技术方案的评审，一致认为“华龙一号”的成熟性、安全性和经济性可满足三代核电技术要求，设计技术、设备制造和运行维护技术等领域的核心技术具有自主知识产权，是目前国内可以自主出口的核电机型，并建议尽快启动示范工程。

2）ACP1000正式启动IAEA-GRSR审查工作

2014年5月22日，集团公司正式向IAEA提交ACP1000-GRSR审查需要的“Reactor Safety and Environmental Analysis Report”报告。2014年5月27日，在IAEA维也纳总部，召开GRSR审查前第一次双方专家沟通会。

ACP1000 的 IAEA-GRSR 审查工作正式启动。

3）国家能源局给予批复

“华龙一号”落地福清 5、6 号。2014 年 11 月 3 日，国家能源局对福建省发改委、集团公司的请示报告发出复函，同意福清核电工程项目 5、6 号机组工程调整为“华龙一号”技术方案。复函表示为推进福清核电工程项目 5、6 号机组前期工作顺利开展，尽快验证我国自主三代核电技术，同意该工程采用融合后的“华龙一号”技术方案，建设国内示范工程。

4）ACP1000 核电技术通过国际原子能机构（IAEA）安全审查

2014 年 12 月，ACP1000 通过了国际原子能机构（IAEA）反应堆通用设计审查（GRSR）。这是我国自主三代核电技术首次面向国际同行审查。专家认为，ACP1000 在设计安全方面是成熟可靠的，满足 IAEA 关于先进核电技术最新设计安全要求；其在成熟技术和详细的试验验证基础上进行的创新设计是成熟可靠的。

（2）科研

54 项科研课题按课题策划书和专项进度计划开展工作，进展顺利。截至 2014 年年底，48 项课题已完成研发，剩余 6 项课题正在进行。ACP1000 型号研发所需开展的重要试验验证已全部完成，所有试验结果均满足设计技术和进度要求。

表 4-2　福清核电 5、6 号机组设计文件出版情况

专项编号	技术专项名称	责任单位	课题进展
102	应急硼注入系统设计研究	CNPE	完成
103	严重事故预防与缓解措施研究	CNPE	完成
104	风险导向的设计研究	CNPE	完成
105	严重事故管理导则研究	CNPE	完成
106. 1	严重事故源项研究	CNPE	按计划进行
106. 2	严重事故条件下主控室可居留性专项研究	CNPE	完成
107	双层安全壳设计技术	CNPE	按计划进行
108	安全系统配置及设计技术研究	CNPE	完成

续表

专项编号	技术专项名称	责任单位	课题进展
110	内置换料水箱设计技术及试验研究	CNPE	按计划进行
111	非能动安全壳热量导出系统研究	CNPE	完成
202	双层安全壳（机械）贯穿件研制与鉴定试验	CNPE	完成
203	双层安全壳的燃料转运装置研究	CNPE	按计划进行
204	双层安全壳的人员闸门设计及试验研究	CNPE	完成
205	双层安全壳的设备闸门设计及试验研究	CNPE	完成
301	双层安全壳 60 年设计寿期分析技术	CNPE	按计划进行
302	辐射防护优化原则及其应用专题研究	CNPE	完成
304	长周期换料对燃料操作与贮存系统设计研究	CNPE	完成
305	仪控系统特点分析研究	CNPE	完成
307	状态导向法及其在事故处理中的应用	CNPE	完成
401	LBB 技术应用研究	CNPE	完成
402	安全系统（设施）布置设计研究	CNPE	完成
404	烟囱气态流出物取样代表性	CNPE	完成
405	核电厂三回路空冷技术研究	CNPE	完成
406	核电厂冷却塔技术研究	CNPE	完成
501	功率运行工况内部事件二级 PSA 分析	CNPE	完成
502	抗震设计技术研究	CNPE	完成
503	增加蓄电池容量研究	CNPE	完成
504	水压试验泵可靠电源研究	CNPE	完成
505	应急供水研究	CNPE	完成
506	临时供电的设计研究	CNPE	完成
507	操纵员不干预时间改进研究	CNPE	完成
508	严重事故条件下应急控制中心、运行支持中心可居留性和可用性专项研究	CNPE	完成
509	移动式放射性废液处理装置研究	CNPE	完成

续表

专项编号	技术专项名称	责任单位	课题进展
510	硼回收系统配置研究	CNPE	完成
511	核电厂乏燃料贮存设施的安全研究	CNPE	完成
512	核岛厂房抗商用大飞机设计	CNPE	按计划进行
513	抗震裕度分析	CNPE	完成
514	双层安全壳燃料转运通道热工水力实验研究	CNPE	完成
1	CIS	NPIC	完成
2	PRS	NPIC	完成
3	先进堆芯测量系统研究（含样机研制）	NPIC	完成
4	严重事故工况下一回路快速卸压研究	NPIC	完成
5	反应堆压力容器高位排气系统研究	NPIC	完成
6	首循环 18 个月换料设计	NPIC	完成
7	堆内构件优化设计	NPIC	完成
8	反应堆堆内构件流致振动实验研究	NPIC	完成
9	一体化堆顶结构设计研究	NPIC	完成
10	事故后停运主泵设计研究	NPIC	完成
11	延长操纵员不干预时间研究	NPIC	完成
12	反应堆控制棒驱动线抗震实验研究	NPIC	完成
13	主管道 60 年寿命设计及试验研究	NPIC	完成
14	系统与设备抗震能力研究	NPIC	完成
15	LBB 设计技术研究	NPIC	完成
16	双层安全壳电气贯穿件鉴定试验研究	NPIC	完成
17	稳压器安全阀（PSRV）提供低温超压保护措施研究	NPIC	完成

（3）设计

福清核电工程项目 5、6 号机组设计正按计划稳步推进。已按期完成初步设计，初步安全分析报告、环境影响报告书等执照申请文件，按期提交了核岛负挖施工图和核岛筏基施工图等。2014 年共出版图纸 5 084 张（折 A1 数）、文件 1 204 份（文件页数：45 263 页），如图 4-1 所示。

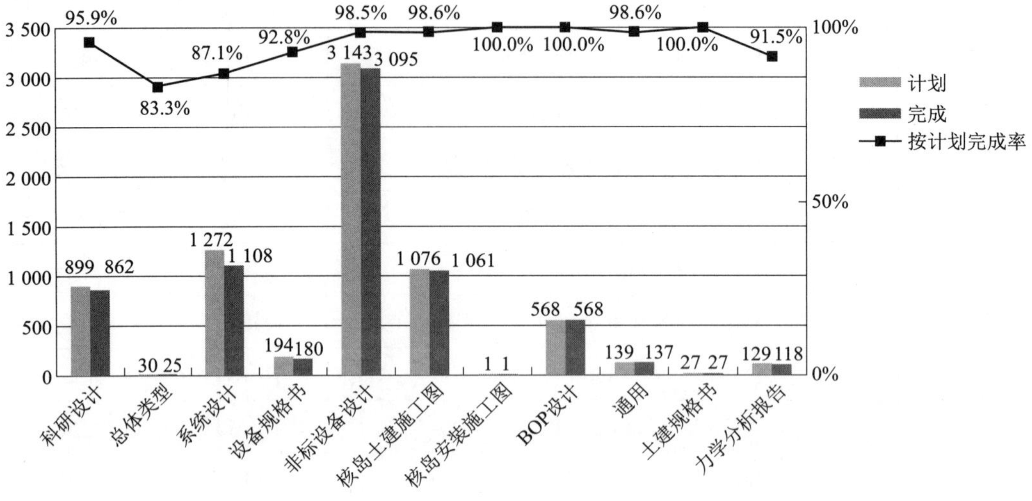

图 4-1　福清核电 5、6 号机组设计文件出版情况

K2/K3 项目已完成总体设计、初步设计和初步安全分析报告。2014 年共出版图纸 7 164. 25 张（折 A1 数）、文件 1 814 份（文件页数：7 300 页），如图 4-2 所示。

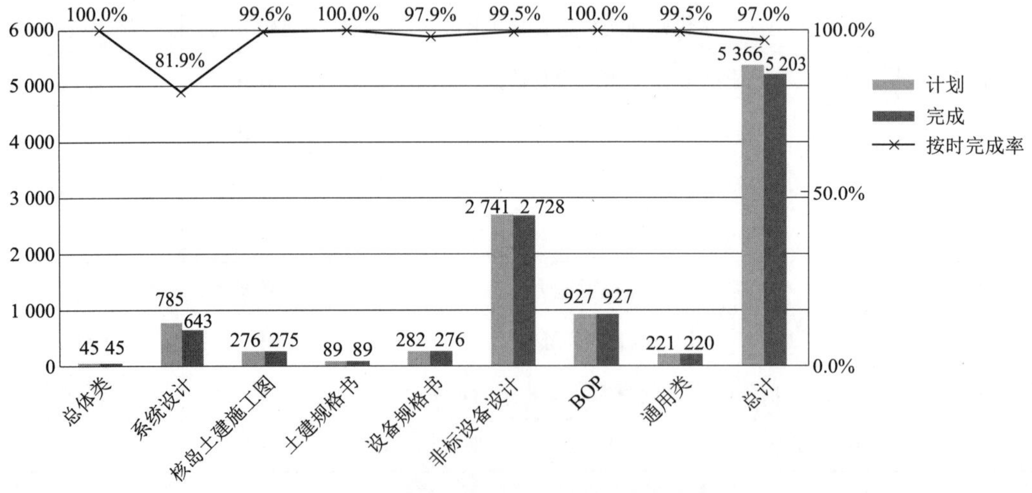

图 4-2　K2/K3 项目设计文件出版情况

（4）自主核电品牌走向国际市场

1）积极配合中原公司开发海外核电市场，展开巴基斯坦 C5、苏丹、阿根廷、沙特等核电厂址的前期工作。

2）针对 IAEA 和目标市场所在国家的核电技术审评要求，开展 ACP 系列技术建议书的编制和澄清工作，顺利通过 IAEA 的 GRSR 审查。2014 年度共完成近 8 000 页报告。

3）针对目标市场国家，开展“培育性”的技术服务工作，包括核能规划、厂址前期等。编制完成《核能规划策划报告》《厂址初可研报告》等。2014 年度共完成 6 卷册 3 000 页报告。编制 ACP 系列技术推介报告，并派人员参加国内外项目推介会。2014 年度完成近 10 份推介报告，40 人次参加国际交流会。

4）针对目标市场所在国家的核电技术审评要求，开展 ACP 系列技术专题报告的编制工作，针对目标市场所在国家的核电技术审评要求，开展 ACP 系列技术专题报告的编制工作。编制《ACP1000 T. P. for R&R》，《GDA 工作策划报告》，《GDA 市场调研报告（技术篇）》等报告。

5）针对 ACP 系列产品，组织目标市场国家的技术管理和设计技术培训，包括设计管理培训、法规标准、系统设计培训、设备设计等。编制培训讲义，并派出 30 余人次参与授课。

6）针对目标市场国家的需求，开展 ACP 系列潜在技术合作点的研究、分析、梳理工作，并编制了《ACP 系列技术合作清单》。

2. AP1000

（1）堆型大事记

1）公司顺利通过国家核安全局组织 AP1000 设计能力评估：2014 年 3 月，国家核安全局最终出具了针对我公司和中国核动力研究设计院的 AP1000 设计能力评估报告，评估结论指出：中国核电工程有限公司和中国核动力研究设计院具有雄厚的核电设计能力，掌握了 AP1000 设计手段及关键技术，持续跟踪依托项目建造过程中经验反馈，具备开展 AP1000 项目自主化工程设计的能力。

2）辽宁徐大堡核电工程项目 PSAR 第一次审评对话会顺利召开：2014 年 1 月 22—23 日，国家核安全局在北京组织召开了辽宁徐大堡核电工程项目初步安全分析报告（PSAR）第一次审评对话会。本次审评对话会的顺利召开，标志着集团公司 AP1000 自主设计和辽宁徐大堡核电工程项目建造许可证申请工作又向前迈出了关键的一步，体现了公司 AP1000 全体设计人员辛勤工作的成果，为尽早实现 FCD 奠定了良好基础。

（2）消化吸收工作

AP1000 技术消化吸收工作取得了阶段性成果。截至 2014 年底，已完成七批技术转让文件和软件。第二阶段的消化吸收工作按计划开展。公司仪控技转包 TP13A 知识产权保护措施通过了西屋的审查。构建新的 AP1000 技转 Windows 平台，相关设计关键软件已测试通过并在工程设计中得到应用。开展安全分析、乏燃料储存格架和管道破前泄漏的技术咨询工作。

（3）设计

徐大堡核电工程项目可研报告、两评报告均以收到评审单位的审查意见。项目申请报告具备上报条件。2014 年出版图纸 10 978 张（折合 A1 数：10 936）、出版文件 966 册，文件页数共计 26 318。实际累计完成各项报告、计算、工程设计等文件和图纸文件 3 666 册（份），按时完成 3 543 册（份），按时完成率 93. 47%。累计完成全部核岛图纸的 53%。

漳州核电工程项目开展可研阶段的总平面设计、海工工程设计和四通一平设计；完成 PSAR 编制和总体设计；开始长周期设备采购规格书确认工作。海兴核电工程项目开展前期可研阶段工作，开始长周期设备采购规格书确认工作。

3. 模块式多用途小型压水堆（ACP100）

ACP100 科研课题是中核集团开发的小型模块化压水堆（SMR），具有建设工期短、资金投入总量低、固有安全性高的特点，可以为国内城市供热、工业供汽、局部电力能源市场供应提供更为灵活的核能供应。

（1）堆型大事记

1）ACP100 常规岛课题研究成果通过公司内部评审

2014 年 3 月 18 日，模块式小型堆科研项目常规岛研究成果评审会在河北分公司顺利召开。常规岛课题的研究成果为小堆的工程化应用提供了指导性方案，对小堆实际工程具有重要指导意义。

2）ACP100 重大科技专项 PCS 课题系统配置方案与实验方案顺利通过专家评审

2014 年 5 月 16 日，公司在哈尔滨组织召开了集团公司 ACP100 重大科技专项 PCS 课题关于系统配置方案与实验方案的专家评审会。与会专家组一致认为当前阶段的系统配置方案符合工程设计需求，当前阶段的实验研究方案可以满足工程设计的迫切要求。

（2）科研设计

2014 年 ACP100 三代核电技术已完成 64 项科研课题以及 8 项重大关键试验课题的研究工作，形成 394 份科研成果文件，180 项发明及实用新型专利申请获得国家专利局受理。AC100 完成标准初步设计报告编制、初步安全分析报告，已经具备工程应用条件。

4. WWER

（1）堆型大事记

田湾核电工程项目 3、4 号机组常规岛主给水泵入口管道专家咨询会圆满召开。会上，最终形成了以设计进行再度优化，以利于主给水泵入口流态整流更加充分的专家意见，对后续工作的顺利开展奠定了基础。

（2）设计

田湾核电工程项目 3、4 号机组俄转中供非标设备设计、BOP 子项的初步设计已基本完成，常规岛施工图设计、核岛补充完善设计按计划开展，表 4-3 为田湾 3、4 号项目 2014 年设计工作。

表 4-3　田湾 3、4 号项目 2014 年设计工作

		完成工作
BOP	初步设计	2014 年完成 451 册施工图纸、7 本采购技术规格书、93 个系统手册
	子项设计	截至 2014 年年底，已完成 46 个 BOP 子项的全部施工图设计、12 个 BOP 子项的土建设计、升版了 3 个 BOP 子项图纸
常规岛		完成 965 册施工图纸（其中升版文件 445 份）和 17 本技术规格书（其中升版文件 8 本）及 35 个系统手册 截至 2014 年年底，已经一共完成 1 117 份图册
核岛补充完善设计		出版了 28 份核岛补充完善设计文件； 完成 65 册俄方施工图的审查工作（其中包含土建类图册 43 册，工艺类图册 17 册，电气类图册 2 册，通风类图册 3 册）； 完成通风专业二三公司细化设计图纸审查工作 208 册，完成 6 份核岛通风专业技术规格书出版工作

5. CNP650

海南核电工程项目施工图设计已完成 98% 以上。已完成核岛土建施工图、安装施工图，BOP 子项施工图、设备类文件和图纸及设计阶段审评遗留问题的回答工作，按计划完成 FSAR 上报、PSA/SAMG 上报。

6. M310

福清核电工程项目 1 号机组、方家山电工程项目 1 号机组已具备商运条件，福清电工程项目 1、2 号机组和方家山电工程项目设计工作已基本完成，福清电工程项目 3、4 号机组设计文件已基本完成。设计主要工作为剩余少量电缆敷设文件出版、装料许可证申请相关工作，以及解决设计遗留问题和现场技术服务。

7. ACP600

ACP600 核电技术是集团公司为满足国际和国内核电市场的需求而推出的系列化 ACP 机型之一。市场定位为中小型电网，目标厂址为海南核电工程项目 3、4 机组和苏丹红海厂址第一座核电站。

（1）堆型大事记

1）ACP600 研发策略专题讨论会

2014 年 2 月 20 日，ACP600 研发策略专题讨论会在京召开。会议就 ACP600 技术路线的选择、研发周期、研发资金的来源、海南核电工程项目 1、2 号机组翻版出口所面临的知识产权问题及采用经济分析指导设计的原则等内容进行了深入探讨。

2）ACP600 研发策略和技术路线研讨会

2014 年 5 月 22 日，ACP600 研发策略和技术路线研讨会在京召开。会议明确综合考虑知识产权、潜在目标国出口受限、福岛后核电安全最新要求、ACP 机型研发系列化和人力资源状况等因素，ACP600 型号研发的技术与安全达到三代核电 ACP1000 同等水平，这次型号研发一般不安排新的重大的关键技术攻关课题，研究周期为 3 年。并决定由公司牵头、核动力院配合，根据上述建议尽快完成 ACP600 型号研发立项建议书。

3）ACP600 研发项目立项事宜协调会

2014 年 12 月 24 日，ACP600 研发项目立项事宜协调会在京召开。会议决定由公司牵头、核动力院配合，进一步分析并优化 ACP600 的经济性，综合考虑包括科研投入、建造成本、运行维护成本、预计发电量以及电价等多方面的因素，折算成单位电价，与用其他机型建造海南二期项目综合比较，形成分析报告。由公司牵头、核动力院配合，按照“尽量多采用已有的成熟技术，少开展新开课题，新开课题侧重于节省投资为目的”的原则，对科研课题进行大幅度删减和精练。

（2）科研

2014 年 7 月，完成了《ACP600 概念设计方案报告》（A 版）、《ACP600 课题实施方案》（A 版）和《ACP600 项目课题概算计价表》（A 版），并上报集团公司核动力事业部。8 月，集团公司组织专家对上述文件进行了审查。11 月，完成了《ACP600 概念设计方案报告》（B 版）、《ACP600 课题实施方案》（B 版）和《ACP600 项目课题概算计价表》（B 版）并上报集团公司核动力事业部。完成了 ACP600 推介材料的编制以及 ACP600 商标注册。

8. 核工程前期项目

积极推进核电厂址的前期工作，在模块式小堆、浮动堆、行波堆、快堆等先进堆型方面开发适应性的厂址，在国家政策的引导下，主动推进东部沿海地区核电厂址、海岛核电、近海核电厂址的前期工作及大型乏燃料后处理厂的前期选址工作。2014 年开展核电前期项目 16 项，科研任务 1 项。

9. 技术服务

2014 年 10 月 8 日公司成立技术支持服务中心。完成中心管理规程文件编制，梳理工作程序清单，明确岗位职责。福清技术支持服务项目部成立，秦山技术支持服务部人员到岗，延续原来运行核电技术服务工作外，陆续开展新网机组的技术服务支持工作。2014 年技术服务中心完成主要工作如表 4-4 所示。

表 4-4　2014 年技术服务中心主要工作内容

序　号	项目内容
1	田湾核电工程项目 10 年安全审查 PSR 执行，2014 年年底提交所有报告、具备评审条件
2	田湾核电工程项目换料计算、校核工作进展顺利
3	田湾核电工程项目 1、2 号与 3、4 号机组除盐水相连改造项目
4	秦山一、二、三厂 PSA 应用试点工作及合同变更
5	秦山二厂规格书改版项目标价、技术沟通及其他技服工作单处理
6	产品集成开发 IPD 试点项目流程梳理及报告编制工作
7	技术服务项目收款（包括原调试部签订的福清服务框架协议）
8	编制核电技术服务市场开发工作方案
9	协助《中核核电运行管理有限公司与中国核电工程有限公司战略合作框架协议》签署
10	开展福清核电工程项目 1、2 号机组技术改造服务工作。承接技术支持服务工作单 20 余项
11	组织 3 次投标工作

10. 核安全审评

公司安全审评中心作为国家核安全局和国防科工局的技术后援单位，高效保质完成审评和监管项目，同时按照科工局要求完成了设备厂家的取证工作及其他审评任务。作为核安全局后援单位主要完成以下工作。

（1）CANDU 堆和快堆等研究堆安全技术审评（见表 4-5）

表 4-5　CANDU 堆和快堆等研究堆安全技术审评工作进展

序　号	项　目	主要工作内容
1	秦山第三核电厂安全相关修改、特许申请、核电厂换料大修等相关工作的技术审评，定期安全审查准备及大纲审评	已完成的地坑滤网改造的审评等 9 个项审评任务、正在审评秦山第三核电厂首次定期安全审查（PSR）的审评等 3 项任务
2	中国原子能科学研究院在役研究堆日常运行、特许申请、月报、事件报告、安全整治及更新改造等审评及经验反馈	1）2014 年 6 月，已编制 CARR 工程冷中子源装置初步安全分析报告的审评评价报告，结束审评。开展对 IAEA《研究堆安全》进行审查，提交审查意见和建议。 2）开展对《MPower 小型堆核电站选址标准》（建议稿）进行审查，提交审查意见和建议。 3）对中国原子能科学研究院 49-2 堆技术规格书修改进行审评，已提出一批问题并进行一次对话，等待答复阶段。 4）对中国原子能科学研究院提交的四个临界装置定期安全审查大纲进行审评。提出了一批审评问题；进行过一次对话交流

续表

序 号	项 目	主要工作内容
3	中国实验快堆日常运行、特许申请、月报、事件报告、安全整治及更新改造等审评及经验反馈	1）对中国原子能科学研究院提交的快堆转换区组件辐照实验申请进行审评。 2）对《中国实验快堆大气释放阀运行条件临时变更申请》进行审评，提出一批问题并进行了对话交流，已提交审评意见结束审评。 3）开展《中国实验快堆修订版技术规格书》进行审评；提出一批问题，进行了一次对话，等待答复中。 4）对《中国实验快堆定期试验和检查大纲》进行审评；提出了一批问题，进行了一次对话，等待答复中。 5）对四代核能论坛（GIF）关于未来快堆核电站建设的相关问题进行答复，已正式回文结束任务
4	深圳微堆特许申请、月报、事件报告等评价及经验反馈；新堆审评；铀溶液临界装置运行许可证审评	1）CARR 堆定期试验和检查大纲、运行限值和条件等材料的审评。对中国原子能科学研究院提交的修订版《CARR 堆定期试验和检查大纲、运行限值和条件》等材料进行审评。 2）中国先进研究堆（CARR）工程 C 阶段调试报告的审评。对《中国先进研究堆（CARR）工程 C 阶段调试报告》进行审评，提出一批问题并进行了对话交流，等待答复中。 3）中国先进研究堆（CARR）五个入堆靶件实验的审评。对原子能院提交的中国先进研究堆（CARR）五个入堆靶件实验进行审评
5	CAP1400 初步安全分析报告审评	组建了 21 人审评队伍，参与 PSAR 的第 6 章、第 7 章、第 8 章、第 9 章、第 12 章、第 18 章、第 19 章等 7 章审评，并进行部分章节评价报告的修改
6	台山 EPR 最终安全分析报告审评	组建了 35 人审评队伍参与 FSAR 的 14 个章节审评

（2）民用核设施核安全监督管理（见表 4-6）

表 4-6 民用核设施核安全监督管理工作进展

序 号	项 目	主要工作内容
1	核安全与放射性污染防治“十三五”规划思路研究（早期核设施退役及放射性废物治理）	调研国外核安全设备的管理方式和我国核安全设备的管理现状，针对存在的问题，研究提出加强核安全设备质量监管的政策建议和措施，作为相关规划内容的指导
2	秦山第三核电厂日常运行和大修监管技术支持	协助环保部核安全局和华东监督站参与了秦山三期的监督检查工作，为其提供技术支持
3	核动力厂辐射防护最优化及其研究	通过开展国内外相关法规标准体系调研，结合国内设计、运行和审评监管实践，制定辐射防护最优化技术及管理实施方案，并提出可以具体依循的技术见解

续表

序　号	项　目	主要工作内容
4	中国原子能科学研究院在役研究堆（中国实验快堆、49－2 堆、原型微堆、微堆临界装置、快堆临界装置、铀溶液临界装置、固体零功率堆、先进研究堆）核安全监督检查技术支持	参与中国原子能科学研究院核设施的现场监督检查和试验验证项目的监督检查工作；开展技术对话、现场察看、结果确认、修改或试验项目的验证，提交相应的评价意见或监督检查技术意见
5	核动力厂放射性废物最小化导则制定	制定我国《核动力厂放射性废物最小化导则》，以更好指导废物最小化实践，推动我国核动力厂设计、建造、运行和退役全过程废物最小化，更好地保护环境、保护公众健康
6	研究堆与小型动力堆非居住区和规划限制区的管理研究	调研国际上小型动力堆的选址假想事故相关标准导则及分析方法的最新进展，跟踪小堆核非居住区和规划限制区的划分方法，结合国际上对小堆非居住区和规划限制区边界的许可政策及标准，提出适用于我国小型动力堆的非居住区和规划限制区管理建议
7	二代加二环路压水堆核电厂标准化概率安全评价模型的建立与应用研究	在建立 PSA 建模分析统一假设的前提下，采用 RiskSpectrum 软件建立二代加两环路压水堆核电厂（目标电厂为秦山二期 1、2 号机组）的标准化 PSA 模型，并编制相关的分析报告，该模型将来可用于对应电厂的监管模型使用

（供稿人：张晅）

（二）核设施退役和三废治理设计项目

2014 年开展核化工工程项目数 31 个，全年完成 9 个，阶段性完成 22 个；开展后处理重大科技专项、核能开发科研、退役与三废治理科研项目数 45 项，全年完成科研项目 16 项，阶段性完成项目 29 项。

1. 八二一核废物处理总承包工程项目

完成玻璃固化工程的施工图设计，根据调试的情况和现场需求完成堆化两区中低放废液处理设施的变更修改，完成低放有机废液热解焚烧工程的变更修改，完成冷调试方案编制及冷调试大纲的完善工作，完成桶外水泥固化线的试验工作。

（1）低放有机废液热解焚烧工程

开展设施的修改完善工作，配合仪控开展控制系统的程序编制工作；配合项目调概的工作，编制相关报告；开展中德联合现场检查和技术交流工作；编制调试大纲；配合采购开展点火器、燃烧炉的工厂验收试验工作；开展技术问题和调试难点的技术梳理工作，确定了中德技术交流的重点。

（2）中低放废液综合治理工程和堆工区低放废水处理设施新址新建工程

配合冷调试向业主移交开展工程变更工作；中低放废液综合治理工程完成 141 项处理；堆工区低放废水处理设施新址新建工程完成 87 项问题处理；完成了热调试方案编制工作，配合集团公司、国家国防科技工业局进行项目评审和批复工作。

（3）玻璃固化项目 82210（工艺厂房和实验区），82210/1（产品容器暂存库）和 82210/00（室外工程）。

1）施工图设计：完成主体工程和室外工程的施工图设计

2）非标设备设计：本工程计划非标设备设计图纸共 123 套，其中抗震类设备 60 套，非抗震类设备 63 套，截至 2014 年 12 月，已完成了本工程所有非抗震类设备的 63 套非标设计图纸 CFC 版（其中包括 2013 年完成的 14 套）。已完成本工程抗震类设备中的 27 套非标设计图纸 CFC 版。对于其他 33 套抗震类设备非标设计图纸，已提供 PRE 版以开展招标工作。

3）技术规格书/采购清单/技术条件：本工程技术规格书/采购清单/技术条件共计划出版 72 份，是目前所有核化工项目数量最多的。截至 2014 年 12 月 31 日，已完成 70 份并提供给总承包项目部（包括 2013 年完成的 45 份）。

4）技术服务：派遣设计人员赴现场进行技术服务；编制土建工程量清单和安装工程量清单，并参加答疑；对采购分包及分交原则进行审查并提出意见；参加设备采购的招投标答疑工作。

5）向德方提交中方部分施工图：向德方管道布置图进行详细设计确认；向德方提供电缆清单；根据德方修改 P05 升降小车的详细设计文件，对电缆清单进行修改并提交给德方。

2. 后处理工程

（1）专项工程

200 t 乏燃料后处理厂已完成项目建议书和初步可行性研究报告的升版编制工作。中试厂配套项目已完成项目建议书升版编制工作。8 项后处理重大专项科研项目、4 项核能开发科研项目及部分横向科研项目正在按计划开展和推进，其中后处理重大专项科研项目有 1 项已经完成公司级验收，所承担的横向科研项目也均已完成研究工作，其余项目正在按计划安排开展中。

（2）800 t 乏燃料后处理厂项目

800 t 核燃料后处理厂大厂中法合作已经进行十轮合同技术谈判工作，根据法方提供的资料，完成了技术方案初稿的编制工作。

（3）TBP 有机废液处理工程

全年完成二次整改方案、完成冷试车报告、调概报告、点火器技术规格书（A、B 两版）、德方悬浮液配方研究任务书。对该项目的技术问题进行了梳理、对于德方技术服务的问题进行了讨论和交流。

（4）0601 飞凤山低中放固体废物处置场

完成《飞凤山低中放固体废物处置场最终安全分析报告》《飞凤山低中放固体废物处置场一期工程第一阶段运行许可证申请材料核安全审评第一批问题回答单》、完成飞凤山问题处理，例如混凝土搅拌站、400 L 废物桶、转运屏蔽容器、地下管廊排水系统、处置单元壁厚等问题。

（5）其他废物治理工程进展（见表 4-7）

表 4-7　其他废物治理工程进展

序　号	项　目	主要工作进展
1	1415 工程	完成可行性研究代初步设计
2	0602 极低放废物填埋场	完成《极低放填埋场“十三五”运行报告》
3	0008 中试厂极低放固体废物转型站	完成《中试厂中低放固体废物转型站“十三五”运行报告》
4	8220601/3 贮罐应急备用功能恢复	完成《贮罐应急备用功能恢复项目可行性研究报告（代实施方案）》
5	1026XXX2 玻璃固化项目	完成《XXX2 玻璃固化项目建议书》的编制

续表

序　号	项　目	主要工作进展
6	1105XXX2 中低放固体废物整备完善工程	完成“XXX2 中低放固体废物整备完善工程”初步设计； 进行“XXX2 中低放固体废物整备完善工程”施工图设计
7	822100 XXX1 综合废液治理工程热调试方案	完成《XXX1 综合废液治理工程热调试方案》，文字 30 页； 完成《XXX1 综合废液治理工程最终安全分析报告》，文字 56 页； 完成《XXX1 综合废液治理工程最终安全分析报告》回答单，文字 46 页； 答复现场问题 40 项，出各类工程变更单及备忘录等（20 多项）； 赴现场解决调试问题，主要有阀门检修问题、泵运行问题、蒸发器下料管堵塞问题等； 参加水泥固化线 72 小时验证试验
8	821800XXX1 综合废液治理工程	编制完成《124 罐区及 120 厂房向 124B 厂房倒料整改方案》； 编制完成《XXX1 堆工区低放废水处理设施新址新建热调试方案》； 编制完成《XXX1 堆工区低放废水处理设施新址新建最终安分报告》； 完成核安全审评回答单
9	0222XXX2 新建低放废液处理设施工程	完成“XXX2 新建低放废液处理设施工程“十三五”热运行方案
10	82246/1 工程 XXX1 厂放射性固体废物库回取和分拣工程	解决现场安装、调试问题，出设计修改通知单，赴现场解决问题
11	82244GXXX1 厂放射性固体废物库回取和分拣工程	完成《XXX1 厂放射性固体废物库回取和分拣工程运行方案》的编制，共 30 页； 完成《XXX1 厂放射性固体废物库回取和分拣工程运行方案》评审及会后修改报告

3. 核设施退役治理项目

（1）退役工程项目设计（见表 4-8）

表 4-8　退役工程项目设计进展

序　号	项　目	主要工作进展
1	中核 XXX2 有限公司退役与废物治理分析检测中心	编制完成可行性研究报告并交付业主，已配合完成集团的审查，正在进行修改

续表

序　号	项　目	主要工作进展
2	中核 XXX2 有限公司现有辅助设施整治	完成可行性研究报告（代初步设计）编制，并已获得国家批复
3	某业主单位后处理设施辅助子项（19#）退役	完成退役实施方案的编制并交付业主
4	某后处理设施第二阶段第三个包退役	完成该退役项目实施方案编制，已得到国家批复。安全分析报告待业主提供环评结论后可出版、提交。职业安全专篇完成编校审，已经征询业主意见并修改完毕，等待上报通知
5	中核集团公司退役治理工程技术研发设施	该项目建议书已上报科工局，根据集团的最新通知，需要对项目建议书进行修改，目前正在落实如何修改，修改内容等事宜，预计年底前完成修改任务
6	某业主单位固体废物库中低放废物暂存设施退役	项目建议书已根据集团审查意见完成修改，并交付业主
7	#池及巴氏流量槽退役治理	该项目方案已在集团内组织专家进行了研讨，编制了项目建议书并经过集团组织的专家审查
8	某业主单位堆退役固体废物处理设施“十三五”运行方案	运行方案已经按期编制完成，提交业主
9	某业主单位高放废液备用贮槽“十三五“运行方案	运行方案已经按期编制完成，提交业主
10	核电项目退役	编制各核电工程退役初步计划及安全分析报告的“退役”章节，全部工作均已按照进度计划完成
11	1257500 配套	修改完善项目建议书

（2）退役项目技术服务（见表 4–9）

表 4–9　退役项目技术服务进展

序　号	项　目	主要工作进展
1	清华大学核能与新能源技术研究院 156 和 116 实验室退役	补充编制方案，并交付业主
2	某业主单位 114 库及厂东区废物回取、清理	组织包括工艺、辐射防护、辐射监测等有关专业进行了多次讨论，编制初稿方案
3	某业主单位原三废区废水处理及固化设施退役 I 期工程	开展有关问题澄清，有关技术方案审查以及编制相关技术方案等技术服务工作

4. 后处理重大科技专项科研（见表 4-10）

表 4-10　后处理重大科技专项科研

序　号	项目名称	2014 年任务完成情况	阶段性成果
1	大型核燃料后处理厂总体设计研究	完成最终验收和成果鉴定	最终结题报告； 成果鉴定证书
2	核燃料后处理厂设计基准事故和严重事故初步研究	完成最终验收和成果鉴定	最终结题报告； 成果鉴定证书
3	卧式剪切机科研样机研制	按计划完成； 课题申请延期至 2016 年 3 月（已批复）	剪切装置施工图、试验台架施工图、外委设备加工合同
4	乏燃料溶解器技术第一阶段研究	按计划完成； 课题申请延期至 2015 年 6 月（已批复）	小型装置及试验台架；排渣与空气提升装置试验报告
5	RFD 流体输送系统工程应用技术研究	完成公司级验收	课题技术总结报告
6	大型核燃料后处理厂关键工程技术方案研究——关键设备	按计划完成； 课题申请延期至 2015 年 6 月（已批复）	流化床、离心机可靠性分析报告； 钚尾端关键设备初步设计方案
7	内陆厂址后处理厂含氚废水排放方案研究	按计划完成； 课题已申请延期	含氚废水高架排放环境影响评价研究报告
8	核燃料后处理工程综合设计平台开发研究	完成全部研究工作	首端虚拟现实系统； 用户手册； 工作程序； 总体研究报告
9	中试规模泵轮式混合澄清槽性能研究	按计划完成	800 kg U/d 混合澄清槽水力学及酸传质研究报告； 5 级 2D 槽、2E 槽试验装置
10	后处理专用设备材料-Ti35 合金应用研究	按计划完成； 课题申请延期至 2016 年 6 月（已批复）	蒸发器和溶解器模拟体施工图、腐蚀试验台架施工图、腐蚀试验模拟料液研究报告

（供稿人：张晅）

（三）核燃料科研设计

1. 科技创新工作扎实推进

国家重大专项科研全面展开。在广泛调研、反复论证并系统总结技术经验和成果的基础上，编制完成了国家重大军工专项工程科研规划，并顺利通过评审。2014 年底，已编制完成重大军工专项科研项目建议书，研究工作全面展开。

在研项目全面完成节点任务。武器装备预研各专题顺利通过 2013 年合同验收及 2014 年合同评审，“反渗透装置”等成果已实现工程应用；“核燃料芯块先进烧结系统”项目研制的动梁式高温烧结装置样机按计划完成热试，成功烧结出多批合格的陶瓷 UO_2芯块，即将交付工程应用；承担设计和部分科研任务的 CEFR-MOX 燃料芯块试验线成功投料并生产出我国首批 MOX 燃料芯块；“MOX 燃料单棒和组件制造技术研究”项目承研的科研设备基本完成施工图设计，样机委托加工陆续启动。

年内开展的横向科研项目共 16 项，八一二厂 400 t 扩产无损检测设备研制等 4 个项目顺利通过验收；全年新签“实验快堆燃料棒表面污染检查装置研制”等横向科研合同 6 项。

2. 军核工程取得新突破

在核军工领域，重点投入、全力推进，承担了一批国家重点军工任务；在核燃料元件领域成绩显著，继续保持领域内领先地位。八一二厂核燃料元件扩建项目顺利建成投产，国内外专家肯定生产线技术达到国际一流水平；自主研发的化工干法转化装置在国内燃料元件生产线上推广使用，得到广泛好评；二〇二厂 AP1000 核燃料元件生产线安装调试顺利，完成模拟组件生产；高温气冷堆燃料元件生产线设备安装完毕，正在开展系统调试，为保证电站供料生产奠定了基础，赢得了时间。

在保持传统优势的同时大力拓展业务外延，承担了秦山三期重水脱氚项目、实验快堆 MOX 燃料组件实验线和钍基熔盐堆燃料研制线等项目的设计任务。

（供稿人：胡仙凤）

（四）民用工程

公司与万达集团等著名房地产企业保持良好合作的同时，与恒大地产集团等签订战略合作协议；完成西藏羊易地热、土耳其脱硫等多个项目的设计及施工服务工作；完成益阳生活垃圾焚烧发电厂等施工设计工作，获得“广厦奖”等奖项。年初公司成功召开民用业务成果展览暨座谈会，进一步整合资源，建立联席制度，保留公司发展的“优秀基因”。

三、科研工作

（一）科研项目管理

1. 2014 年公司承担的集团公司重点专项、国防科工局项目、国家能源局项目、国家环保部项目、国家科技部项目等各科研课题进展顺利并取得一批重要成果。全年公司在研课题 120 项，完成科研收入 47 056.45 万元人民币、科研支出 51 706.36 万元人民币；新申报研发课题再创新高，完成新课题申报 268 项。

2. ACP1000 三代核电技术重点专项各项课题顺利完成集团公司下达的工作计划。2014 年 4 月的中期检查协调会和 5 月的专项验收策划会对项目研究内容、考核指标、成果、进度及经费执行等情况进行了检查协调。

3. 乏燃料运输容器研制专项研究进展顺利，进入原型容器样机研制的关键阶段，国家核安全局同意提前介入原型容器样机的制造监管，容器研制关键材料——减震材料、中子吸收材料、中子屏蔽材料已基本完成研制。乏燃料运输容器研制成果将打破国外该设备长期垄断的局面，填补国内空白，保障国内核电站乏燃料运输安全，将成为我集团公司在容器产业化的又一个新亮点。

4. 模块式多用途小型压水堆技术研究（ACP100）重点专项进展顺利，来自国家核安全局、核与辐射安全审评中心、集团公司核动力事业部、哈尔滨工程大学组成的专家组对 PCS 系统配置和试验研究方案给予了认可，为下一步 PCS 系统研发和必要的试验工作打下了坚实的基础。

5. 大型先进压水堆国家科技重大专项“核级管道设计技术研究”课题

已顺利完成公司级验收和财务审计工作，已向国家核电技术公司正式提交预验收申请，其中“国产化 AP1000 标准设计研究”已顺利通过能源局组织的正式验收。

6. 在北京市科委重大科技成果转化落地培育专项中，公司申报的《三代核电安全壳核安全相关技术研究》已通过北京市科委组织的实施方案评审和财会预算评审，并已批准立项，获得北京市财政支持 600 万元人民币。

7. 公司承担的国家能源应用技术研究及工程示范项目中的 5 个项目均进展顺利，并依托其中“严重事故预防和缓解措施的研究与试验验证”和“非能动安全壳热量导出系统和二次侧余热排出系统研发”2 个项目，策划建设公司的非能动安全壳热量导出系统性能试验台架，为公司后续项目研发提供试验条件保障。

8. 公司承担的后处理重大专项“大型核燃料后处理厂总体设计研究”等 2 项课题顺利通过国家能源局的验收。公司按计划完成“内陆厂址后处理厂低放废水排放方案研究”课题的公司级验收。组织开展“内陆厂址后处理厂低放废水排放方案研究”课题的集团公司预验收。

9. 核能开发项目“核燃料芯块先进烧结系统”完成调试文件的编制，国产钼舟通过了同类烧结气氛下的考核、验证和产品定型。“中国实验快堆 MOX 燃料单棒和组件制造技术研究”完成 6 台（套）专用设备的施工图设计。完成了“示范快堆 MOX 燃料元件生产线建设”规划方案、核能开发科研《示范快堆示范快堆 MOX 燃料元件生产线设计技术研究及关键生产工艺与专用装置研制》项目建议书的编制，并顺利通过集团公司评审和中咨公司评估。

（二）技术标准管理

2014 年公司申报标准编制项目 80 项（其中 16 项主编、42 项参编项目获批）。完成国家标准图集报批稿 1 项，送审稿 6 项，征求意见稿 5 项。公司企业标准方面，2014 年组织标准编制项目 4 项。并完成 ACP1000 技术标准的分析策划工作及核设施退役技术标准体系顶层设计工作。

（三）知识产权与专利管理

1. 中国专利

2014年完成专利申请187项，其中发明102项。有145项专利申请获得授权，其中发明专利57项、实用新型专利88项。我公司专利申请和授权量在集团公司成员单位中均位居前三。

2. 海外专利申请

完成阿根廷专利申请1项。

3. 对2013年授权的18项发明专利、48项实用新型专利发放了共计42万余元人民币的奖励。

4. 积极开展商标注册申请，实现公司注册商标零突破

公司英文名称简写“CNPE”在6类商品/服务上提出注册申请；

燃料运输容器系列产品简写“BQH”“GY”“CNFC”“CNSC”在容器类商品上提出注册申请；

将与“华龙一号”项目相关的标识“ACC”“ZAP”“HL－1”“HUALONG-1”“ACP300”“ACP600”在5类商品/服务上提出注册申请。

5. 2014年我公司共获科技奖40项，其中获省部级一等奖：5项；二等奖：11项；三等奖：24项，其中“百万千瓦级核电站自主设计与技术创新”科技成果首次获得的国防科技进步一等奖。

2014年完成科技奖励申报68项，其中中核集团科技奖28项，国防科技奖14项，核能行业协会奖25项，国家安监局科技奖1项。

（四）科研管理体系建设

1. 在已完成科研管理二级程序建设的基础上，基本完成三级管理程序细则的编制和完善工作，在跟踪、反馈和优化的基础上最终形成以科研管理大纲为中心，以科研项目管理、质量管理、财务管理、技术管理和知识产权管理等关键要素为框架，以科研进度管理、经费管理、专利管理等一系列程序和细则为纽带的科研项目管理体系。

2. 推进产品技术标准体系、公司技术标准体系和知识管理体系建设。

3. 专利保护工作开始由量的积累向质、量并重阶段转变，编制并发布

公司专利布局研究报告，实现公司专利保护与核心业务领域技术对接，初步建立专利申请评审机制，提出专利布局工作要与科技创新、无形资产管理和市场开拓相结合的原则。

4. 筹建研发中心，以引导研发力量向若干关键技术领域集中，形成对重大工程型号开发的有力支撑，并扩大在国内外同行中的影响。

5. 积极筹建核燃料后处理工程技术研发中心、退役治理工程技术研发中心和先进核电技术研发中心。

（供稿人：张平生）

第五部分　公司管理情况

一、综合行政管理

（一）管理体系建设

1. 加强统筹协调，梳理职责分工

为进一步做好公司管理体系的日常维护，持续改进和优化组织机构、权责界面和工作流程。针对管理体系优化后存在部门职责、权责界面尚未理清的现状，总经理办公室主动、及时加强沟通协调，结合公司质保检查和管理评审反馈提出的意见建议，先后牵头组织召开项目调试模式及职责接口专题讨论会，多项目管理体系职责梳理专题讨论会，公司北京核工程研究设计院与信息文档部关于信息录入和文档管理程序审查职责分工讨论会，公司协会学会职责分工讨论会等会议，有效解决职责交叉、重叠的问题，确保部门履职清晰、顺畅。

2. 规范机构管理，保障组织运行

通过公司组织管理规程等相关文件，规定了公司组织机构设置按照科学、精简、高效、制衡的原则，综合考虑公司发展战略、文化理念和管理要求等因素，合理设置机构，明确各机构的职责权限，避免业务重复或职能交叉，形成各司其职、各负其责、相互制约、相互协调的工作机制，并对公司组织机构（含内设机构）的设立、撤销或者合并、机构职能调整流程予以规范，对组织机构运行评估和组织文件管理提出要求。规范公司组织机构管理，开通《组织机构调整申请表》网上办理流程。本年度共组织完成福清核电工程项目部、河北分公司、郑州分公司、人力资源部、北京核工程研究设计院技术支持服务中心等机构调整 24 项，发布公司自管理体系优化后的

组织机构调整清单（2013年4月—2014年12月），通过对组织机构的规范管理，有效保障了组织的顺畅运行。

3. 广泛征求意见，升版管理规程

公司组织管理规程是描述公司组织形式、职能分工和管理方式的规范性文件。为进一步明确公司组织管理原则，理顺组织管理职能，规范组织管理行为，公司于2014年4—5月集中对公司组织管理规程进行第一阶段的升版工作，根据运行1年以来的组织管理中出现的问题和讨论议定事项，编制完成《关于〈中国核电工程有限公司组织管理规程（版次：1）〉升版修改的说明》，对原版次中的7个章节、36个细项进行说明并出示修改依据。5月下旬，将第一阶段升版的组织管理规程下发司属各单位广泛征求意见，并于6月初集中收到18家单位累计反馈意见146条，其中涉及对本部门职责修改建议72条，对本部门职责与其他部门的交叉、重叠或者描述不明的36条，对组织管理规程升版的其他意见建议34条。经过为期半个月的组织跨部门协调沟通，形成近万字的《意见采纳情况说明表》，并根据各单位反馈意见及部门间职责分工议定事项，完成对组织管理规程第二阶段的升版工作。6月下旬，再次下发征求意见，根据少数部门的反馈意见，组织对采购部、项目部、北京核工程研究设计院、信息文档部等反馈的部分意见进行会议协调和回复后，最终于6月底发布《中国核电工程有限公司组织管理规程（版次：2)》（核工总发〔2014〕20号），圆满完成公司年度JYK考核任务。

（二）规章制度管理

为进一步加强公司规章制度的制定、发布、监督管理程序科学化、规范化，保证公司建立健全并有效执行各项规章制度，公司在2014年继续大力推进规章制度管理工作。

截至2014年12月31日公司共发布有效管理规章制度311条，根据业务类型分为战略决策与组织管理、财务资金管理、人力资源与薪酬管理、经营与项目管理、科技与外事管理、综合办公管理、质量与安全管理、保卫保密管理、信息安全管理、后勤保障管理、监察审计与风险、党风与反腐倡廉12类。

2014 年公司全年新发布或升版规章制度共计 94 条，并实现规章制度法律审核率 100%。

（三）秘书工作

规范秘书服务，提高督办事项跟踪力度。首次开展公司领导年度重点任务考核责任书的工作，组织公司总经理与 10 位副总经理签订年度重点工作考核责任书并落实跟踪全年的执行情况。建立公司领导双周座谈制度，全年召开座谈会 6 次。年度内多次牵头起草重要汇报材料和汇报文稿，完成公司年度工作会和年中工作会和务虚会的策划、组织及《总经理工作报告》等会议文件材料编发、跟踪会议纪要行动项等工作。组织公司党政领导办公会 39 次，例会 2 次，从议题收集整理、会议材料准备、会议记录、会议纪要撰写、分发，会议决议督办等全流程跟踪，形成闭式循环管理。着力于提高服务公司领导、服务板块、服务其他职能管理部门的质量和水平，编制升版《秘书工作指导手册》，提高秘书工作的精细化、流程化、标准化程度。

（四）公文信息管理

1. 信息工作取得重大进展，报送动态信息 150 条，《中核要情》采纳 52 条，全年完成向集团办公厅报送综合信息报送 3 篇。其中，关于公司调试工作的综合信息被《中核要情》刊登，是 2014 年《中核要情》刊登的 3 篇综合信息之一，更是公司历年来综合信息首次被集团采纳，取得了历史性的突破。信息报送工作在集团总部各部门及各成员单位中保持前三名。按要求完成了工作月报 12 期和综合季报 4 期的编制报送工作。11 月完成搭建公司新闻信息报送信息化平台，为保证信息报送的时效性、数据统计性创造了条件。并于 12 月 31 日完成公司官方网站改版上线运行，从内容到形式做了优化改进，提升了直观形象，板块设置涵盖了公司基本业务和信息。编制印刷《中国核电工程有限公司年鉴（2014 年卷）》，经过 2 个年份的探索、磨合，已基本组建出公司各部门年鉴材料报送团队，初步建成公司年鉴报送工作体系，实现以年鉴形式全面系统的载录公司发展历程，为公司及社会各界提供信息平台。按照集团办公厅开展办公室系统业务指导手册编写的要求，编制《办公室系统业务指导手册（信息报送部分）》。

2. 为提高公司整体公文写作能力和公文处理水平，公司行政公文管理工作紧跟国家和集团公司公文管理改革步伐，将国家和集团公文工作的新规定、新办法及时与公司工作结合。发布《关于进一步规范公文处理工作的通知》，减少公文数量、提高公文质量和办理效率；针对各层级的不同需求，分别开展有针对性的公文工作培训，全年开展新员工培训《行政公文写作与处理》三期，部门培训一次。

（五）公务接待和外联工作

1. 公务接待管理

（1）建立了公司公务接待数据库清单

2014 年度共承接公务接待共 79 批次，800 余人次，其中一级接待 21 次，二级接待 48 次，外事接待 21 次；承办重大会议、重要活动 18 次，其中含一级会务活动 8 次，二级 9 次，外事活动 2 次；开展公共关系礼仪的培训 2 次。

（2）建立健全公务接待经验反馈机制

对于重大接待活动，填报《公务接待经验反馈单》，详细反思接待环节出现的问题，总结工作亮点，有效实现了公务接待经验反馈与总结。

（3）规范定点单位管理

2014 年 6 月，公司发布《关于发布公司年度公关接待定点单位名录的通知》，按照“档次适中、数量适当、布局合理、价格优惠”的原则，确定了 8 家北京总部定点单位，并首次将项目部 31 家定点单位和分公司 8 家定点单位也纳入了管理范畴。

（六）法务工作

1. 在公司总法律顾问的领导下，根据集团公司新三年法制目标工作要求，努力加强法律事务管理，健全法律风险防范机制。继续健全法律规章制度，编制发布《公司外聘律师管理办法（版次：1）》，规范对公司外聘律师的管理，提升内外法律工作合力。编制《公司法制工作 2015—2017 三年滚动职能发展规划》，加强对未来法制工作的指导。深化对公司规章制度的全面管理，实现规章制度的法律审核率 100%。正式成立法律工作联络员队伍，加强对司属单位法制工作的 JYK 考核管理，增强法律事务管理实效。规范授权委托书的日常管理，促进相关工作的顺利开展。

2. 及时审核各类法律问题，加强法律风险和经营风险的事前防范。2014 年，策划公司经济合同法律审核专题工作方案，对公司各板块、职能部门、项目部和分支机构的合同签订情况进行摸底；召开两次经济合同法律审核专题工作会议；对各部门提交的 66 份常用合同模板进行了法律审核，促进公司经常性交易的合法开展。及时认真开展疑难法律问题、重大合同、重要文件、规章制度和法律纠纷的法律审核和咨询，加强法律风险的事前防范，为相关业务的开展提供法律支持，促进各项工作合法、合规开展。

3. 认真做好案件诉讼的组织管理和代理工作，努力维护公司合法权益。历时多年的原核二院玻璃幕墙建设工程合同纠纷妥善解决。另外两起案件，分包商劳务合同纠纷案（我方为第二被告）及监造员工劳动争议案，均以原告撤诉方式结案。全年办理的案件，均取得胜诉或调解的良好结果，无一败诉，为公司挽回和避免损失 500 多万元人民币。

4. 加强法制宣传教育，切实提高依法治企能力水平和经营管理人员法律素养，增强全员法律意识。总法律顾问带队参加劳动人事争议仲裁院案件庭审观摩活动；按季度编辑发布《普法简报》；将普法专题讲座与公司党委中心组学习扩大会议结合起来，组织开展“企业法律风险防控专题讲座”；组织开展“12·4”普法知识网上答题活动，全公司共计 3 549 人参与在线答题，同比增加了近 60%，促进企业依法决策和依法经营。

（七）外事与国际合作

1. 2014 年，通过总量控制和严格审批，因公出国团组 235 批 617 人次，比 2013 年下降 20%；统一订购机票，严格控制机票成本，订购 354 张，节约机票成本 83 万元人民币；归口管理公司因公出国计划和预算，建立因公出国专项经费预算；编制《公司因公出国人员出访须知》，出国人员出国前培训率 100%。

2. 获得 IAEA 项目经费资助约折合人民币 60 万元，2016—2017 年 IAEA-TC 项目“乏燃料干法贮存技术研究”立项；2014 年外国专家局人才引进项目执行率 100%；中法核能合作严重事故协作实验室项目有效执行；调查国际合作需求，完成调研报告，建立公司外企名录，完成《公司国际合作发展建议报告》。根据 K2K3 项目设计与技术服务总承包质量保证大纲，完成巴基斯坦 K2K3 项目第二批 21 名设计参与人员和第二、三、四任联络官专项外事接待任务；做好巴基斯坦 K2K3 项目组织保障，调研中原公司、华东院巴基斯坦 K2K3 项目补贴发放标准，组织讨论巴基斯坦 K2K3 项目赴巴人员收入发放方案及发放细则；配合公司开展英国项目组协调工作；参加 PBNC 第 20 届核能大会组织协调工作。

3. 2014 年，公司共接待来访外宾团组 219 批次，645 人次，公司参与活动 797 人次。加强外宾出入管控，严格执行涉外活动审批制度，外宾出入有专用外宾进门通知单；加强公司翻译人才库建设和培养翻译人才，举办翻译人才库英语口译培训，安排 22 人次翻译任务；出版 4 期《外事与国际合作简报》。

（八）总工服务工作

提升服务平台，提高总工服务质量。组织公司副总工深入各所，讨论和交流专业定位、发展与人才培养，编写深化专业梳理工作大纲。协助公司副总工勾画公司核电、核化工、核燃料三个核心板块中、远期发展规划，编制公司核心领域技术发展路线图（A 版），明确公司在核心领域技术路线的发展方向、目标和重点，有助于提升公司的科研设计水平和核心竞争力。协助开展技术管理与决策分层分级管理工作，明确各层级技术管理与决策人员的职责，保障技术管理与决策体系高效运转。协同信息文档部，创建总工文件共享平台，及时维护，实现总工信息资源即时、全面的共享。做好总工日常综合性服务工作，牵头完成公司民用设计成果展览的筹备、组织和展出。

（九）保密保卫管理

2014 年，公司围绕军工一级保密资格认证标准和集团公司的保密工作部署，按照 2014 年 JYK 保密重点战略任务的要求，有序推进保密资格复查准备工作，顺利完成涉密信息系统改造项目，完成公司涉密事项一览表的升版，对一批馆藏超过保密期限的涉密文件进行降解密处理，以保密复查为主线开展了3次公司级保密教育培训及4次保密联络员培训，强化保密自查和保密检查，完成季度保密检查4次，专项检查4次。公司保密管理持续提升，员工保密意识逐步增强，认证标准和管理要求得到有效落实，保密管理长效机制建设取得初步成效，全年未发生失、泄密事件，确保了国家秘密和公司商业秘密的安全。

（十）资产、后勤管理

1. 严格执行采购计划及申请流程，规范固定资产管理。严格执行采购计划，对公司采购的资产做好登记管理，责任到人，确保资产合理有效的使用，保障公司工作顺利开展。资产采购采用集中采购共132批，设备2 362台（套）人民币，总价655万元人民币。其余资产采购采用价格稽核32次，采购设备75台（套），费用共计人民币431 940元。办公设备集中采购简化设备采购流程及采购周期，为公司降低和节约人力成本、采购时间及采购成本。价格稽核规范公司内部采购流程，避免公司人员采购风险。并对公司总部管理部门、北京核工程研究设计院及徐大堡核电工程现场项目部、八二一核废物处理总承包现场项目部进行了资产信息核对和盘点。

2. 坚持以人为本，改善工作环境。根据保密需求对化工所保密区进行调整（房间及工位调整）；根据各个部门实际情况及时调整办公用房18间；完成核能大厦2层粉刷改造、家具配置、窗帘配置等工作；分批、分步骤的对核能大厦C栋老旧空调进行了更换20余台套；按照国家有关规定对大厦11部电梯进行年检。确保为公司职工提供安全、卫生、高效的办公环境。就公司职工关心公司直饮水系统水质安全及卫生，2批次送检海淀卫生防疫站直饮水水样，公司直饮水系统水质报告定期公布（化验结果均高于国标要求直饮水水质要求），确保公司职工饮用水安全。对核能大厦地下车库进行节能灯具改造，预计年节约用电17万度，践行节能环保的社会责任。

3. 增强服务意识，做好公司后勤保障工作。加强对公司服务承包商监督管理，执行公司有关监督管理制度，为公司提供积极有效的后勤保障。通过招标方式对食堂承包商进行了调整，每月两次就办公场所进行安全检查，对发现的安全隐患，完成安全隐患排除 24 次，发现问题 150 项，对存在问题进行逐一落实，及时处置，及时更新危险源清单及环境因素清单。

（供稿人：何一乐、郭倩汝、杨呈、刘哲、陈宇鹏）

二、战略规划管理

（一）战略管理

1. 战略规划体系建设

升版《发展战略和规划管理办法》。明确公司战略规划按照规划期长短可划分为中长期发展规划、五年发展规划和三年滚动发展规划；通过职能规划、业务发展规划、公司年度 JYK 计划、各部门与成员单位年度工作计划实现分解和落实。

明确建立总体规划为顶层，业务规划为支撑，职能规划为保障的战略规划体系；将修改后的规划体系按照组织机构落实职责；增加了“战略与决策支持重大专题研究”内容。

发布《战略与决策支持重大专题研究管理办法》。目标是研究成果及时有效地为公司的发展战略制订、实施和重大决策服务。

发布《公司对标管理办法》。目标是利用对标方法，来实现“创建国际一流工程公司”目标。

2. 顶层设计三年滚动规划体系

《中长期战略及顶层设计》发布、宣贯《创建国际一流工程公司发展战略及顶层设计》。

国际一流指标。通过对标明确 2015 年“国际一流接轨”指标，并在公司务虚会上审议通过。

与 AREVA 对标。参加集团公司组织对标工作，完成法方资料翻译和对标报告。

五年规划。组织公司内部宣贯，并组织公司内外战略规划宣传。

三年滚动规划。编制《公司 2015—2017 三年滚动发展规划》。

业务和职能规划。组织公司职能部门、板块、分子公司编制 12 个职能规划、7个专项规划，并完成审查工作，建立了三层次规划体系。

3.“十三五”规划准备工作

专题研究。提出公司管理体系优化、科技创新、多元化经营、人力资源管理四方面“十三五”战略与决策支持重大专题研究，发布并启动研究工作。

“十三五”规划。开展“十三五”业务目标、经济发展指标预测，并策划开展研究工作。

（供稿人：苏罡）

（二）目标计划管理

在集团公司JYK管理工作统一部署，公司在总结2013年JYK工作的基础上，对2014年JYK工作进行了持续优化和改进。通过一年的努力，司属各单位不断统一思想，注重JYK目标管理，公司执行力和绩效水平得到了持续改善与提升，战略任务的实现得到了保障。2014年各单位重点任务按期完成率达到94%。

1. 优化管理办法，强化制度保障

升版公司JYK工作相关管理办法。升版发布《公司JYK一体化管理办法（版次2）》，进一步明确并规范JYK管理内容、接口及流程。

出台《核电项目管理服务评价办法》，实现了业主对项目考核方案标准化，进一步深化落实公司“三个服务于”核心理念。

发布《公司计划管理办法》，建立了公司计划管理体系（包括生产计划、科研计划、固投计划和职能专项计划），规范了公司计划管理的内容、层级和责任。

2. 任务下达实现与集团公司同步

2014年公司各单位JYK任务实现了与集团公司JYK任务同步下达。2月初，在核动力事业部年度工作会两天后，在公司2015年年度工作会上完成各单位2015年JYK任务三下，签订考核责任书。相较2013年提前近两个月。

3. 保障战略聚焦，同时兼顾任务全面性和均衡性

重点战略任务的下达采用了“上下结合”的方式，将集团公司考核任务和公司发展战略结合起来，并继续沿用D1－Dn+X的JYK目标管理模型，实现了目标管理的科学统筹，保障战略聚焦，同时兼顾任务全面性和均衡性。

4. 任务体系延伸到处室

为实现2015年JYK体系全员覆盖目标，2014年公司JYK体系在纵向层面进一步向处室级延伸。2014年5月，各单位与内设结构完成2014年考核责任书的签订工作，为2015年实现JYK体系全员覆盖提供可靠保障。

5. 任务与计划动态调整

持续推进任务与计划的动态调整。2014年，公司在原有任务调整原则基础上，初步实现总包项目的考核任务和计划在一定范围内的动态调整，并明确了动态调整原则，有效降低了外部环境过度刚性对考核结果的影响。

6. 明确公司计划管理模式，规范公司计划管理体系

公司计划是公司预算编制的重要依据，是公司各单位开展经营、生产、管理活动的指导性文件，是监测、考核、评价经营、生产、管理及其绩效的重要依据。2014年8月发布的《中国核电工程有限公司计划管理办法》在公司工程、设计、科研项目计划的基础上，增加了职能管理计划，涵盖了公司生产、科研、固投、职能管理相关的各项计划，规范公司各类计划的管理，明确计划管理体系中各层级的责任，初步建立了公司计划管理体系。各项公司计划采用归口管理模式。归口管理部门负责建立其归口管理计划的验收机制并实施验收。

（供稿人：刘永超）

（三）全面预算管理

本年度进一步加强了全面预算制度体系建设，深化全面预算的规范化、程序化管理进程；明确了责任中心定位，优化预算管理模式，初步落实激励约束机制；同时，加强了对公司核心业务的管控机制，建立全周期项目预算管理体系，逐步发挥出全面预算管理在资源配置、风险内控上的管控实效。

1. 结合公司管理优化进程，健全全面预算制度体系

完善、修订了全面预算管理制度，明确责任中心定位，落实责任，为推动公司内部市场化分配机制改革打下基础。同时，完善编制流程，增加“一下前摸底”环节，并在预算监督考核中，增加对各单位专项预算执行效果的抽查和后评估要求。

建立和规范了专项预算管理制度体系，逐项梳理了专项预算的内容，按照常规/非常规的预算类别，分别制定管理方案。对常规专项建立费用标准和管理制度，逐步落实标准化管理；对非常规专项明确审核依据并在立项后才能予以下达预算，杜绝年初占用预算额度而无执行计划的情况。

2. 夯实项目产值考核基础，建立项目全周期预算管理体系

发布《中国核电工程有限公司核电工程总承包项目总体预算管理办法》，明确各责任中心在项目全周期中的管理职责，为项目总体预算计划制定、执行控制、项目成本核算、分析与考核的全过程预算管理提供指导依据，为逐步实现按项目经济效益核算和考核奠定了坚实基础。

开展项目全周期总体预算编制工作，初步拟定福清核电工程项目 5、6 号机组和田湾核电工程项目 3、4 号机组的总体预算方案，逐步建立对重点预算项目的管理跟踪检查体系。

3. 依托预算管理平台，落实增收节支方案

根据公司年中会的要求，开展“增收节支”专题活动，明确了“增收保障措施”12 项、“节支保障措施”6 项、“长效改进机制”5 项，并逐项明确责任，落实到部门和责任人。

初步引入“增收节支”专项激励机制，为推动公司内部激励机制改革打下基础。

4. 建立预算执行监控机制，提升预算管控水平

对公司预算目标完成情况进行整体把控，定期组织召开经营指标预测分析会，及时预警收入风险、提出成本费用控制建议，确保公司年度经营目标实现。

（供稿人：叶芳荣）

（四）组织绩效管理

1. 持续优化公司绩效管理工作，健全绩效管理制度体系

为持续改进 JYK 管理工作，结合 2013 年绩效考核实际情况，通过会议意见收集、问卷调查、走访访谈等九个环节开展绩效管理经验反馈工作。2014 年 6 月，编制完成《公司绩效管理与考核工作分析报告》，分析总结公司绩效管理工作现状，指明后续改进方向。8 月，发布《公司绩效管理经验反馈工作程序》，固化绩效管理经验反馈工作内容、流程。

8 月，针对绩效管理经验反馈所搜集的信息，升版发布《公司 JYK 考核与计分办法（版次：3)》，对考核内容、考核指标、考核分类、计分细则、考核流程等进行了完善与改进。

2. 落实公司战略，全面实施 2014 年度 JYK 考核工作

按期组织开展司属各单位季度考核工作，并于 12 月组织开展司属各单位年度 JYK 考核工作，年度考核结果经公司党政领导办公会审批予以应用。

2014 年度，公司总包项目收款、一般设计服务收款、科研经费收入、集团外收入目标均完成年度目标，5 项费用控制成效显著，重点任务按期完成率达到 94%。

3. 强化激励作用，加大专项奖励力度

2014 年，为实现公司战略目标及年度生产经营目标，增强绩效管理正向激励作用，公司专项奖励额度增至 3 000 余万元人民币。

在公司年度专项奖励中，年度重点专项奖励额度 2 000 余万元人民币，职能管理专项奖励 1 000 余万元人民币。年度重点专项奖励涉及增收奖励 12 项，重点任务专项奖励 2 项，项目节点奖 11 项，以及设计优化奖项。专项奖的设立进一步明确公司年度工作导向，激励司属各单位工作积极性，对实现公司年度目标起到了积极作用。

4. 定期开展公司经济运行分析与统计工作

按月开展经济运行分析工作，对 JYK 执行情况、经济运行总体情况、主要指标进行分析，并提出措施建议，定期上报公司决策层和集团公司，确保公司 JYK 任务执行情况、整体经济运行情况受控。

定期开展各种月度、季度及不定期统计工作，圆满完成建设部、统计局、集团公司等各项统计任务。

（供稿人：安娜）

（五）基建项目管理

2014 年 4 月 10 日，公司与海盐县人民政府在浙江省海盐县举行了《华东分公司基地项目合作框架协议》签约仪式。

2014 年 12 月 25 日，公司与廊坊市人民政府在河北省廊坊市举行了研发基地项目签约仪式。此次签约是公司与廊坊市政府进一步加强合作、共谋发展的重要体现。

（供稿人：赵鹏）

三、工程管理

2014 年，公司在项目管理、项目控制、施工管理、基建管理、信息化建设等方面取得了积极成果。

（一）项目管理

1. 项目总经理全面负责制暨授权制度

根据《总承包（承包）项目总经理全面负责制暨授权制度管理规定》

（以下简称《规定》），公司相关部门梳理、修订原有业务管理流程，升版或重新编制了共计 20 个工作程序。2014 年公司年中工作会中，对《规定》及相关程序的执行情况、工作中存在的问题及改进措施进行了讨论与决策。2014 年 9 月 25 日，《规定》正式升版为公司规章制度。

2. 项目管理标准化

推动公司项目管理标准化业务，制定项目管理标准化程序清单，并按计划编制发布项目管理标准化程序 104 份，涉及项目控制、施工、质保、风险、安全、商务、信息文档、综合管理等 8 个方面。以上工作为规范公司总承包项目标准化管理提供了有效依据。

3. 项目部与板块委托责任书

编制完成了《项目部与板块委托责任书》，进一步明确了工程项目管理主体与板块间的责、权划分，提高了管理效率，完善了公司多项目管理体系。

4. 项目监督检查与评估

在 2013 年对项目部评估、监督、监察的基础上，完成了 2014 年回访工作，对各项目部整改行动项的落实情况进行了确认、关闭。参照核能行业协会发布的《核电工程建设评估准则》，形成了部门领域内项目管理的评估标准（试行），同时组建了技术专家库，为今后公司项目监督、监察与评估工作提供保障。

5. 项目部标准人力配置方案

在福清、方家山、海南核电工程项目的实际人力统计数据分析基础上，制定了 M310 机型项目标准人力配置方案。

6. 项目风险管理

创新应用蒙特卡洛方法开展风险概率量化分析研究与应用工作，将项目风险管理理念与总工期进度分析管控领域实现有效融合，提高多项目风险管控能力。

完善多项目风险管理机制，组建工程建设项目专项风险专家工作组，每季度组织多项目召开风险管理会议，为多项目风险管理工作提供交流平台，同时监督多项目重大风险态势及应对管控情况；组织多项目开展年度风险管理评优工作。

7. 福清核电工程项目同行评估暨沙盘推演

配合福清业主公司完成福清核电工程项目1~4号机组同行评估暨5、6号机组沙盘推演系列活动，对于评估中发现的问题及时召开会议进行总结反思，积极跟踪整改后续行动项，加深了与业主的沟通，推动了项目建设。

8. 项目管理提升中长期规划

根据公司的定位及愿景，通过标杆研究及差距分析，同时借鉴目前国际先进工程公司发展路径和成功经验，在结合公司发展现状的基础上，按照分阶段、分步骤稳步实施的原则，2014年5月完成了项目管理提升顶层方案设计，12月完成公司《项目管理提升中长期规划（2014—2020年）》。

9. 项目专项节点激励办法

2014年11月6日正式发布《2014年度在建总承包（承包）项目专项节点奖激励办法》，以激励相关项目部按期完成2014年度激励里程碑。为项目里程碑节点的顺利完成提供激励机制保障。

（供稿人：郭锋）

（二）项目控制

1. 核电项目一体化三级进度计划

在2013年初步建立“一体化三级计划”管理体系的基础上，公司发布了《核电项目一体化三级进度计划管理程序》，进一步规范了一体化三级计划的主要内容和编制、跟踪、变更、升版、协调、监督、考核等工作流程。梳理制约现场施工的前提条件，将设计、采购、施工、调试三级进度计划通过逻辑关系连接成一个整体，能对设计、供货、土建、安装的接口进行有效管理，从而提高进度的管控能力。现已在田湾核电工程项目3、4号机组、福清核电工程项目3、4、5、6号机组和徐大堡核电工程项目上应用。

2. 核电工程项目风险量化（蒙特卡洛方法）分析

对于工程总工期分析，通常采用关键路径法，实际工程进行过程中，由于设备到货滞后等原因，关键路径会发生变化，相应总工期亦会发生变化，使用关键路径法不能反映出工程进行中风险因素对进度的影响。因此需引入风险量化工具，探索项目工期的量化评价途径，提升项目风险分析与管理能力。

2014年在福清核电工程项目1~4机组、方家山核电工程项目、海南核电工程项目及福清核电工程项目5、6号机组开展应用，通过应用蒙特卡洛方法，在先决条件动态变化的情况下，计算出影响目标的风险分布情况、目标总工期实现的概率分布情况、风险敏感性因素及影响程度等，对后续采取有效措施起到了积极的指导作用。

3. DCS经验总结

为了将福清核电工程项目DCS的经验教训更好地反馈到后续新项目，确保新项目不重复出现DCS的进度问题，完成了福清核电工程项目DCS到货与项目里程碑实现的经验总结工作及DCS到货期的合理性分析。

4. 核电工程总承包项目进度与费用管理体系标准化建设

在吸取国内项目核电进度与费用管理经验的基础上，结合工程公司的工程总承包项目管理实践，发布了《核电项目一体化三级进度计划管理程序》《核电项目进度计划编制、跟踪及更新管理程序》《项目费用控制大纲》《项目费用计划编制及调整程序》等一系列标准化程序。

5. 赢得值管理

在“赢得值管理”实施细则的基础上，进一步推动建安赢得值管理的应用，将赢得值管理写入2014年签订的主要建安分包合同条款，规范分包单位进行赢得值管理。

6. 工程总承包项目成本分析

每季度出版《核电工程项目多项目费用控制监控报告》，对方家山核电工程项目、福清核电工程项目1~4号机组、海南核电工程项目、田湾核电工程项目3、4号机组等工程总承包项目的成本发生情况进行分析。

（供稿人：李霞）

（三）施工管理

1. 自动焊技术的开发应用

立足于福清核电工程项目一期工程、方家山核电工程项目，重点跟踪、推动AP1000主管道自动焊、燃料水池不锈钢覆面自动焊等新技术的开发应用。开展主管道窄间隙TIG自动焊技术对工期的实际影响分析，调研福清、方家山核电工程项目主管道自动焊对项目关键路径的影响，为后续项目提供参考；跟踪并推动田湾核电工程项目钢衬里、钢覆面的自动焊实施，协调其钢衬里自动焊焊材采购与总部设计的相关问题。自动焊技术的开发应用，填补了我国核电厂主管道自动焊技术领域的空白，打破了国外的技术垄断，使我国掌握了核电厂建造中的关键技术，提高了核电厂主管道焊接接头质量，有利于核电厂的长期稳定运行。

2. 施工管理信息化建设

推动施工管理信息系统的开发及部署，主导施工管理模块业务需求的提出和确认，协调组织在各项目现场的实施，促进项目的规范化管理。

（1）完成该系统主要工作模块（文件管理、质量管理、安全管理、变更管理、综合管理、建安管理等）的开发，并在徐大堡核电工程项目现场实施；

（2）完成田湾、福清等核电工程项目现有施工管理系统的优化改进（经验反馈模块、质量计划、收发文、HSE管理等模块）。

3. 施工管理培训支持

重视施工管理培训支持，增强公司施工管理领域的核电文化及核电意识，加强施工管理人才培养，提高核电施工管理素质及综合能力。

（1）组织具有丰富实践经验的专业技术人员，历时 2 年时间完成编制《核电工程质量通病防治手册》，分土建篇、安装篇两册分期出版，其中土建篇已于 2013 年底完成正式出版，安装篇于 2014 年 11 月按计划完成出版；

（2）结合自身核电工程建设实践，总结相关知识体系，历时 2 年时间编制了《施工管理人员岗位培训教材汇编》，其中第一批培训教材已于 2013 年年底完成印制出版，第二批培训教材于 2014 年 11 月按计划完成出版；

（3）为满足核电建设的实际需要及根据培训计划的安排，组织实施“AP1000 模块化施工及关键路径分析”等施工管理业务培训，其培训课题选择既切合我公司当前核电建设之特点，又体现了我公司当前项目管理、施工管理提升之急需。

4. 建安质控管理工作

理顺建安质控管理体系，制定行之有效的质控管理规程，包括：编制并发布《建安质量控制管理程序》《建安质量检查程序》；编制《建安各专业质量通用高风险清单》；制订计划，对各项目建安质量控制开展专项检查、评估工作，使建安质控处于规范、有效的管理状态。

5. 多项目资源调配

（1）编制发布《辅助性工程剩余物资调拨、处置管理》及《辅助性工程物资项目间借用管理程序》等工作程序，项目间辅助性工程物资调配实现有据可依；

（2）协调完成将方家山核电工程项目混凝土搅拌站的 3 号搅拌设备拆迁到田湾核电工程项目部等项目间物资调配工作。实现了各项目间物资调拨及回收再利用，节省了项目成本，提高了公司经济效益。

（供稿人：王益泉）

（四）基建管理

1. 中核东方项目

报批报建手续：2014 年 5 月 7 日，公司与北京市国土资源局签订《国有建设用地使用权出让合同》（合同编号：京地出【合】字（2014）第 0121 号）。6 月 3 日，取得《建设用地规划许可证》（2014 规（房）地字 0026 号）。在中核东方项目完成建设规划方案调整后，于 12 月 4 日获取房山区规划局出具的《设计方案复函》。根据集团公司相关会议决定，一期工程正式电源建设由中核控制系统有限公司负责。目前，公司已配合中核控制完成正式电源报装和供电方案审批，现场施工还未开始。正式用水、用气手续，在取得《建设工程规划许可证》后开展申报相关工作。

工程租赁谈判：2014 年 5 月 12 日，组织公司相关部门与中核控制有关人员协商东方项目固定资产处置事宜，明确表示公司计划采取租赁方式将资产移交中核控制使用。6 月 10 日，集团公司核动力事业部召开“中核东方项目（一期）协调会”，要求公司与中核控制就一期工程使用进行谈判。公司、中核控制一致同意以租赁方式使用项目一期工程。截至目前，双方进行了两轮正式以及多轮非正式谈判。当前，双方未就租赁合同达成一致，主要分歧是租赁价格及工程移交方案。

工程费用控制：2013 年，公司二届五次董事会批准中核东方项目投资额调整为 23 385. 74 万元人民币。截至 2014 年 12 月，中核东方项目完成建设投资额 20 020. 15 万元人民币，其中工程费用 8 028. 25 万元人民币，工程建设其他费 794. 07 万元人民币，建设用地费 11 197. 83 万元人民币。

质量、安全管理：2014 年度，中核东方项目一期工程质量、安全均处于受控状态，未发生重大质量、安全事故。

为进一步完善基建项目管理体系，公司发布了《基建项目变更预算书审核程序》和《基建项目经济签证程序》，同时更新了《基建项目管理体系大纲》和《基建处岗位责任说明书》。

2. 研发中心项目

2014 年 10 月 27 日公司党政办公会决定在廊坊龙河高新区选址建设研发中心项目，目前正在开展前期工作。

3. 海盐调试基地项目

2014年12月11日，集团公司核动力事业部下发《关于同意中国核电工程有限公司海盐调试基地项目开展前期工作的批复》，同意公司开展项目征地及前期有关工作。公司目前在与地方政府接洽，开展项目征地工作。

（供稿人：卢欣然）

（五）项目信息化建设

1. 核电工程项目管理信息平台

核电工程项目管理信息平台（ProMIS）一期功能已全部实现，平台通过与各业务系统的接口，收集、管理和配置来自不同系统的有效数据和信息，以电厂分解结构为核心进行集中展现，达到核电工程项目建设全领域、全周期的信息集成。目前福清核电工程项目3、4号机组的数据已进入平台，完成了对平台功能的验证。同时，公司全力推进福清核电工程项目5、6号机组全面应用项目管理平台，为“华龙一号”的顺利实施提供支持。

2. 施工管理系统

依托徐大堡核电工程项目，积极开展施工管理系统（V2.0版）的开发建设。2014年内完成了文件管理、质量管理、安全管理、变更管理、综合管理、建安管理等主要模块的开发与现场实施，对于促进项目的规范化管理起到了良好的促进作用。同时，根据项目部需求，组织实施田湾、福清等核电工程项目原施工管理系统（V1.0版）的优化改进（经验反馈模块、质量计划、收发文、HSE管理等模块）。

（供稿人：张明、赵校波）

四、经营管理

（一）经营开拓

1. 结合公司实际，制定合理可行的市场开拓相关管理制度

结合公司实际，为推动公司各领域业务的发展，经过2013年的酝酿和

积累，2014 年完成了《公司投标管理办法》《公司集团外项目经营管理办法》的发布。为加强公司对经营开发工作的管理，规范投标工作的管理，更好地适应市场竞争的需要，实现公司大经营战略和市场业务多元化的发展目标起到了积极有效的铺垫和推动作用。

2. 根据公司“十二五”规划，制定公司营销策略

根据公司“十二五”规划，在 2013 年对各分公司/分院进行经营调研的基础上，编制完成《公司在民用建筑和环保领域的营销策略》，填补了公司在市场营销制度建设方面的空白。

3. 内部挖潜交流，不断探索适应公司发展的激励机制

为实现公司以核电总承包业务为核心的同时，充分调动公司相关业务板块、各分公司/分院市场开拓的积极性，在 2013 年调研的基础上，进一步探索适应公司发展的激励机制，为公司各板块、各分公司/分院制定适合各自业务领域的激励机制起到借鉴作用。

4. 协调内部资源，为各业务板块、分公司/分院承揽项目搭建资源共享平台

积极跟踪市场信息，并将相关信息提供给公司各相关业务板块、分公司/分院以及子公司，互通经营信息，资源共享，形成合力。

5. 克服困难，积极承揽集团外项目

2014 年参与集团外项目投标及询价 3 次，新签集团外项目合同金额 1 050 万元人民币。完成集团外收入 658. 9 万元人民币。

（二）合同管理

1. 合同管理标准化、信息化

编制并发布《中国核电工程有限公司合同管理规定》《中国核电工程有限公司合同发包管理规定》《中国核电工程有限公司投标管理办法》《中国核电工程有限公司集团外项目经营管理暂行办法》等制度，坚持以制度为抓手的原则，通过持续改进，不断完善合同管理体系。

成立公司 SAP 系统合同推进专项工作组，按照顶层推进组的工作部署和计划节点，组织公司各合同板块完成福清核电工程项目 3、4 号机组、徐大堡核电工程项目 1、2 号机组 SAP 系统合同数据（基本信息、支付计划、形象点及支付审批等）的录入，为项目管理平台的顺利上线、运行提供有力支撑。与此同时在有效推进合同管理信息化过程中，积极收集系统改进与提升的业务需求，为下一步系统优化打下坚实基础。

2. 扎实推进各项目总承包合同商务工作

签订田湾核电工程项目 3、4 号机组总承包合同（附录 G 价格及相关说明）。

签订《漳州核电厂 1~4 号机组工程总承包框架协议》；完成《漳州核电厂 1~4 号机组工程总承包合同》页签；签订《漳州核电厂 1~4 号机组工程总承包框架协议——2014 年度支付协议》。

完成徐大堡核电工程项目总承包合同文本（含附录）的修编工作；完成“辽宁徐大堡核电厂一期工程总承包合同价格报价书”的提交；签订《辽宁徐大堡核电厂 1、2 号机组工程总承包 2014 年度上半年付款协议》。

签订《八二一退役治理项目堆工区低放废水处理设施新址新建工程总承包合同补充协议—工程冷调试》和《八二一退役治理项目中低放废液综合治理工程总承包合同补充协议—工程冷调试》。

3. 谋划全局，亲力亲为，总承包合同收款困中求进

成立收款风险小组，强化外部沟通协调，责任到人。部门领导直接参与，保障沟通渠道畅通。实现工程总承包合同收入 106.09 亿元人民币（其中核心收入 20.61 亿元），保障了各工程项目资源投入和公司运营所需的核心收入，为公司年度收入目标的实现提供了有效保证。

4. 福清、方家山核电工程项目概算调整成果显著

自 2013 年 7 月概算调整工作开始至 2014 年 12 月阶段性收尾，公司组织专家咨询评审会约 200 人次，协调全公司人员投入约 60 人年，召集内部协调会 100 余次，往来函件 120 余份，完成提交一系列概算调整报告文件。

公司完成提交《方家山核电工程项目概算调整报告（A 版）》《福清核电工程项目一期工程概算调整报告（A 版）》。

组织各部门完成了调整概算设备费专项审查会、重大设计变更及福岛改进项专项审查会评审，后续，组织各部门针对专家评审意见进行修改；组织各部门完成了方家山核电工程、福清核电工程项目调整概算整体审查会评审。

福清核电工程项目1、2号机组、方家山核电工程项目概算调整为后续总承包合同变更工作打下坚实基础；福清、方家山核电工程项目整体概算调整工作从策划到完成阶段性审查走在了中广核红沿河和宁德项目的前面，为公司工程总承包项目提供宝贵经验数据。

5. 总承包合同变更稳步推动

主动出击，扎实推动福清核电工程项目1、2号机组、方家山核电工程项目总承包合同价格变更。国内同行、公司内部均无先例可循；总承包合同价格变更金额巨大，福清核电工程项目1、2号机组、方家山核电工程项目总承包合同变更金额分别为人民币37亿元、33亿元，短期推动双方均面临极大困难；外部阻力大、门槛多，总承包变更需通过业主、中国核电、集团公司、业主股东会等多环节审批；内部协调局面复杂，时间紧迫，工作量巨大；作于细，成于严。

提交《秦山核电厂扩建项目（方家山核电工程）工程总承包合同价格变更申请报告》；签订《秦山核电厂扩建项目（方家山核电工程）工程总承包合同补充协议（五）》；提交《福清项目总承包合同价格变更分报告》等。

6. 建安分包合同管理提升

《核电项目常规岛安装可拆卸保温成本控制管理工作中的效能监察》夺得效能监察第三名，荣获年度二等奖；《核电建设工程施工合同（标准文本）》在公司内部正式发布；成功举办了2014年度建安合同经验交流会；完成《建安合同经验反馈管理程序》《建安工程采购策划管理程序》《建安合同发包管理程序》等程序的编制和发布。

7. 建安分包合同签订

全年签订建安合同共计54份，其中各项目建安工程BOP合同16份；处理各类建安工程重大变更争议并签订补充协议28份；其他类合同10份

（核清洁、建安工程造价咨询类等）。其中包括《徐大堡核电站1、2号机组室外工程Ⅰ标段施工合同》《福清5、6号机组7AZ、7AB子项建安工程施工合同》《八二一厂高放废液玻璃固化工程主体安装施工合同》《田湾核电基地T4UKT子项建筑工程施工合同》以及八二一核废物处理总承包工程项目、福清核电工程项目1~4号机组、方家山核电工程项目、田湾核电工程项目3、4号、5、6号机组第三方造价咨询合同的签订。完成《福清5、6号机组核岛土建分包合同》的承包商确定工作，完成《福清5、6号机组核岛安装分包合同》采购策划方案编制，完成《徐大堡1、2号机组核岛土建分包合同》《徐大堡1、2号机组核岛安装分包合同》“各子项2014年全年施工节点支付计划”的签订，完成《徐大堡核电厂1、2号机组常规岛土建工程施工合同》招标、报价分析工作。完成田湾核电工程项目3、4号核岛土建/安装支付曲线的签订工作，组织制定与发布“工程重要节点一览表”“合同里程碑奖金”等合同附件。初步完成田湾核电工程项目3、4号机组核岛安装乙供材料定价模式的确定工作。完成漳州核电厂一期工程场地平整土石方工程三个标段施工合同的签订。完成方家山核电工程项目、福清核电工程项目1、2号机组、海南核电工程项目承包商提出的赶窝工索赔及补偿请求费用分析工作，并协助福清核电工程项目部向土建承包商开展索赔。

（三）分公司、分院管理

完成《中国核电工程有限公司分院管理规定》和《中国核电工程有限公司分公司管理办法》的发布；完成北京民用设计院合同签约及收支台账的建立；对分院管理工作进行了年度检查，针对检查中发现的不规范的商务管理工作进行了沟通和指导。

（四）公司资质管理

完成公司的工程咨询资质延续申请以及火电、生态建设和环境工程以及建筑等专业升级申请；提交评估咨询资格重新认定申请文件；提交民用核安全机械设备设计许可证扩大范围申请文件；提交工程勘察资质新标准下的重新认定文件；提交压力管道设计许可证的新申请文件，表5-1为2014年公司资质一览表。

表 5-1　2014 年公司资质一览表

序　号	资质名称	等　级	证书编号	发证日期	有效期
1	工程勘察资质	专业甲级	010003-kj	2013-02-19	2015-06-30
2	工程设计资质	综合甲级	A111003049	2012-04-16	2017-04-16
3	工程造价咨询资质	甲级	甲 120111390349	2013-01-01	2015-12-31
4	工程咨询资格	甲级	工咨甲 20120070041	2014-08-14	2019-08-13
5	工程招标代理资格	甲级	F111003049	2014-02-27	2019-02-27
6	咨询评估资格	资格	发改委 2009 年第 14 号公告	2009-10-09	—
7	建设项目环境影响评价	甲级	国环评证甲字第 1053 号	2011-11-07	2015-11-06
8	特种设备设计许可证（压力容器）	A1、A2	TS1210045-2016	2012-03-28	2016-04-22
9	民用核安全机械设备设计许可证	1、2、3 级	国核安证字第 S（11）04 号	2011-01-24	2016-02-22
10	民用核安全电气设备设计许可证	1E 级	国核安证字第 S（10）14 号	2010-08-30	2015-08-29
11	高新技术企业资格	资格	GF201211001821	2012-10-30	2015-10-30
12	对外承包工程资格	资格	1100200200244	2010-04-30	—
13	中央招标代理资格	乙级	ZYTZ-B2013031	2013-08-15	2018-08-14
14	质量管理体系认证证书	—	02714Q10131R5L	2014-08-22	2017-08-21
15	环境管理体系认证证书	—	02714E10046R2L	2014-08-22	2017-08-21
16	职业健康安全管理体系认证证书	—	02714S10045R2L	2014-08-22	2017-08-21

（供稿人：盛丹）

五、招标管理

2014 年，编制并发布公司级和部门各项制度程序 17 项，建立并投入使用了招标采购管理信息系统和对外招标采购信息网站，全年组织完成各类招标采购活动 194 项，中标金额总计约 67.64 亿元人民币。通过对招标活动专业化的组织实施，实现流程规范、效能提高，降低因招投标法律法规不熟悉所造成的采购风险；同时提高了公司招标采购廉洁从业风险的防控能力。

（一）招标管理

1. 组织机构建设

公司设招标中心，内设招标一处、招标二处及综合管理处。招标中心员工 27 人，其中部门在编员工 22 人，劳务派遣员工 5 人。青年员工占 81%，研高 1 人，高级工程师/经济师 3 人，工程/经济师 12 人，助理工程/经济师 6 人。拥有招标师职业资格人员 10 人。招标中心组织结构框图如图 5-1 所示。

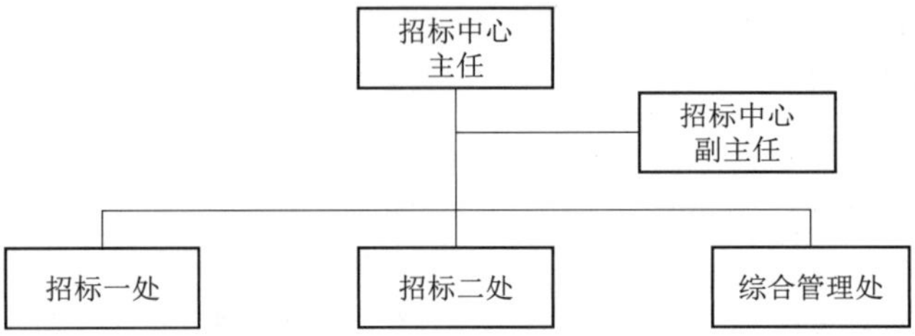

图 5-1　招标中心组织机构框图

为规范管理，公司在《招标中心组织机构及职责》，规定了招标中心的机构设置、各处的职责以及中心各岗位人员的权利及职责。其中，招标一处负责核电设备采购招标项目的组织实施，招标二处负责除核电设备采购以外类型的所有招标项目的组织实施，综合管理处负责中心计划管理、质量安全、文档管理等各类综合业务。

2. 制度体系建设

公司 2014 年度新发布及升版各类招标管理工作程序 17 项，其中公司级程序 6 项，部门内程序 9 项，部门内管理制度 2 项（见表 5-2）。

表 5-2　2014 年度公司新发布招标管理程序列表

级　别	序　号	名　称	颁布日期
公司级程序	1	《招标管理》	2014 年 8 月 7 日
	2	《邀请招标合格投标人的选取》	2014 年 5 月 29 日
	3	《评标委员会成员确定》	2014 年 5 月 29 日
	4	《紧急采购潜在供方评价》	2014 年 7 月 23 日

续表

级　别	序　号	名　称	颁布日期
公司级程序	5	《CNPE 招标资料管理程序》	2014 年 7 月 30 日
	6	《招标代理业务管理》	2014 年 12 月 30 日
部门级程序	1	《招标中心招标风险管理》	2014 年 5 月 26 日
	2	《招标采购管理系统管理办法》	2014 年 5 月 29 日
	3	《开评标会议组织与流程》	2014 年 6 月 12 日
	4	《招标代理合同管理》	2014 年 8 月 20 日
	5	《招标人员资格管理》	2014 年 11 月 6 日
	6	《招标中心内部工作程序》	2014 年 11 月 28 日
	7	《地方标办招标代理业务备案流程》	2014 年 11 月 28 日
	8	《科工办招标代理业务备案流程》	2014 年 11 月 28 日
	9	《招标代理流程管理》	2014 年 11 月 28 日
部门内部管理制度	1	《招标中心绩效考核实施细则》	2014 年 5 月 30 日
	2	《招标中心 JYK 管理规定》	2014 年 6 月 20 日

3. 招标工作的年度亮点

（1）招标工作做到招标前精心策划、招标中严格控制、招标后认真总结。为确保招标工作质量，按照招标前精心策划、招标中严格控制、招标后认真总结的管理要求加强对招标组织的实施工作。

1）招标前精心策划

加强对供方单位的了解：2014 年年初公司制定对潜在供方调研计划，有计划、有步骤地开展 3 次调研活动，涉及泵、阀、管道管件、容器、电缆、电气柜等有代表性生产商 15 家，形成调研报告 50 余页，为招标人员了解所招标采购的设备提供翔实的材料。

重视招标前启动会作用：收到招标委托后立即举行招标工作启动会，将与招标相关的事项以会议纪要的形式确定下来，为招标策划的编制提供准确的信息。

加强对招标策划报告的审评工作：通过内部审评会模式，审核、落实招标项目中的各项标准和要求，将招标工作中可能出现的问题提前预测、提前应对并将其影响降到最低或消除。

加强招标文件的三级校审：对招标文件编制实行校对、审核、批准三级审核，严把招标文件质量，确保招标取得较好效果。

2）招标中严格控制

严格招标计划、招标文件的审批；标准化开评标会议组织流程；及时跟踪评标会进展并对其中不符合招投标法律法规及公司规定事宜向评标专家进行必要提示；定标汇报材料中增加与以往同类项目合同价格对比，为公司招标领导小组决策提供翔实的素材，确保上会汇报质量。

3）招标后认真总结

为避免招标组织实施中同样的问题重复发生，要求每一项招标项目都进行经验反馈，按季度进行汇总，并向全体员工宣贯，组织讨论。通过经验反馈，提高招标全过程问题的辨别、分析和解决处理的能力，减少招标组织实施过程中影响工作质量的问题的发生。

（2）按照专业化、标准化、规范化的要求建设队伍，保障招标业务的顺利开展，实现了 JYK 年度重点战略任务目标的完成。

按照专业化发展要求，升版了《中心人员资格管理程序》，发布了《中心绩效考核实施细则程序》，通过内、外多方面对中心员工进行培训，不断提高员工的专业能力和水平，通过内部和社会招聘等补充完善招标专业人员不足的问题。

继续完善招评标业务的全方面标准化管理体系程序。编制、发布和升版了招标管理制度招标管理工作程序共计 17 项。

发布了《招标中心招标风险管理》程序以及《招标业务风险防控手册》，举办的 2014 年年度风险管理创新成果评奖活动中荣获公司风险管理创新成果二等奖。

成立能效监察工作小组，建立“招标工作优化管理，提升公司经济效益”效能监察工作项目，并在“2014 年度效能监察优秀项目评选会”荣获三等奖。

2014 年度公司圆满完成了工作任务，在保证质量和进度的前提下完成了各项招标任务，实现了 JYK 年度重点战略任务目标的完成。

4. 招标代理工作

在做好公司自行招标项目的同时，积极拓展外部的招标代理业务，完成中核控制系统工程有限公司2014年度班车服务采购项目、原子高科新GMP生产车间管网设计施工项目、原子城幼儿园建设项目、中核控制系统工程有限公司电子板卡生产线设备采购项目、集团公司总部办公楼卫生间改造工程、原子高科股份有限公司长沙、武汉以及横店医药中心加速器药物生产线热室及全自动分装仪设备采购项目，收取代理服务费约为33.09万元人民币。与此同时也正在与集团公司、清华大学等单位接洽其招标代理业务，并积极申请政府采购招标代理资质。

5. 招标工作的信息化

针对已经上线的招标采购管理系统一期功能，广泛收集了改进意见，并结合实际业务需要，进行了多次升版完善，2014年9月系统一期进行了终验，运行情况良好。在一期建设功能的同时，2014年3月，二期建设工作正式启动，4月17日二期合同正式签订，8月30日二期功能正式上线，并于年底完成了终验。

二期建设完成后，招标采购管理系统成为了涵盖招标、询价、竞争性谈判、单一来源采购、竞价等多种采购模式，注重招标采购全过程工作流程管理和门户信息公开，融合电子开、评标和在线交互的最新技术，兼顾系统易用性与安全性的高标准信息化系统。该系统采取定期摆渡的方式实现内外网系统间的数据同步，该数据同步技术在目前国内采购系统建设中尚属首例，填补了采购系统建设领域的一项技术空白；系统通过先进的CA数字认证手段实现最高安全级别的数据交互，并实现了与中国采购与招标网的无缝对接。

截至2014年年底通过招标采购管理系统完成全流程操作的招标项目已达246项，涉及参与的投标单位1 000余家，其中869家单位具备电子锁可以进行电子开标。

6. 招标项目成果

2014年度共完成各类招标项目194项，其中按所属项目分为：方家山核电工程项目共计2项，福清核电工程项目1~6号机组共计47项，海南昌江核电工程项目共计10项，田湾核电工程项目3、4机组共计30项，徐大堡核电工程项目共计23项，漳州核电工程项目共计9项，八二一核废物处理总承包工程项目共计23项，代理项目共计7项，其他项目共计31项；按照采购类型分为：设备类招标项目共计97项，建安及其他类项目共计97项。各项招标项目均取得了较好的招标效果，招标过程中未出现重大违规现象。

全年组织招标领导小组会议29次，完成各类决议363项，其中定标议题165项，招标策划议题45项，其他议题152项。

（二）招标相关工作

1. 招标领导小组办公室工作

2014年度，招标领导小组办公室共组织招标领导小组会议29次，完成各类决议363项，其中定标议题165项，招标策划议题45项，其他议题153项。

办公室日常工作目前主要体现在会议组织以及纪要的编制、下发和跟踪反馈等方面，保证了公司各项采购工作的决策。

2. 供方评价

2014年，按照管理体系优化安排，开展供方评价需求收集、组织紧急采购潜在供方评价等相关工作。升版了相应的程序，并积极开展供方评价的相关工作。全年共汇总提出供方评价需求83次，涉及供应商364个/次。组织开展了紧急采购潜在供方评价62项，完成29项，13项正在进行，12项供应商不愿意参评，8项取消评价需求。

3. 文档归档、移交

积极梳理招投标资料的清理工作，并积极开展新增项目的文档整理移交工作，2014年共完成153项招标项目、18项紧急采购潜在供方评价的文档整理和移交工作。

4. 培训工作

定期开展培训工作，全年共组织各类培训达到了35次，人均培训61学时。年初即制定了一套年度培训计划，培训方式方法多样化，并要求月月有培训。通过各类培训的开展，落实业务操作标准化工作，提高了员工的业务水平，提升了员工的廉洁从业意识，强化了员工在工作过程中的质量意识，培训达到了预期的效果。

5. 质量管理工作

在质量管理工作中，坚持工作程序、文档管理规范化、标准化和有效性，定期组织检查，保证了质量、环境、职业健康安全管理体系运行正常，受控，在公司质量内审、外审中无发现不合格项。

为了更好地提高招标文件的编制质量，总结工作经验，编制了招标项目经验反馈管理程序，通过对招标过程中出现问题的反馈，并针对出现的问题制定出解决方案和意见建议，分享工作经验，提高工作效率及员工工作能力，避免和减少相同问题的再次发生。继续质量趋势分析工作，完成质量趋势分析报告 3 份，通过质量趋势分析，以查找日常工作中容易忽视或难以察觉的质量趋势以及影响工作质量的主要因素，使各管理层了解工作质量现状，明确今后质量管理的重点及改进质量控制的方法和措施。

开展招标项目顾客满意度调查工作。通过对公司采购部、经营合同部、调试部、北京核工程研究设计院以及徐大堡核电工程项目部等部门反馈意见进行统计、分析，找出招标工作中存在的问题，制定改进措施，于 2014 年 11 月 30 日完成 2014 年顾客满意度调查总结报告。

6. 保卫保密、风险管理和效能监察工作的开展

开展了计算机保密自查工作，排查了中心所有计算机的各类文件，保障了办公用电脑的保密要求。

组织定期召开风险管理工作专题会议，学习公司风险管理、廉洁从业相关的文件规定，收集分析业务开展过程中存在的各类风险点，特别针对工程招投标风险和廉洁从业风险评价的表现、原因进行分析，开展风险跟踪，为有效管控招标风险，确保招标任务目标的顺利实现，发布《招标中心招标风险管理》程序以及《招标业务风险防控手册》，2014 年举办的年度风险管理创新成果评奖活动中荣获公司风险管理创新成果二等奖。

成立能效监察工作小组，建立“招标工作优化管理，提升公司经济效益”效能监察工作项目，进一步优化招标管理工作，提升公司招标采购活动的经济效益，保证工程质量，实现降本增效，并在“2014 年度效能监察优秀项目评选会”荣获三等奖。

7. 党风廉政建设工作的开展

积极组织开展廉洁从业内部培训教育，并积极参加廉洁从业培训，将廉洁从业作为重点予以宣贯，以提升员工的廉洁从业意识，避免违规事件的发生。

8. 资质维护

完成中央投资项目招标代理资质获取，并于 2014 年 3 月完成住建部工程建设项目招标代理甲级资质的复审换证工作。同时积极筹备政府采购招标代理网上注册工作。

（供稿人：李雯）

六、人力资源管理

公司人力资源管理积极配合公司发展战略，按照整体工作部署，全面完成负责的公司 2014 年度各项 JYK 重点战略任务，有效开展从人力资源方面加强公司总承包能力建设的各项工作，平稳推进公司各项人力资源改革任务，借鉴多种先进理念与工具提升人力资源管理的科学化水平。

截至 2014 年年底，公司从业人员 6 476 人。其中，劳动合同制员工 3 611 人，回聘 154 人，技术服务 1 432 人，劳务派遣 732 人，借用人员 106 人，业务外包 441 人，多元化用工比例达到 44. 2%。各类专业技术人员 5 807 人，涵盖 70 余个专业。其中，院士 2 人，享受国务院政府特殊津贴人员 16 人，国家级勘察设计大师 1 人，中国核工业工程勘察设计大师 2 人，引进的海外高层次人才“千人计划”专家 1 人。高级专业资格人员（正高级）333 人，高级专业资格人员（副高级）1 022 人，具有国家级职业资格注册人员 658 人。博士 54 人（占员工比例 1%），硕士 1 323 人（占员工比例 20%），本科

3 521 人（占员工比例 54%），专科及以下 1 578 人（占员工比例 24%）。

（一）人力资源体系建设

1. 制定公司中期人力资源专项规划

完成《公司 2015—2017 年人力资源发展滚动规划》，根据公司人力资源发展现状和存在的问题，由规划引领业务方向，提出未来三年总体及各业务模块发展目标和保障措施。

2. 完善“分层分类分对象”的公司培训开发体系

9 月，公司人力资源部正式成立培训处，组织开展分层分类分对象的人员培训开发工作。

（1）项目管理人员培训开发

选拔推荐 19 名项目总经理助理、项目调试总经理助理，并逐步任命，开展实职培养；承办核动力事业部《核电工程总承包项目经理及后备人才研修班》；与哈尔滨工程大学合办一期核化工专业博士班，与清华大学、南华大学分别合办一期工程硕士班。

（2）科研设计人员培训开发

发布《公司首席专家、学科带头人及专业带头人管理办法》，并完成首批 4 名公司首席专家的聘任工作。

（3）领导力发展培训开发

组织 2 期中层干部领导力发展培训，组织 6 期内设机构干部领导力发展培训。

（4）新员工培训开发

发布《项目部新员工岗位实习培养工作程序》，全面开展各项目部新员工岗位实习培养工作；组织三期公司级新员工入职培训，全年累计培训新员工334人；承办集团公司核动力事业部新员工培训。

3. 推动薪酬改革方案落地实施，优化绩效考核管理机制

公司薪酬改革方案2014年3月经公司职工代表大会审议通过，4月经集团公司审批通过，5月正式实施，11—12月根据执行过程中的反馈意见制定相关完善措施，完善对科研设计人员的激励措施，充分调动其工作积极性。

通过征求各部门对绩效考核的反馈意见，根据公司务虚会精神，升版发布《公司全员JYK考核实施办法（版次：3）》，逐级签订目标责任书，简化流程，考核到人，完善绩效考核管理机制。

4. 夯实公司人力资源制度体系

2014年公司共发布、修订升版人力资源规章制度共计20项，涉及劳动用工、培训开发、薪酬绩效、干部管理等多方面，进一步夯实了公司人力资源管理基础（见表5-3）。

表5-3　2014年度发布人力资源制度

级别	序号	名　称	颁布日期
管理制度	1	《中国核电工程有限公司回聘人员管理规定（版次：3）》核工人发〔2014〕26号	2014年2月10日
	2	《中国核电工程有限公司企业年金实施细则（版次：2）》核工人发〔2014〕37号	2014年3月17日
	3	《中国核电工程有限公司租房补贴管理办法（版次：1）》核工人发〔2014〕42号	2014年4月1日
	4	《中国核电工程有限公司职工惩处规定（版次：1）》核工人发〔2014〕48号	2014年4月14日
	5	《中国核电工程有限公司长期在现场工作的员工休假管理办法（版次：2）》核工人发〔2014〕49号	2014年4月28日
	6	《中国核电工程有限公司劳务派遣用工管理办法（版次：2）》核工人发〔2014〕50号	2014年4月28日
	7	《中国核电工程有限公司薪酬管理制度（版次：1）》核工人发〔2014〕58号	2014年5月16日
	8	《中国核电工程有限公司异地长期工作补贴管理办法（版次：1）》核工人发〔2014〕59号	2014年5月16日

续表

级别	序号	名 称	颁布日期
管理制度	9	《中国核电工程有限公司首席专家、学科带头人与专业带头人管理办法（版次：1)》核工人发〔2014〕64号	2014年6月11日
	10	《中国核电工程有限公司职工教育经费管理办法（版次：1)》核工人发〔2014〕66号	2014年6月23日
	11	《中国核电工程有限公司干部选拔任用工作管理规定（版次：2)》核工人发〔2014〕67号	2014年6月25日
	12	《中国核电工程有限公司北京总部与项目部辅助性岗位清单（版次：1)》核工人发〔2014〕69号	2014年6月27日
	13	《中国核电工程有限公司员工绩效考核实施办法（版次：2)》核工人发〔2014〕76号	2014年7月25日
	14	《中国核电工程有限公司总承包项目相关干部选拔任用管理办法（版次：2)》核工人发〔2014〕86号	2014年8月15日
	15	《中国核电工程有限公司干部选拔任用记实管理办法（版次：1)》核工人发〔2014〕88号	2014年8月25日
	16	《中国核电工程有限公司 型号总设计师管理办法（版次：1)》核工人发〔2014〕99号	2014年9月23日
	17	《中国核电工程有限公司首席专家职位设置》核工人发〔2014〕102号	2014年10月8日
	18	《中国核电工程有限公司干部职数编制管理规定（版次：1)》核工人发〔2014〕106号	2014年10月14日
	19	《中国核电工程有限公司劳保用品管理办法》核工人发〔2014〕108号	2014年10月21日
	20	《中国核电工程有限公司干部轮岗交流工作管理规定（版次：1)》核工人发〔2014〕117号	2014年12月9日
	21	《中国核电工程有限公司全员JYK考核实施办法（版次：3)》核工人发〔2014〕122号	2014年12月25日

（二）干部管理

1. 进一步规范干部选任的制度建设

根据党中央、集团公司的最新政策，结合公司实际，升版《公司干部选拔任用工作管理规定》、发布《公司干部选拔任用记实管理办法》《公司干部职数编制管理规定》《干部轮岗交流工作管理规定》，盘活干部资源，加强作风建设。

2. 完善多层次的干部培养与选拔体系

丰富干部培养的形式，包括组织调训、中层干部、内设机构干部轮训、知识技能的专项培训等，提高各层次干部的履职能力；为优秀人才脱颖而出提供平台，鼓励各单位对年轻骨干业务人员的培养与选拔任用，在公司内部完成首批20名核电项目总经理与调试总经理后备人才的选拔，不断优化公司干部梯队建设。全年干部选任的基本情况如下：

（1）直管干部选任：共发布任免公文24个，任免88人次。全年共提拔50人，干部轮岗27人，免职6人（另有任用），竞争性选拔直管干部2名；

（2）内设机构干部选任：共发布任免公文110个，共任免205人次。其中新提拔176人，免职8人。进一步推行干部年轻化的工作，今年新选聘的内设机构干部中，35岁以下的年轻干部87人，占到新选拔干部的49.4%。

（三）劳动用工

1. 加大人才引进的力度

继续落实《从人力资源方面加强总承包能力建设方案》，完成《2012、2013年公司人才引进工作分析报告》，提出工作改进项。通过借助猎头服务商、网络宣传等市场化机制，加大对骨干人才的引进力度；与中核运行公司等集团兄弟单位加强合作，采用向业主单位、施工单位、电力运行企业等企事业机构借调、公开招聘等多种形式，丰富人才引进渠道，全年共引进骨干人员118人。

2. 进一步构建和谐员工关系

8月正式启动公司员工援助计划项目并组织积极宣贯；聘请专业公司，向公司全体员工和家属提供相关心理援助服务。

（四）教育培训

1. 项目管理核心人才的选拔和培养步入正轨

2014 年，公司选拔了首批 15 名具备培养潜力的项目管理人才担任项目总经理助理，通过挂职锻炼的方式提升后备人才队伍实战能力。11 月，公司在福建福清承办集团公司《核电工程总承包项目总经理及后备人才研修班》，来自核动力事业部、公司、中原公司的共计 38 名项目（副）总经理、项目总经理助理及项目管理相关人员参训。研修班邀请阿海珐（Areva）、柏克德（Bechtel）、中国核工业建设集团、中国广核集团、清华大学等国内外知名企业及高校的项目管理专家授课。通过开办研修班拓展参训人员的国际视野，汲取国内外优秀企业的项目管理经验，有效提升项目总经理及后备人才的项目管理水平。

2. 项目管理关键领域骨干人才培育机制进一步夯实

（1）积极拓展校企人才培养平台

与清华大学、哈尔滨工程大学、南华大学等知名高校签署校企人才培养框架协议。选拔 4 人攻读与哈尔滨工程大学联合培养博士学位，与清华大学联合举办项目管理工程硕士班，与南华大学联合举办核化工工程硕士班，均已正式开班，并已选拔 107 人参加 GCT 考试。

（2）推进专题研修实施系统培养

与清华大学联合举办《项目管理关键领域骨干人才研修班》，对 52 名项目管理人员开展针对性的培养。

（3）加强项目管理职（执）业资格考证取证工作

组织近 300 人参加项目管理职业资格（PMP）、安全工程师、造价工程师、建造师、招标师等资质考证取证培训。

（4）进一步推进各业务板块针对性业务培训

通过与阿海珐等企业机构合作开展采购管理能力提升培训。开展各项目部进度、风险、费用管理等工程管理专题培训，配合三代核电机组现场调试而启动的 16 名 ACP1000 反应堆操纵员培训。通过系统、可持续的培养，提升了项目管理关键领域骨干人才队伍的业务能力和整体素养，对公司项目管理水平的整体提升起到积极作用。

3. 岗位培训形成机制，项目管理新进人才成长加快

公司发布《项目部新员工岗位实习培养》工作程序，针对各项目部、调试部新入职技术员工全面开展岗位实习培养。同时，为有效保障岗位培训的师资力量，公司为 6 个总承包项目部分别举办了一期《企业内训师培训》，共计 170 余名指导教师参训。岗位实习培养机制的建立并有效实施，加快了项目新近人才的成长速度，缩短了新员工的成长周期，对于指导教师的业务能力提升也产生积极效果，同时对形成良好的“传帮带”文化产生积极作用。承办集团公司核动力事业部新员工培训，获得好评。

4. 干部队伍培训进一步加强，管理素质实质提升

公司积极落实“干部坚实，企业扎实”的干部培训理念，2 年内累计培训公司直管干部 200 余人，内设机构直管干部 500 余人，实现了干部领导力发展培训率达 100% 的既定培训目标。同时，在福清核电工程项目部试点举办 86 人的“科级以上干部管理能力提升培训（EDP）”。针对中层干部开展了三期《学习贯彻习近平总书记系列讲话精神》集中轮训。在领导力发展培训和管理能力提升培训中，采用互动式、体验式案例教学，更新了管理者理念，提升了团队领导能力，从管理者素质提升上助力工程公司总承包能力提升。

5. 科研设计专业人才通道形成机制，人才激励进一步落实

根据《关于从人力资源方面支持中国核电工程有限公司加强总承包能力建设的方案》计划，制定了《首席专家、学科带头人与专业带头人管理办法》，发布了《公司首席专家职位设置》，确定设置首席专家的 11 个领域，并完成首批 4 名公司首席专家聘任工作。学科带头人聘任工作根据安排，调整至 2015 年落实。首席专家、学科带头人与专业带头人机制的建立，拓展

了科研设计人才的发展通道，将对专业人才的成长成才发挥有效的引领作用。另外，公司发布了《型号总设计师管理办法》，明确了型号总设计师在公司科研技术管理体系和工程项目决策体系中的职责和定位，为推进型号科研、工程一体化管理奠定基础。

（五）薪酬福利和社会保险

1. 人力资源改革进一步深化，岗位–绩效–薪酬联动机制进一步完善

以加强公司总承包能力建设为契机，推进现代人力资源管理体系建立。在 2013 年发布的《中国核电工程有限公司 JYK 与考核与工资总额挂钩管理办法》《中国核电工程有限公司员工绩效考核实施办法》《中国核电工程有限公司岗位体系管理办法》的基础上，于 2014 年 5 月发布《中国核电工程有限公司薪酬管理制度》，基本搭建起现代人力资源管理核心体系框架。其中，建立了项目总经理待遇按公司总经理助理待遇执行、项目总工程师按部门正职干部执行等注重向项目管理骨干倾斜的相关机制。11 月至 12 月根据执行过程中的反馈意见，制定相关完善措施，完善对科研设计人员的激励措施，充分调动其工作积极性。

2014 年 5 月起，公司人力资源管理核心的岗位体系、薪酬体系、绩效考核体系全部落地实施。岗位、绩效、薪酬、工资总额等机制的建立、实施与有机联动，形成良性循环，从人力资源机制方面有效地支撑公司总承包能力提升。

2. 完善公司员工的福利管理机制，有效发挥薪酬激励作用

在 2014 年，实现员工福利项目按季度发放的目标；升版、实施了《企业年金实施细则》《租房补贴管理办法》《长期现场工作人员异地休假管理办法》及《劳务派遣用工管理办法》等福利制度；完成了企业年金的资产向集团公司年金计划转移工作。

公司合理、高效地使用集团公司给予的工资总额支持，在一定程度上缓解了新开工项目及新引进项目管理骨干人才对工资总额的压力，配合向项目管理骨干倾斜的相关薪酬政策机制，取得良好激励成效。

（六）考核管理

1. 完成2014年公司干部员工绩效考核工作

2014年12月至2015年1月，公司对所属各单位进行了2014年干部、员工全员JYK考核工作，范围包括职能管理部门、各业务板块（包括北京核工程研究设计院、采购部、项目部、调试部）、招标中心、分公司、子公司、分院、北京民用设计院等，涵盖除回聘人员外的劳动合同制、技术服务员工、劳务派遣员工等干部和员工。其中，参加考核的单位43个，员工6 123人，公司直管干部212人，合同制员工和技术服务人员4 740人，劳务派遣员工688人，长期借用人员52人，其他类人员431人。考核优秀的公司中层干部86人，员工（含合同制员工、技术服务员工、劳务派遣员工）713人。

2. 优化公司员工考核实施办法，为实现JYK考核的全员覆盖打好基础

2014年，根据运行实际，升版发布《中国核电工程有限公司全员JYK考核实施办法（版次：3）》，进一步突出服务对象对提供服务的部门及人员的考核，保障落实“职能部门服务于业务板块，业务板块服务于项目，项目服务于业主”的理念。

（七）其他

1. 加强与国内先进同行的人力资源对标交流学习

切实分析公司总承包项目管理中特别是人力资源管理方面的问题，精心策划调研方案。2014年4月，参团赴中广核工程公司开展人力资源专项调研工作，加强精细化对标学习；5月就各板块、各层级人员薪酬分布、人工成本、人均劳动生产率等数据进行了梳理和分析，制定并实施改进措施方案。

2. 提升人力资源管理科学化水平，加快公司人员配置标准化建设

（1）提升人力资源的优化配置水平

引入国际一流咨询公司，借鉴先进企业成熟经验和理念，完成公司各职

能部门和招标中心的岗位定编工作，并进一步在全公司范围内推广实行定岗定编。

（2）规范流程制度保障管理效率

规范公司多元化用工人员管理，编制发布公司技术支持服务、劳务派遣、人员借用等人员引进标准化管理程序。

（供稿人：刘晓禹）

七、信息文档管理

（一）信息化管理

2014 年信息化工作紧紧围绕公司发展战略，以公司管理与业务发展为驱动，以有效提升支撑业务规范化、精细化为宗旨，形成了以信息文档部统一归口管理，“信息部门搭台、业务部门唱戏”的信息化建设模式，公司各项信息化工作按计划开展：

1. 战略引导，公司信息化规划更为清晰明确

完成公司信息化规划升版工作，升版后的 CC-135e 信息化架构更能反映公司“十三五”信息化发展战略，同时四大板块系统、项目管理平台、应用集成架构更为细化，可以更好地指导公司未来信息化发展。

2. 业务驱动，四大板块应用系统进一步完善、应用进一步深化

设计信息管理系统一期推广至 K2/K3 项目、系统二期年底上线试运行，系统易用性将有较大改善；合同采购系统二期试运行，启动三期项目建设，采购业务信息化得到全面提升；施工管理系统 1.0 版本得到持续优化，基于徐大堡核电工程项目完成施工管理系统 2.0 版本一阶段建设，并上线运行；调试管理系统一期初验，并在福清核电工程项目试运行。

3. 经营导向，项目管理平台与经营管理相关系统进一步加强

项目管理平台全面投入使用，实现了与采购、施工管理系统的全面集成，更好的支持公司多项目管理；招标管理系统二期如期建成并投入使用，经验反馈系统得到深化，并全面用于公司项目管理业务运作；协同办公系统得到持续改进，业务覆盖的深度和广度进一步扩大，人力资源管理系统进一步优化完善；财务与预算管理系统前期准备有阶段性突破、开展了公司级文档管理系统、文件系统加密立项准备。

4. 善用资源，IT 基础设施得到持续改进，架构趋于完整

完成公司广域网双链路改造和总部局域网链路扩容改造，VPN 系统接入性能优化项目正在实施中；启动总部数据中心升级与项目数据中心改造工作，深化虚拟化应用，服务器虚拟化率达到 60% 以上；完成涉密计算机和信息系统调整项目，根据 AP1000 技转 TP13 安全要求，完成系统信息安全改造工作。

5. 安全稳定，信息系统运行维护水平稳步提高

SAP 系统、MS 数据库、基础应用等关键系统得到优化，系统性能与健康状态得到改善；系统日常监控、定期巡检、补丁更新、配置变更、问题处理进一步规范，运维月报制度全面落实；数据备份有效性验证、应用系统应急演练常态化，应急处置能力进一步提升；涉密系统月度审计全面、规范，非密系统定期专项安全检查常态化，全年未发生重大信息安全事件。

6. 结合实际，信息化管理体系进一步完善

首次发布信息化专项预算、信息化工作考核、项目后评估管理办法；升版信息安全策略、应用系统运维管理、IT 基础设施运维管理程序，优化计算机软件管理；完善项目验收模板文件，项目管理进一步规范。

7. 主动服务，信息系统用户支持能力逐步提高

开展多种形式的用户培训，培训效果有较大改善；启动信息系统服务资源梳理工作，形成部分应用系统服务资源目录；初步建立应用系统二级支持机制，提高用户需求/问题响应及处理的速度，服务支持效果有明显改善；开发建立问题反馈系统，为问题收集与客户支持提供了好的支持；增加技术支持服务外包渠道，形成各系统相关的软件厂商、服务商的信息清单；开展设计信息管理系统的用户满意度调查，为后期系统优化奠定了基础。开展信息化、信息安全培训，提高公司各类人员信息化意识及信息化技能。

8. 全面支持，为公司业务部门提供全面的信息技术支持与指导

支持财务部、规划发展部、工程管理部、经营合同部开展财务与费用管理系统立项工作；支持项目部，开展信息系统优化与改扩建技术方案工作，指导项目部开展信息系统运行维护管理工作；支持分公司信息安全检查，做好信息安全管理。

（二）文件档案管理

2014 年文件档案工作的重点，是文档理念和文档业务模式的宣贯和推广。在明确公司文档战略规划、目标愿景，搭建公司文档体系后，公司开始着手于文档体系的宣贯和落实，逐步推进公司文档工作向规范化、标准化发展。

1. 全面推进管理体系建设

牵头编制行业标准《项目文档管理评估实施办法》；发布升版大纲程序 1 份，管理级程序 23 份，工作程序 6 份；建立项目标准化管理体系，编制项目标准化程序 20 份，编制招标文件、分包合同标准化文档条款；出版《文档管理工作标准汇编》；审查公司各部门文档相关程序 43 份。

2. 逐步推进业务体系建设

规范各业务部门文档、扩大文档管控环节、规划文档信息化工作、清理历史遗留问题，寻求文档现代化管理模式。主动服务各业务板块及职能部门，承担图纸扫描任务；组织开展各项目的文档服务指导工作，为各项目部提供项目文件同步工作；强化与各单位的沟通协调，明确业务文件交接检查标准、归档范围、著录要求等事项。

3. 强化能力体系建设

坚持“请进来，走出去”方针，组织公司第二届文档人员上岗培训，

组织文档知识宣传与全员知识竞赛；参加行业重要研讨会议与行业协会；与三门核电、大亚湾核电、中核新能等深入交流探讨，为各项目文档负责人搭建“华山论剑、百家争鸣”的平台。

4. 启动搭建服务体系

修改完善借阅利用流程、实现文档借阅利用电子化审批；建立服务反馈渠道，及时优化更新数据；调研标准图集库，为改进管理模式打下基础。

5. 调整库房优化管理

加强所有库房的巡检工作；完成河北库房的力学核算；调整总部库房的库存，完成库存档案的转运工作；清理历史档案资料台账，加快历史文件的数字化加工。

6. 推进文档信息化工作

图档系统及工程文档系统接口上线；ECM 系统立项准备工作，包括制订元数据标准、梳理目录树结构、调研系统用户情况等，为实现现代化文档奠定基础。

（供稿人：张松婷）

八、财务管理

2014 年，公司财会工作紧紧围绕集团公司 2014 年财务工作要点（中核财发〔2014〕1 号），按照公司 2014 年度科学发展绩效考核责任书要求，对部门年度重点 JYK 战略任务、重点工作进行分解、细化，明确工作目标，落实责任人和工作措施，在成本控制、项目管理、科研管理、预算管理、税收筹划、内控体系建设、财务信息化管理等方面扎实工作，并与中广核工程公司开展对标，加强财务规范化建设，提升财务管理水平，确保公司经济稳步增长。2014 年公司完成主营业务收入 112.51 亿元人民币，利润总额 3.57 亿元人民币，经济增加值（EVA）2.30 亿元人民币，成本费用比率 96.75%，集团外收入 2.15 亿元人民币，较好地完成各项经营指标。

（一）启动内控体系建设

按照集团公司要求，初步建立公司内控体系框架，完成阶段性工作。2014 年 4 月，成立公司内部控制领导机构和办事机构，明确职责；5 月，各业务板块及职能部门指定专人负责内控建设，组织对内控体系建设进行总体宣贯、培训；6 月，完成内控体系建设总体实施方案，内控建设分两个阶段进行；7 月，发布《中国核电工程有限公司内部控制管理规定》（版次：1）；7—10 月，组织各业务板块及职能部门对本单位业务进行梳理，重点梳理关键控制活动，结合制度、程序，初步形成公司内控流程体系框架，为第二阶段任务开展奠定基础。

（二）强化预算管理

加强部门内设机构 JYK 体系建设，完成工作目标下达、监督实施和绩效考核工作。2014 年 4 月完成与内设机构绩效考核责任书的签订工作；编制并发布内部 JYK 体系制度《财会部目标考核管理办法》（核工财部发〔2014〕02 号）。圆满完成员工半年度、年度绩效考核工作，并将员工绩效考核结果与薪酬挂钩。

加强预算管理，科学编报公司年度财务预算，对业务预算执行情况进行跟踪监控，并建立有效预警机制。2014 年 4 月，配合制定、审核、下达公司各部门业务预算，纳入预算报销系统；每月 15 日前反馈预算执行情况，动态监控，当执行总额达到预算数的 90% 时，及时预警，超出预算总额时，暂停报销。按时完成了对各部门、业务板块季度、半年度、年度预算指标的考核确认。

（三）规范会计核算与监督

加强成本费用管理，落实“989”成本精益管理年度各项任务。2014 年 4 月，组织各部门对“989”成本精益管理实施方案和任务分解表中的各项工作完成情况进行自查；6 月，对工程管理部、北京核工程研究设计院、河北分公司等单位“989”成本精益管理工作完成情况进行抽查，提出整改措施；9 月，组织召开项目现场、分支机构财务交流研讨会，规范成本管理和费用报销。加强对日常费用的控制，严格“五项费用”的报销审核，每季度对五项费用执行情况进行分析，并及时反馈，2014 年实现“五项费用”在集团公司下达的控制指标内，较 2013 年大幅压缩。

加强财务决算管理，规范有序地完成 2013 年财务决算工作。组织分、子公司及时编报年度财务决算，协调中介机构审计，按要求上报集团公司。2014 年 1 月，组织安排中介机构审计，积极沟通审计事项；2 月，编制财务决算报表及财务情况说明，审核分、子公司决算报表，完成汇总合并，确保正确反映各项财务指标；3 月，完成 2013 年度财务决算报告，经公司党政领导办公会审议通过，并按时上报集团公司，连续第六年获得集团公司“财务决算管理先进单位”称号；年中，根据集团公司对决算的批复，认真落实整改，加强对应收账款和存货（俗称“两金”）的管控，探讨完善总包项目核算方式；12 月，组织召开 2014 年度财务决算布置会，安排布置 2014 年财务决算，并协调进行预审。

进一步加强对各项目部，分、子公司，分院的财务指导与监督，规范各项目部，分、子公司的财务管理，防范财务风险。组织对河北、郑州分公司账目进行检查，分别于 2014 年 6 月、11 月对上海设计院、深圳设计院各进行两次现场财务检查，对发现的问题提出整改建议，并跟踪检查其落实情况。9 月，组织召开分支机构财务交流会，解决各单位提出的财务管理问题，理顺分公司以总部名义投标等财务程序，对上海分公司遗留账户清理问题与核四院联系沟通。按月稽核现场凭证，发现问题及时沟通，及时指导。11 月对河南核净公司进行现场检查，重点关注其成本核算、“两金”管理及其他日常财务管理，对发现的问题提出整改建议。12 月，组织分支机构财务负责人向总会计师述职，对规范财务管理提出进一步要求。

（四）加强项目财务管理

针对建筑安装行业即将实行“营业税改增值税”，为规避税务风险，合理降低税负，公司引入了专业的税务咨询机构，对公司税务应对提供支持服务。项目财务人员到各项目现场与地税局沟通，了解针对“营改增”政策的意见和建议，组织公司相关部门研究“营改增”对总包项目的影响，提交了总包项目税务调研报告，并在调研基础上形成徐大堡核电工程项目税务策划初步方案。为消除海南昌江地税局继续对海南核电工程项目后续设备收入征收营业税的风险，与业主签订了合同变更协议、退货退款协议，与业主、设备供货商签订了三方协议，并积极协调、落实退票、退款工作，收回了公司垫付的设备款，并向地税局提交了退税申请及其支持性材料。

总结核电总承包项目财务工作中的经验和规律，编写并发布了《电总包项目全成本核算实施细则》。由于方家山、福清核电工程项目 1、2 号机组即将面临竣工验收资产交付工作，项目财务人员提前进行数据的准备工作，整理项目历年各类型数据，利用现有资源为项目竣工决算提供支持。

初步建立公司总包项目及其他大额资金现金流计划管理模式。2014 年 6 月发布项目资金支付计划管理办法，明确现金流管控工作程序、考核标准；7 月组织召开现金流管控专题宣贯会，对各职能部门、各业务板块现金流管控提出要求；9 月开始实施，严格计划管理，对未列入月度支付计划的，不予支付，确需调整计划的，履行严格审批程序，并对上月计划执行情况进行分析、反馈。编写并发布了《核电总包项目资金池管理办法》，统筹公司可用资金，确保了各核电项目合同支付按计划完成。

（五）加强科研专项资金管理

继续开展建章立制，2014 年发布科研经费管理办法 1 个，深入开展科研经费管理制度的学习培训与宣贯。加强科研管理部门之间交流和经费使用统筹规划，发现问题、早诊断、早解决，在研项目经费到位资金执行率达到 86. 30%，并推动和实施科研经费网上报销系统。确立自筹经费核算方式方法，将科研项目自筹经费纳入研发费核算，根据国拨项目自筹经费管理及集团公司重点科技专项和优先发展技术研究项目相关规定，对公司获得国家支持的项目，集团公司科研经费作为配套资金纳入国拨经费自筹，解决了公司自筹经费的到位和使用问题。

《科研经费精细化管理创新实践》荣获集团公司 2014 年度管理创新成果三等奖，并作为优秀成果，被集团公司推荐到中国国防科技工业企业管理协会，获得中国国防科技工业企业管理现代化创新成果三等奖。科研经费精细化管理效能监察也获得公司 2014 年度优秀效能监察项目一等奖。

（六）加强财会队伍建设

加强团队建设和人才培养，提高财务人员综合素质和业务管理水平。2014年6月，发布财会部人才培养规划和实施计划；9月，发布业务骨干培养措施，并按计划组织实施；通过外派培训、内部交流、岗位轮换、AB角、选派到集团挂职锻炼、工作中压担子、担任党支部委员、分工会委员职务等多种手段，培养技术骨干。截至2014年年底，财会部有1人入选集团军工项目财会业务骨干，1人入选集团产权管理专业组，2人入选集团财税管理专业团队，1人入选集团财务信息标准化工作组；拥有2名注册会计师、5名高级会计师，为建立一支“依法理财、业务精湛、精益管理、绩效创新、廉洁勤勉”的财会人员队伍打下了良好的基础。

（供稿人：汪徐根）

九、内部审计、全面风险管理及物资采购稽核

（一）内部审计工作

2014年，公司开展审计项目11项，其中：核电项目审计3项、分支机构审计2项、专项审计3项、科研经费决算审计3项，共计发现审计问题93项，披露风险关注6项，综合管理建议3项。跟踪检查2012—2013年提出的审计问题67项，已落实整改58项，审计整改落实率87%。

1. 强化核电项目审计，促进了项目管理规范化

开展方家山核电工程项目、调试部（总部）、海南核电工程项目的综合审计，提出审计意见28项，风险提示1项，综合管理建议3项。推进调试部升版紧急采购制度，促进项目部合同发包规范化，提示项目反索赔机制缺失，及时发现不规范的结算方式，建议工程剩余物资统筹管理，规范了项目部的经营活动。

2. 开展科研审计，全面清查科研资产，堵塞管理漏洞

开展科研实物资产和无形资产专项审计。深入业务流程，全面梳理资产

管理现状，清查实物资产合同金额 7 505. 61 万元人民币，无形资产 3 712. 09 万元人民币，提出审计意见 9 项，风险提示 1 项。推进科研资产管控责任落实，促进财会部和信息文档部发布专项管理办法，落实科研资产的登记、标识、转移、保管的管理责任和办法，堵塞科研资产管理漏洞，实现科研资产监控无盲区。

3. 强化分子公司审计，有效防控多元化经营风险

开展郑州分公司经营管理和绩效审计、深圳设计院后续审计，提出审计建议 16 项，风险提示 4 项；核实了 2012—2013 年提出的审计问题 35 项，尚未完全整改 6 项。一是规范郑州分公司资金管控，建议整合招标机构设置，全面检查其经营合规性，评价管理绩效；二是跟踪深圳设计院审计问题整改落实情况，规范了合同、资金管理，有效防控多元化经营风险。

4. 常态化开展“八项规定”费用审计，促进司属各单位作风转变，取得显著成效

开展“八项规定”经费执行情况的专项审计，重点监督“五项费用”执行情况，提出了审计意见 7 项。规范业务招待的范围，促进礼品、酒水的集中采购，促进“八项规定”相关费用报销流程规范。常态化开展“八项规定”审计，复审 2013 年“八项规定”的审计问题的整改情况，逐项整改，狠抓落实，促进司属各单位作风转变，效果显著。

5. 开展科研决算审计，规范科研管理，降低了审减风险

开展 2013 年集团科研项目鉴证和年度决算审计，完成《核级管道设计技术研究》和《RFD 液体输送系统工程应用技术研究课题》项目决算审计，提出审计建议 16 项。规范了集团科研项目的业务招待费的预算控制，提示了注明列支费用理由和说明，纠正部分核算错误，降低了审减风险，促进科研管理规范化。

6. 配合审计署、集团公司等上级单位开展工作，获得认可和表扬

协调各部门配合审计署工作，审核各部门提交的资料，确保各类审计证据客观公正；配合集团公司审计部、监察部及核动力事业部工作，认真完成案件初核、综合检查、借调审计等业务，高质量完成审计手册制度汇编。获得“集团公司 2011—2013 年度内部审计先进集体”荣誉称号。

（供稿人：蔡雅楠）

（二）全面风险管理

在完善全面风险管理日常工作机制的基础上，以专项风险评估为突破口，开展专项风险深度研讨，风险评估的专业性、准确性不断加强，以大力倡导风险管理创新为契机，促进风险管理与业务工作深度融合，风险管控实效性进一步提高。

1. 改进全面风险管理工作机制，有效提升工作成效

一是改进风险管理工作评价办法，升版了《公司全面风险管理考核细则》及重大风险专项分析报告模板；二是加强专项风险评估能力，成立了专项风险评价专家工作组。通过定期开展专项风险研讨，增强对风险判断的专业性；三是紧抓重大风险管控落实，发布了各部门风险识别数量、风险管控措施完成情况及跨部门风险回复情况跟踪统计。通过加大跟踪力度，督促风险管理责任主体及时监控风险动态，落实管控措施计划；四是提高风险管理工作覆盖面，将重大风险专项分析报告制度推广至分院和子公司。

2. 紧抓重点领域，完成方家山、福清核电工程项目专项风险分析报告

一是通过运用专家访谈、小组讨论、资料分析等方法，组织七个主要部门座谈或研讨约 20 人次，围绕控制目标、风险原因、流程程序、手段方法及措施效果等方面深入分析关键风险因素；二是根据风险识别、评估结果，逐一对识别出的风险提出综合和专门的风险防范、化解措施，落实各项措施的责任主体和协助单位、防范责任、具体工作内容、实施时间等要求建议；三是督促风险管控措施的落实，形成专项风险的闭环管理。制定措施跟踪评价模板，组织对方家山、福清核电工程项目识别出的风险因素，开展管控情况跟踪，形成专题报告，为后续项目推广项目风险管理经验打下了

良好基础。

3. 廉洁风险防控工作向板块、流程进一步推广深化

一是编制完成并发布《项目部廉洁风险防控手册》，归纳整理了适用于一般项目部的业务流程和各岗位的廉洁风险点和防控措施，有效指导各项目部，特别是新成立的项目部开展廉洁风险防控工作；二是编制完成并发布《采购板块廉洁风险防控手册》，组织采购部开展访谈和流程梳理，重新整理了采购业务规范流程，并逐一通过访谈确认各个流程的廉洁风险点，进而制定完善风险防控措施，形成采购板块廉洁风险防控手册。

4. 设立风险管理创新奖，推动风险管理融入实际业务

一是编制并发布了风险管理专刊，整理了公司常用风险管理工作知识和案例，在公司进行专刊的发布，并就公司风险管理工作进行有奖征集活动，调动各岗位员工风险管理工作积极性；二是组织总部各部门、项目部开展2014年度风险管理创新奖评选活动。通过鼓励围绕开展风险量化分析、科学设置风险预警指标、完成风险预案及改进监控手段三个创新方向创新，提升风险管控水平；三是开展多层次的风险管理文化宣传。管理层层面，组织中心组学习风险管理专题培训；公司层面，以布置会、年中总结会、年终工作会形式，明确工作要求，交流风险管理经验；业务部门层面，深入多部门做工具方法的培训交流。

5. 改进风险信息系统功能，风险动态跟踪手段更加丰富

利用风险信息化平台，公司及时收集、发布更新第一、二季度风险清单，共计收集风险信息186条、制定控制措施244条，推进风险信息报送的标准化、信息化。通过优化系统操作逻辑和交互界面，提高了系统易用性；通过实时显示风险状态更新和控制措施完成情况数据，实现对各类风险管控情况的及时跟踪；通过改进统计分析功能，增加汇总报表和风险示意图，更直观的展示公司风险分布。

（供稿人：弥庆涛）

（三）物资采购稽核

2014年初步完成了价格稽核处组织机构建设，发布稽核工作程序，健全了对公司各采购部门的稽核机制，并且在物资采购价格稽核手段和方法上开展了有益的探索，一定程度上推动了各采购部门采购流程的规范化、采购价格的合理化。

全年完成稽核项目260项，稽核金额137 499.73万元人民币，核减项目数9项，核减金额87.82万元人民币，稽核率93.86%，超额完成稽核任务。

1. 健全组织机构，专业人员到位

完成专业稽核人员到位，有效保证了稽核工作的正常、有序开展。

2. 升版完善价格稽核程序

适应稽核机制完善，完成编制并发布《物资采购价格稽核管理B》程序。

3. 扩大稽核范围，推动分子公司及项目部开展价格稽核工作

将调试物资非招标采购纳入稽核，保障了公司稽核全覆盖；同时，分别对郑州分公司、河北分公司开展价格稽核交流培训工作，介绍物资设备采购价格稽核相关要求，要求分公司按“五有”的要求，明确稽核主管领导，建立价格稽核体系。以福清核电工程项目部为试点，调研项目物资采购及监督状况，培训交流价格稽核要求，推进项目部按照“五有”要求开展价格稽核工作。

4. 建立稽核沟通机制，保障稽核工作顺利推进

编制价格稽核季报，发送公司领导及相关采购部门，确保稽核信息通畅；与采购部门建立沟通机制，组织定期开会，交流培训等形式，及时沟通协调采购及稽核相关问题。

5. 引入价格咨询服务

公司与价格咨询公司签订价格咨询服务合同。通过价格咨询服务，能够及时获取物资市场价格信息，为判断物资价格合理性提供了有力的支持。

（供稿人：宋鹏）

十、企宣及企业文化建设

（一）宣传工作

1. 通过布置展板和内网上传视频资料等手段，组织员工加强对“十八大”、十八届四中全会精神、党的群众路线和反腐倡廉教育。

2. 注重提升内网稿件的时效性、外网稿件的编发质量，年度刊载内网新闻稿件 2 330 余篇，外网新闻稿件 458 余篇。全年累计刊载稿件在《中国核工业报》46 篇，《中核网》110 篇，《核工业杂志》5 篇。

3. 开启公司重大工程节点宣传新模式。福清核电工程项目 1 号机组并网之际，进行立体式、多层面、高规格的新闻宣传。围绕公司中心工作，专题宣传及时有效；围绕重大工程节点、公司重大事项进行宣传。

4. 加强“华龙一号”和核电科普宣传，在年初制定科普计划，积极参加集团公司组织的各种核科普展览。

5. 积极组织开展公司年度十大新闻评选工作，公司报《中核工程》按月刊发。

（二）企业文化建设

1. 出台《中核工程公司企业文化管理调研诊断报告》，确定了“聚”文化理念体系，明确了公司的发展使命、发展愿景、核心价值观、企业精神及经营、服务、人才、廉洁、安全、质量等理念。

2. 制定并发布《中国核电工程有限公司员工行为规范》。

3. 研究编制《中国核电工程有限公司企业文化建设规划（2015—2020）》。

4. 研究编制《中国核电工程有限公司企业文化手册》。

5. 首批对河北分公司、郑州分公司，福清、海南核电工程项目部进行企业文化理念体系宣讲与研讨活动。

6. 组织召开三次公司中层以上领导干部企业文化建设工作专题培训会。

7. 开展了企业文化建设合理化建议征集、《我心中的“聚文化”征文》《企业文化案例故事集》征集等系列主题活动。

（供稿人：张妍妍）

第六部分　党、纪、工、团工作

一、党建工作

2014年，公司党委深入学习贯彻习近平总书记系列重要讲话精神，紧密围绕公司中心工作，围绕改革发展大局，切实改进工作作风，团结凝聚发展合力，全面提升党建科学化水平，为完成2014年公司各项工作提供了坚强的政治、思想和组织保证。

（一）扎实开展教育实践活动，工作作风逐步转变

2014年，公司根据集团公司统一部署，扎实开展党的群众路线教育实践活动，精心制定活动实施方案，组织召开动员会，创新网络调研和网络答题等形式，组织开展多渠道征集意见和领导班子基层蹲点调研，聚焦查摆“四风”方面的突出问题意见2 126条，召开领导班子专题民主生活会，撰写整理领导班子问题清单和对照检查材料，制定“两方案一计划”，监督各单位立行立改，按时落实各项整改工作。设立总经理、党委书记邮箱，发布《公司领导干部直接联系群众及畅通群众诉求反映渠道机制的指导意见》，建立了党员干部密切联系群众渠道。召开教育实践活动总结大会，圆满完成了教育实践活动的阶段性任务。

（二）党组织和党员队伍建设工作不断夯实

1. 公司党委现管理党员2 088名，下设职能部门2个（党群工作部、监察审计部），党务工作人员103名，管理基层党组织81个（9个党总支、28个直属党支部、44个二级党支部），配备专职书记4名，兼职书记77名。

2. 开展培训教育活动，举办党组织负责人《中国共产党发展党员工作细则》专题培训会和入党积极分子培训班，制定发布了2014年度党员学习

教育计划，指导全公司党员进行学习教育。

3. 开展纪念建党93周年系列活动。除党费返还外，公司还把党员活动经费、特色党支部活动经费等党建活动费用，纳入到公司年度经费总体预算中，2014年公司拨付基层党建活动党建经费40万。用于公司和各支部活动的开展；行政支持评选优秀共产党员、党建课题立项评选表彰、特色党支部创建等活动，为公司党建思想政治工作的开展提供了经费保障。

4. 指导党组织换届、增补委员工作，下发党组织换届批复文件，按照“三同时”原则，指导新成立党支部开展工作。

5. 严格党员发展审批制度，根据《中国共产党发展工作细则》，及时编制公司党员发展流程。全年新吸收党员64人；组织公司新发展的党员于“七一”前夕进行了集体宣誓并接受爱国主义教育。

6. 开展“一先两优”推荐评选工作。公司福清核电工程项目部党总支被授予“中核集团公司优秀党组织”称号。

7. 每年定期公示上一年度党费收缴、使用和管理情况，公司党费收支相符。

（三）理论武装工作不断推进

1. 坚持公司党委中心组学习制度。努力创新学习形式，增加互动讨论，外请专家举办培训，全年共组织党委中心组扩大学习13次，努力打造成公司领导干部的重要学习品牌。

2. 开展形势任务教育工作，坚持每月底编制并发布支部学习指南，全年共编发12期，对十八届四中全会、全国“两会”、国防科技工业工作会、中核集团公司工作会、公司工作会精神进行了学习宣传贯彻，并指导各基层党组织做好理论学习和活动开展工作。

3. 根据集团公司统一部署开展“三会一课”调研工作，组织基层党组织书记填写调研问卷；为了真实掌握各基层党组织党建工作的开展落实情况，进一步增强基层党组织抓党建工作的责任意识，公司开展基层党组织建设工作大检查，保障“三会一课”制度落实到位。

4. 结合集团公司JYK考核要点，提出部门相关工作编制建议，并优化《中国核电工程有限公司党群工作绩效考核评价表》，还专门为基层党组织配备党建工作记录手册，努力通过党群绩效考核助推公司 JYK 管理水平的提升。

5. 思想政治工作推陈出新。积极开展政研课题研究。在公司党委的精心组织下，各党（总）支部围绕中心工作，深入开展调查研究，积极运用理论学习成果解决现实工作问题，形成 30 篇思想政治研究成果，内容涵盖涉及基层党组织建设、阳光心态、员工沟通、文化建设、心理健康、思想动态研究、宣传工作等等各领域，3 篇优秀论文向中国核工业政研会推荐，公司政研会两项研究课题成果获中国政研会优秀研究成果二、三等奖，实现理论与实践相结合，进一步巩固理论学习成果。完成了政工职称评聘工作。

6. 为进一步加强党建工作，总结交流工作经验，研讨探索公司党建工作新方式、方法，组织公司党总支书记工作会。与会人员在充分讨论的基础上，达成共识，并形成了内容涵盖党务人员管理、党组织建设、党员管理、纪检监察等 4 个方面的 10 个具体行动项。

7. 组织开展“十佳员工”“优秀共产党员”评选表彰活动，为广大党员职工树立身边典型。

（供稿人：张妍妍）

二、纪检监察工作

2014 年，在集团公司党组纪检组和公司党委的领导下，公司纪委认真贯彻第十八届中央纪委三次全会精神和集团公司党风建设和反腐倡廉工作视频会议精神，紧密结合工程建设、科研、设计工作特点，落实纪检监察体制改革创新举措，强化执纪监督问责职能，切实做到源头严防，过程严管，问题严惩，公司党风建设和反腐倡廉工作稳步推进，为公司安全高效发展提供了保障。

（一）制度体系进一步完善，考核措施明确有效

制定了《中国核电工程有限公司职工惩处规定》《国有资产损失责任追究办法》等制度，确保纪检监察工作开展有理可依。同时，修订公司反腐倡廉 JYK 考核细则，将反腐倡廉的责任落实直接同司属各单位负责人的绩效

进行挂钩，为党风廉政建设责任制的落实提供保证。

（二）注重源头预防，筑牢思想防线

公司纪委以反腐倡廉教育月为抓手，不断扩大反腐倡廉教育覆盖面，强化教育效果，取得了较好成效。7—8 月开展了以“厉行节约、反对浪费”为主题的反腐倡廉教育月活动，通过组织中心组专题学习、组织参观海淀区反腐倡廉教育基地（海淀区看守所）、邀请北京市检察院第二分院和海淀区检察院的领导进行专题讲座、组织开展全公司范围的反腐倡廉知识答题等活动，从强化党员干部学习、遵守《党政机关厉行节约反对浪费条例》入手，牢固树立党员领导干部勤俭节约意识，反对铺张浪费，纠正“奢靡之风”，在公司培育和形成崇尚节约、厉行节约、反对浪费的良好氛围，为促进公司强化管理、实现保增长目标的实现提供保证。

教育月活动期间各党（总）支部共组织 2 288 人观看警示教育片；2 655 名党员领导人员参加反腐倡廉知识答题活动；共组织 586 人进行反腐倡廉法规制度集中学习；进行分公司新提任领导干部集体廉洁谈话 2 次，共 37 人；节假日前，利用 RTX 广播向公司领导人员发送廉洁从业温馨提示短信 3 次，共计 463 人次；共有 15 人次上缴礼品礼金，折合人民币 37 600 元。

（三）强化对决策机制的监督检查，决策更加规范、透明

认真落实纪委监督责任，积极协助公司党委加强党风建设和组织协调反腐败工作。研究制定了《中国核电工程有限公司贯彻落实〈建立健全惩治和预防腐败体系 2013—2017 年工作规划〉实施细则》。同时，加大监督检查力度，确保党风廉政建设责任制、“三重一大”决策制度、八项规定等重要决策制度和规定在分支机构、现场项目部得到有效执行。

一是以“三重一大”制度为抓手，加强对民主科学决策的监督检查。对分公司、项目部等 6 个单位执行“三重一大”决策制度情况进行检查，从选人用人、制度建设、决策程序、决策事项等方面对分公司、项目部共发出监察建议 5 份。

二是以廉洁风险防控为抓手，加强公司重点领域和关键环节的监督检查。在全面推进公司廉洁风险防控的基础上，将廉洁风险防控工作实施范围

扩大至所有项目。编制、印发公司《廉洁从业风险防控手册》系列成果，完成了从部署动员、排查评估、建立信息库、制定防控措施的廉洁风险防控体系构建工作。

（四）坚持对整治“四风”和八项规定执行的监督检查

公司纪委下发了《关于严格落实中央八项规定进一步加强业务招待费控制的通知》，要求司属各单位、各分支机构要加强对业务招待费的管理、控制，严格按照年度预算指标执行，超支部分将直接从本单位工资总额中扣减。同时，成立联合检查组，全年对6个单位八项规定执行情况进行了抽查，针对检查中发现的问题，提出监察建议，进行整改。经统计，截至2014年10月，与去年同期相比，公司国内差旅费下降4.28%；因公出国费用下降24.52%；业务招待费下降56.54%；会议费下降72.12%。

（五）加强对信访举报线索的登记、整理，加大对违规违纪案件的查办力度

公司纪委认真核查群众信访举报，对信访举报反映的问题，认真调查了解，做到件件有落实。2014年，对海南核电工程项目部2#宿舍楼招标违规问题的责任人进行处理。下发《关于加强信访案件信息报送工作的通知》，要求各项目部，分、子公司按季度报送信访举报信息，做到发现问题及时处理。经统计，2014年公司纪委收到信访举报12件，受理12件，初步核实了结12件，作出处理2件，转立案1件。给予政纪处分1人，经济处罚3人，解除劳动合同1人，挽回经济损失46 600元人民币。

（六）统一标准，量化考核，推动效能监察工作开展

根据集团公司在新形势下对效能监察工作的新要求，公司明确了聚焦主业主责的工作原则，围绕贯彻落实八项规定、“三重一大”决策制度、工程建设项目和物资采购工作等公司重点领域和关键环节开展选题立项。共立项52项，结项51项，结项率98%；发现管理中存在的问题153处，提出整改建议140条，被采纳140条；建立和完善制度67项，完善业务流程45项；节约资金25 516.14万元人民币，避免经济损失541.8万元人民币。公司级

效能监察项目“贯彻落实中央八项规定、加强业务招待费控制”获集团公司 2014 年效能监察优秀项目一等奖。

（七）继续以“三率”为抓手推进专项治理工作

2014 年公司纪委加强了对“三率”工作的组织协调和监督检查，通过签字背书形式，强化责任，督促主责部门抓好工作落实。一是认真落实核动力事业部加强“三率”工作会议精神，明确今后招标项目严格把关的要求。二是在价格稽核工作中认真贯彻落实集团公司“五有”要求，升版了《价格稽核管理程序》，定期编制价格稽核季报；定期召开价格稽核工作协调会，分析公司三率工作中存在的问题并提出解决方案。2014 年物资采购价格稽核率 93.86%，通过稽核核减金额 81.48 万元人民币。三是持续推动公司竣工结算项目第三方审核工作，针对审核结算中出现的问题，协调主责部门积极应对，并及时向集团公司汇报，取得支持，目前第三方审核工作正在有序推进。

（八）落实“三转”要求，改革体制机制

一是转变监督方式，对部门参与的监督事项进行梳理，将以往的“随叫随到”式的被动参与监督转变为“随时机动”的主动监督，挑选重点项目和关键项目，随机抽查，随时参与。二是突出监督重点，按照“谁主管、谁负责”的原则，把监督重点放在主责部门履行职责情况上，克服纪检监察人员少，监督事项面大点多的困难，有的放矢。三是强化监督合力。充分发挥监察审计合署的优势，加强审计监督，针对发现的薄弱环节、管理盲区，揭示风险，提出审计建议，并督促落实整改。

（供稿人：李毅）

三、工会工作

（一）民主管理

1. 2014 年 3 月 21 日，召开公司第一届第六次职代会，听取公司总经理刘巍代表领导班子做的述职报告；审议公司年度工作报告；听取审议公司总

会计师温新利做的公司年度财务工作报告；审议通过了《中国核电工程有限公司薪酬管理制度》；审议通过了《中国核电工程有限公司职工惩处规定》；会上，对领导干部进行年度考核及民主评议。

各位代表认真地履行了自己的职责，为公司的发展积极献计献策，全体干部员工继续发扬主人翁精神，开拓进取，以昂扬的工作热情、与时俱进的精神风貌和求真务实的工作作风，抓住机遇、迎接挑战，为圆满完成“十二五”各项任务、共同开创公司科学发展新局面而奋斗。

2. 2014 年 6 月 17 日，召开职工代表组长会议，审议通过公司总部及项目部《辅助性岗位清单》。随着公司业务的扩大，公司的用工形式和辅助性岗位将有所增加，在用工形式上，遵循法律规定，避免了用工不当产生劳动纠纷，使企业更加和谐发展。

（二）加强基层分工会组织建设

为加强基层工会基础工作管理水平，提高工会干部的业务能力，2014 年 7 月 29 日，举办分工会主席培训班（视频），来自公司总部、各项目部、分公司基层分工会主席、副主席共 40 名同志参加了培训班。专题学习中国工会十六大会议精神。通过工会十六大精神的学习，使工会干部在工会工作方式上有新的进步、有新提升，服务职工群众上有新突破，使工会工作更好地围绕中心、服务大局，开拓创新，扎实工作，努力开创工会工作新局面，为建设具有国际竞争力的世界一流企业做出新的更大贡献。

（三）关心职工生活

1. 2014 年 4 月 28 日为了给公司“准妈妈”们提供一个温馨的用餐环境，在职工餐厅东厅的西南角设立了“准妈妈爱心专座”。提倡公司全体职工关爱身边的准妈妈们，让她们每天都能拥有一份美丽的心情，快乐孕育出一个健康的宝宝。

2. 2014 年 5 月 19 日为公司单身男职工举办了幼儿园教师交友专场。

3. 2014 年 12 月组织 20 名单身职工参加由集团公司、中国煤炭科工集团有限公司、中国电力建设集团有限公司、中国联合网络通信集团有限公司、国家开发投资公司联合主办的“‘核’你有约 · 牵手 SAY 嗨”单身青年联谊会；为公司单身青年职工搭建了交友平台，为相互加强交流、交往创造了条件，让平时忙于工作的职工们多了一个交友的机会。

4. 在春节和国庆节来临之际，分别开展了“送温暖”活动和对困难职工进行补助工作，共对22名困难职工进行补助，补助金额总计：86 000元。开展“送温暖”活动，充分体现了公司对困难职工的关怀，更好地帮助困难职工排忧解难，为特困家庭进行帮扶，让困难职工深切体会到工会大家庭的温暖。

（四）积极开展文体活动

1. 2014年3月7日举办公司庆“三八”妇女节系列活动，组织开展女职工“健康快乐大步走”活动，有近700名女职工参加，活动的开展愉悦了女职工的身心，激发女职工健身热情，取得良好效果，公司女职工将以更健康的体魄和崭新的精神面貌，在公司发展中发挥半边天的作用。

开展征集温馨送祝福语活动，各分工会把热情洋溢的祝福语送到了每位女职工的心坎上，让大家感到幸福和温馨。

为弘扬先进，树立先进典型，组织开展评选公司“巾帼建功标兵”活动，经分工会认真推荐和公司工会两委会审查并评选出10名标兵（见表6-1），倡导广大女职工学习先进，以爱岗敬业为己任，勤奋工作，甘于奉献，在各自的工作岗位上做出自己应有的贡献。

表6-1　公司“巾帼建功标兵”名单及事迹简介

序　号	单　位	姓　名	性　别	事　迹　简　介
1	总经理办公室	徐　娟	女	徐娟同志担任公司管理体系优化与组织机构管理、董事会管理、公共关系、规章制度建设、法律事务管理等各项工作。在工作中，任劳任怨，结合部门工作和业务特点，积极探索新的管理模式，在提升办公室的管理水平与服务质量上发挥了积极的作用
2	财会部	张　巍	女	张巍同志肩负着财务人员的重大责任，在平凡的岗位上凭借着自己多年的丰富工作经验，在每笔不同业务报销中，严格执行财务纪律和制度，细心审核、严格把关，准确无误，杜绝不合理的支出，为公司全面财务核算和监督起到了重要作用

续表

序 号	单 位	姓 名	性 别	事 迹 简 介
3	北京核工程设计院（科研设计管理部）	王飞鸣	女	王飞鸣同志本着对工作严格细致和认真负责的态度，在部门预算、财务、人力资源及后勤管理等方面兢兢业业、踏踏实实的做了大量工作。工作中坚持原则、严格把关，在辅助岗位上保证了部门主业的顺利开展，得到了部门领导和同事的好评
4	核设备所	金 青	女	金青同志参与了公司几乎所有核电项目的设计工作。她用科学管理的理念，在“俄转中供”设备设计和三代核电项目科研设计中，打破常规，组织模拟设计，解决技术难题，保证项目进展顺利，在工作中起到了示范作用
5	建筑所	张丽霞	女	张丽霞同志在通信、消防及安防设计岗位上主持并参与了多个核电及大型民用项目，取得多个项目奖项。担任建设部全国工程建设标准设计专家委员会弱电专业委员，参与了多项国家标准图集及能源行业标准的编制及审核
6	工程经济所	余 蓉	女	余蓉同志在技术经济工作岗位上主持并参与了多个核电及化工项目，目前主持 ACP1000 机型的可研及科研工作，在田湾及 ACP1000 等项目上获得过奖项。参与完成能源行业标准《核电厂建设项目费用性质及项目划分导则》的编制
7	海南项目部	姜茂梅	女	姜茂梅同志在现场部前期条件不足的情况下，解决了很多现场施工用电问题；与业主、各分包设计院、施工单位建立良好的接口关系，协调能力突出；执行力强，充分挖掘团队的潜能，带出一支优秀的现场设计部队伍
8	河北分公司	苏新艳	女	苏新艳同志担任核电专职副设总，负责方家山核电工程项目、福清核电工程项目一期、二期及 5、6 号机组工程、田湾核电工程项目 3、4 号机组等设计组织工作，认真把控每个子项的方案论证、设计评审等环节，由她负责的子项工作受到现场和业主的一致好评
9	郑州分公司	周国勤	女	周国勤同志在郑州分公司核电工艺设计所担任徐大堡项目分公司设总。曾参加 80 余个民用项目的施工图设计，获得过省级、部级咨询成果奖；在方家山、福清、海南、徐大堡等核电工程项目设计工作中，获得集团公司 QC 二等奖

续表

序　号	单　位	姓　名	性　别	事　迹　简　介
10	郑州分公司	郑亚娟	女	郑亚娟同志主持完成了 QTRF 工程、814.1 工程、827 工程、BXYJ 工程、6212 工程和 826 工程等多项军核重点项目设计工作和专篇的编制工作，取得了显著成绩。曾获石家庄市第十一届人大代表和 2011 年郑州分公司青年岗位能手称号

2. 2014 年 10 月 26 日，举办公司第四届职工运动会，来自公司 37 个代表队的 1 478 名运动员参加了运动会，在 9 个运动项目上尽展风姿。运动会隆重热烈、精彩纷呈，比赛中彰显了个人风采，争创佳绩，体现了很强的团队精神。赛出风格，赛出水平，提高干部职工的身体素质，增强了公司广大干部职工的凝聚力和向心力。

3. 2014 年 5~10 月期间，以各分工会为单位，结合业务工作实际情况，探索适应新形势新任务要求的劳动竞赛新思路，开展多种形式岗位练兵的劳动技能竞赛活动，举办审图、办公软件、英语翻译、公文写作等竞赛活动。

促进员工之间广泛交流、相互学习、共同提高。对“创建学习型组织、争当知识型员工”，提高员工业务技能，起到了推动作用。

4. 2014 年 11 月，围绕“职工电子书屋”建设，开展了“读书——助我素质提升”征文活动，本次共收到征文 48 篇，经评委评选出 9 篇优秀作品，以读书征文活动为动力，提高职工素质教育工程建设，引导广大职工树立终身学习的理念，养成“多读书、善读书、读好书”的良好习惯，不断提高职工的整体素质，把阅读作为增长知识、传承文明、启发明智的途径，为推动公司科学发展做出新的贡献。

5. 经公司工会认真组织和指导下，参加了集团公司及核动力事业部各项文体活动比赛，在参赛队员刻苦训练下，赛场上队员们用不断训练所提升的速度和技巧以及默契的团队配合为公司争得荣誉，取得了优异的成绩。

2014 年 6 月 20 日，组织职工参加了集团公司直属工会联合会举办的“中核集团公司京区单位职工趣味运动会”比赛，获得了团体总分第二名。

2014 年 10 月 25 日组织职工参加核动力事业部第二届职工运动会获得团

体总分第一名。

2014 年 11 月 6 日组织公司足球协会参加集团公司京区单位“青联杯”足球赛获得第二名。

2014 年 11 月 28 日组织职工参加集团公司在核工业创建 60 周年歌咏比赛选派参赛演员获得第一名。

（供稿人：刘彦明）

四、共青团工作

（一）召开团员大会，举行换届选举

公司团委根据团章及相关规定，于 2014 年 11 月 4 日，召开共青团中国核电工程有限公司第二次代表大会。公司领导及公司 90 余名团员代表出席了会议。大会选举产生了共青团中国核电工程有限公司团委第二届委员会。

（二）延伸工作层面，加强团组织建设

按期完成了基层团组织换届工作。目前，公司团委设有团总支 2 个，团支部 31 个，建立健全了团的各级组织，全部覆盖到了公司内的所有机构和已开工的现场项目部。同时，为加强团委力量，公司团委进一步明确了团委委员分工，强化了团干部的责任意识、岗位意识、务实意识。

按照集团公司团委的有关要求，公司完成了团员青年信息统计工作。截至 2014 年年底，公司在职员工中有 35 岁以下青年 4 315 人，28 岁以下团员青年 2 006 人。

（三）承办集团公司活动，展现公司青年风采

公司积极响应集团公司团委的号召，围绕集团指导思想、主营业务为核心，主动承办集团公司团委活动。举办了“身边的正能量”演讲比赛，选送的演讲选手获得了集团公司演讲比赛二等奖、核动力事业部演讲比赛一等奖。公司团委承办集团公司核工业 60 周年暨原子弹爆炸 50 周年核工业史首场演讲会，并牵头负责其中第三幕——核工业未来 30 年的编排工作，参与了集团公司核工业史四场巡回演讲会。

（四）推动教育培训，创建学习型团组织

为推进学习型团组织建设，公司团委开展了星火书院、商务英语培训、专业知识培训等形势教育和专项培训活动。

1. “星火书院”学习平台

公司团委积极筹划以“云学堂”在线培训系统和“清茶沙龙”和“云书馆”分布式图书分享系统为三大子品牌的“星火书院”学习平台。星火书院是加强学习型团组织建设的重要载体，是交流、学习、提高共青团工作的重要课堂，是提升青年员工综合素质和能力的重要阵地。公司团委计划通过周期性、常态化地开展“星火书院”活动，让共青团工作更好地服务公司业务中心，引导青年树立健康情趣，提高综合素质，完善知识体系，推进青年员工的个人进步和企业发展。

2. 商务英语专项培训

为提高公司青年员工英语口语及写作水平，适应公司核电出口及国际交流的要求，满足公司快速增长的业务需求，公司团委与北京外国语大学培训中心合作，在公司团员青年内组织开展商务英语专项培训。培训课程包括商务口语、商务视听和商务写作。培训受到团员青年的广泛欢迎，一共有 400 人报名要求参加培训。

3. 开展团日活动，增强基层活力

为迎接党的“十八大”胜利召开，同时庆祝公司成立五周年，公司团委组织各团支部开展了形式多样的主题团日活动，并对各团支部活动给予部分经费支持。公司团委开展了“放飞梦想　聚力中核”主题活动月，通过积极部署和筹划，开展了青年员工座谈会、“疯狂切水果”等 36 项活动。

各团支部均开展了丰富多彩的活动，比如总体所团支部举办“春天在哪里”摄影比赛，设计院总图地质所、堆工所团支部联合举办“登香山、观红叶”活动，田湾核电工程项目部团支部召开“青年投资理财讲座”五四主题团日活动，徐大堡核电工程项目团支部组织五四“歌唱青春”歌手大赛。

（五）树立先进典型，激励成长成才

2014 年，公司团委荣获“2014 年中央企业红旗团委”称号、海南核电工程项目部荣获“全国青年安全生产示范岗”荣誉称号。

公司团委获得“集团公司红旗团委”称号、公司福清核电工程项目部土建一科获得“集团公司青年文明号”称号、公司建筑所团支部获得“集团公司五四红旗团支部”称号。为表彰先进，树立典型，充分调动广大团干部和青年团员创先争优的积极性，增强团组织的凝聚力和号召力，更好地发挥基层团组织团结教育青年的核心作用和团员青年的先锋模范作用，“五四”期间，公司团委授予建筑所团支部等 5 个团支部“2013—2014 年度红旗团支部”荣誉称号；授予系统与布置设计所力学室等 5 个集体“2013—2014 年度青年文明号”荣誉称号；授予赵德鹏等 5 人“2013—2014 年度青年岗位能手”荣誉称号；授予张翔等 5 人“2013—2014 年度优秀团干”荣誉称号；授予王丹等 10 人“2013—2014 年度优秀团员”荣誉称号。

同时，组织了中央企业系统全国文明号的推选工作；推荐了海南核电工程项目现场施工管理部核岛土建科参与了全国青年安全示范岗的评选工作。

（六）搭建交流平台，丰富青年生活

公司团委及各基层团组织开展了丰富多彩、健康向上的活动。全面建立了以团委官方微信为核心的“微”字号青年沟通交流平台。

创立“倾城之恋”单身青年婚恋网站，组织 3 场大型单身青年联谊活动，为公司单身青年搭建了一个健康交友平台，为青年员工解决了后顾之忧。给公司未婚青年搭建一个轻松、快乐的交友圈及寻找人生伴侣的平台，公司团委与安贞医院和中冶集团联系，组织参与了“冬季情缘温暖相伴——单身男女联谊派对”，有 80 余名单身男女青年参加了活动。公司团委还积极组织公司青年员工，参加集团公司团委组织的“‘核’你有约 · 牵手 SAY 嗨”单身青年联谊活动。另外，公司团委目前正在与周边的海军总医院、大学、小学等建立联系，正在积极筹备下一次单身联谊活动。

（七）推进青年志愿服务

为积极推进青年志愿者服务，公司积极参与海淀区志愿者协会的相关活动，去年，公司当选为海淀区志愿者联合会常务理事单位，一同推进北京市海淀区志愿家庭行动计划。

2013—2014 年度中国核电工程有限公司红旗团支部名单（共 5 个）列于表 6-2。

表 6-2　2013—2014 年度中国核电工程有限公司红旗团支部

序　号	团支部名称
1	建筑所团支部
2	总经理办公室团支部
3	核设备所团支部
4	总图地质所团支部
5	福清项目部团支部

2013—2014 年度中国核电工程有限公司青年文明号名单（共 5 个）列于表 6-3。

表 6-3　2013—2014 年度中国核电工程有限公司青年文明号

序　号	获奖部门
1	系统与布置设计所力学室
2	方家山项目部施工管理部支持科
3	调试部福清 1、2 号机组联合调试队核岛工艺组
4	郑州分公司民用建筑设计研究院结构室
5	反应堆工艺研究所热工水利与安全分析室

2013—2014 年度中国核电工程有限公司青年岗位能手名单（共 5 人）列于表 6-4。

表 6-4　2013—2014 年度中国核电工程有限公司青年岗位能手

序　号	所在部门	姓　名
1	总体所	赵德鹏

续表

序号	所在部门	姓名
2	核设备所	姚琳
3	河北分公司	穆秀圣
4	工程管理部	赵文昭
5	北京核工程研究设计院	孙登科

2013—2014年度中国核电工程有限公司优秀团干部名单（共5人）列于表6-5。

表6-5 2013—2014年度中国核电工程有限公司优秀团干部

序号	所在团支部	姓名
1	安全管理部团支部	张翔
2	徐大堡项目部团支部	张灵杰
3	反应堆工艺研究所团支部	高鑫
4	电气仪控所团支部	邵拓
5	福清项目部团支部	杨毓琼

2013—2014年度中国核电工程有限公司优秀团员名单（共10人）列于表6-6。

表6-6 2013—2014年度中国核电工程有限公司优秀团员

序号	所在团支部	姓名
1	化工所团支部	王丹
2	821项目部团支部	殷继承
3	调试部团支部	王倩
4	财会、监察、党群团支部	甘赛宜
5	工程经济所团支部	陈向婷
6	经营合同部团支部	任政旭
7	招标中心团支部	刘聪沛
8	北京民用设计院团支部	李英川
9	科技部团支部	杨蕾
10	海南项目部团支部	徐雅平

（供稿人：吴斌）

第七部分　分 支 机 构

一、郑州分公司

（一）2014 年全年工作总体评价

2014 年是郑州分公司巩固持续良好的经济发展形势，实现“十二五”发展规划的关键一年；是明确新的战略目标和规划思路，统一思想、谋划未来发展的一年；是重点投入、科学组织，为承担的国家重大军工专项工程全力开展前期准备的一年。一年来，分公司进一步解放思想，全面推进改革创新和管理提升，着力提高发展质量和效益。

经过全体干部员工的攻坚克难，奋力争先，圆满完成了各项工作任务和考核指标。生产科研工作扎实推进，管理提升工作成效明显，核心竞争力、综合实力得到较大提升。

（二）组织机构设置

2014 年，郑州分公司设总经理 1 名，副总经理、党总支书记 1 名，公司副总工程师 1 名，分公司副总经理 2 人、分公司副总工程师 4 名。下设：综合办公室、人力资源部、财会部、经营合同部、技术质量部、项目管理部、三维信息档案中心 7 个职能管理部门；核电工艺设计所、电气仪控设计所、土建设计所、核工程研究设计所、民用建筑研究设计所、技术经济所、岩土工程所、实物保护技术研究所、核技术应用与无损检测研究所、工程管理部部 10 个生产科研单位（郑州分公司组织机构如图 7-1 所示）。

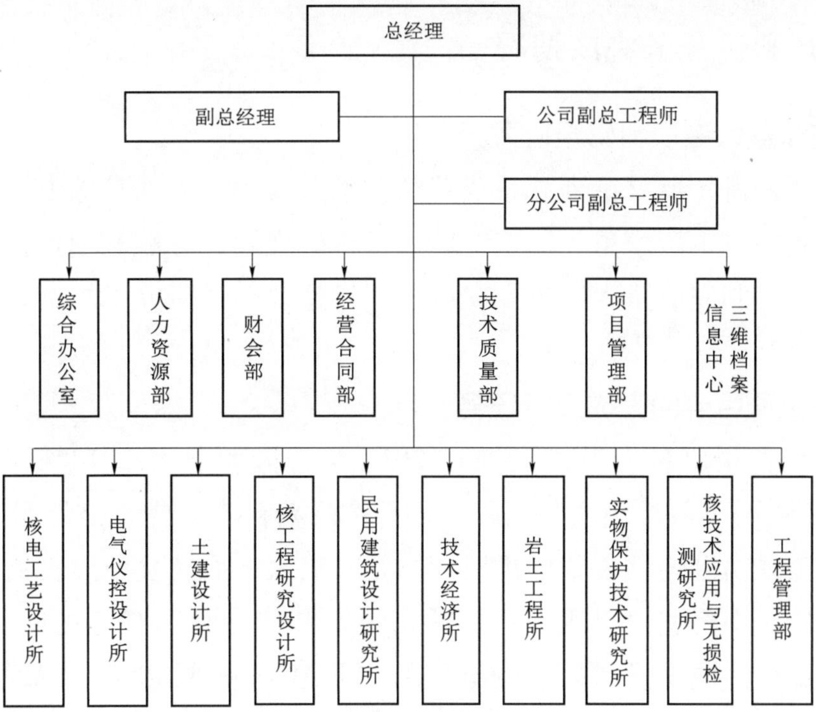

图 7-1　郑州分公司组织机构（2014 年）

（三）人力资源情况

截至 2014 年年底，郑州分公司在职人员 699 人（合同制工 491 人、退休返聘 2 人、劳务派遣和技术服务 202 人、借调入 4 人），其他人员 4 人。其中：职能管理部门 66 人；科研生产单位 617 人（核电设计单位 316 人，军核及民用设计、科研单位 269 人，工程部 32 人）；借调总部及现场人员共 16 人。

（四）经济指标完成情况

坚持发展为第一要务，经济实力不断增强。2014 年郑州分公司签订合同 6.4 亿元人民币，完成目标的 129%；实现财务收入 4.48 亿元人民币，完成公司下达目标的 112.5%，同比增长 34.3%，其中：集团外收入 1.15 亿元人民币，完成公司下达目标的 112.7%，同比增长 50%；实现利润总额 4 479 万元人民币，完成公司下达目标的 112%，同比增长 46.8%。

（五）科研任务完成情况

1. 国家重大专项科研全面展开

在广泛调研、反复论证并系统总结技术经验和成果的基础上，根据上级要求，编制完成了国家重大军工专项工程科研规划，并顺利通过评审。2014年年底，已编制完成重大军工专项科研项目建议书，研究工作全面展开。

2. 在研项目全面完成节点任务

武器装备预研各专题顺利通过 2013 年合同验收及 2014 年合同评审，“反渗透装置”等成果已实现工程应用；“核燃料芯块先进烧结系统”项目研制的动梁式高温烧结装置样机按计划完成热试，成功烧结出多批合格的陶瓷 UO_2芯块，即将交付工程应用；承担设计和部分科研任务的 CEFR-MOX 燃料芯块试验线成功投料并生产出我国首批 MOX 燃料芯块；“MOX 燃料单棒和组件制造技术研究”项目承研的科研设备基本完成施工图设计，样机委托加工陆续启动。

年内开展的横向科研项目共 16 项，八一二厂 400 t 扩产无损检测设备等 4 个项目顺利通过验收；全年新签“实验快堆燃料棒表面污染检查装置研制”等横向科研合同 6 项；2014 年共实现成果转化收入 7 421 万元人民币，是 2013 年的 4 倍。

（六）生产任务完成情况

1. 军核工程取得新突破

在核军工领域，重点投入、全力推进，承担了一批国家重点军工任务；在核燃料元件领域成绩显著，继续保持领域内领先地位。八一二厂核燃料元件扩建项目顺利建成投产，国内外专家肯定生产线技术达到国际一流水平；分公司自主研发的化工干法转化装置在国内燃料元件生产线上推广使用，得到广泛好评；二〇二厂 AP1000 核燃料元件生产线安装调试顺利，完成模拟组件生产；高温气冷堆燃料元件生产线设备安装完毕，正在开展系统调试，为保证电站供料生产奠定了基础，赢得了时间。

在保持传统优势的同时大力拓展业务外延，承担了秦山三期重水脱氚项目、实验快堆MOX燃料组件实验线和钍基熔盐堆燃料研制线等项目的设计任务。

2. 核电设计能力巩固提高

积极推进核电设计工作，加强核电设计质量体系薄弱过程的运营管理，深化拓展业务能力，完成AP1000大量的消化吸收业务建设成果，技术水平显著提高。

按照公司要求，郑州分公司承担并高质量完成了海南、徐大堡、田湾、福清、方家山等各项核电工程项目节点设计任务；积极开拓参与核电系统设计，首次参与在役核电站技术服务；积极参加了海南、田湾、徐大堡、福清核电工程项目现场技术服务及派驻总部设计支持工作；开展了海南、方家山等核电工程项目的造价咨询及常规岛审查；成功中标秦山核电二期在役检查QC技术服务项目。

积极落实公司核电设计信息化的工作部署，并取得较好效果；建立了较为合理的人才梯队，设计技术能力、技术手段和设计管理体系得到进一步完善和提升。

3. 民用工程领域取得新发展

民用建筑业务继续保持强劲发展势头。在整个房地产行业景气度下降的大背景下，郑州分公司通过深化经营、攻坚克难，民用建筑业务经济总量、品牌价值和高端市场占有率继续保持河南省领先地位。2014年签订合同过亿元人民币，完成总建筑面积620余万m^2；实现收入6 600余万元人民币，同比增长23%。

成功与恒大地产集团、福建融侨地产集团等实力地产商签订了战略合作伙伴协议。继续加强和改进了民用建筑生产经营的力量和组织形式，成立了洛阳设计部，组建了经营开发办公室，建立健全了相关制度和体系。承担完成的郑州“二七万达广场”项目获“规划设计广厦奖”“建筑设计广厦奖”两项国家大奖。

民用工业及岩土勘察业务取得较大进展。民用工业开拓承担了国家烟草质量监督检验中心科研实验中心工程、新乡中益发电有限公司2×660 MW超临界机组烟气脱硫工程等一批项目。民用岩土勘察业务合同额较去年增长50%，其中“正商名钻住宅小区岩土工程勘察”项目获核工业部级优秀工程勘察二等奖。

4. 工程总承包业务再上新台阶

2014年郑州分公司承担了四川红华实物保护实保及应急、中国工程物理研究院某所成都科技创新基地、技防三期等多个项目的工程总承包，合同额约11.2亿元。通过规范和有效管理，安全质量总体可控，全年未发生安全质量事故事件。

成都基地项目获“中物院结构优质工程奖”；新12子项干法工艺总包顺利通过国家验收；四川红华实物保护项目顺利进展，受到业主肯定；福清一期、方家山一期实保项目圆满完成，为福清核电工程项目1号机组及方家山核电工程项目1、2号机组按时并网发电做出积极贡献。

（七）经营活动及管理工作开展情况

坚持管理提升，着力提高管理能力和服务水平。机构改革和人员调整顺利完成，机构设置进一步优化，工作职能进一步明确，管理制度和流程进一步健全，管理提升工作取得实效。

1. 战略规划管理和JYK考核体系不断完善

编制《郑州分公司“十二五”专项规划（2015—2017三年实施计划）》，明确郑州分公司未来三年的发展思路和目标。

建立郑州分公司内部JYK体系，发布《郑州分公司JYK考核与计分办法》，完成JYK目标的下达、监督和考核。

2. 业务对标工作稳步开展

郑州分公司的发展是公司创建“国际一流工程公司”的重要组成部分。为实现“与国际一流工程公司”接轨，在明确发展使命和定位的前提下，确定了郑州分公司国内、国际对标单位，通过收集资料、邀请外部交流、外出调研等形式，积极开了国际、国内对标行动。

3. 市场经营开发工作持续深化

持续构建经营体系；坚持“以经营为龙头”的经营理念，加强经营专业化管理，成立了经营合同部；强化各业务板块经营职能，优化整体经营力量，共同促进经营目标的实现。抓机遇、抓项目，积极开拓军核、民用及工程总承包市场，合同额创历史新高。

4. 设计管理能力不断提高

牢固树立“服务生产”的宗旨，理顺管理流程，创新管理方法，充分发挥主管总工对项目的技术指导和监督作用，确保各项设计管理工作顺利推进。

在做好核电设计管理工作的同时，努力加强军核项目设计管理，提高设计服务于总包的意识，逐步理顺协调配合关系，积极推进民用项目设计管理。

5. 技术管理工作成效明显

加强技术交流，邀请李冠兴、江欢成院士到分公司讲学和交流；外派技术交流 9 人次，推荐外派专家 23 名，不断拓展和提高技术人员的视野和素质。

升版发布了《郑州分公司常用法律法规和技术标准清单》，保证标准规范的有效性；完成国军标的审查、专有技术、专利及 CF 报告的整理和上报；开展年度学术论文的征集和评选。

6. 人力资源改革全面推进

完成郑州分公司组织机构优化与干部的选拔配置；编制发布职能部门、生产单位部门职责和岗位说明书。

积极推进薪酬制度改革。建立了管理与技术“双通道”岗位序列，编制发布《郑州分公司岗位体系管理办法》，制订《郑州分公司薪酬改革实施方案》等薪酬改革的相关制度、方案。

教育培训工作继续创新开展。建立了分层、分类、分对象的培训体系，开展了核电英语能力提升培训班，超额完成年度目标。有效开展了人力资源引进与人才队伍建设，满足了管理生产的需要。

7. 财务管控水平不断提高

加强五项费用管理，严格费用审批程序，五项费用较目标值降低 10.26%；积极开展工程总承包的税收筹划，为郑州分公司减少了税赋；在保证正常支付的前提下，充分利用郑州分公司资金间歇期，与财务公司沟通，探索通过灵活多样的资金运作方式，增加郑州分公司资金收益。

8. 信息化建设工作加快实施

编制《郑州分公司信息化建设规划》；开发核工程及民用建筑工程设计协同平台，核工程项目上线试运行；建设设备三维设计平台，已在工程中开展应用；郑州分公司办公门户网站上线运行，实现了办公信息化平台的统一；建立了郑州分公司信息化台账管理系统、紫光图档信息化管理系统、专业设计软件动态管理台账，郑州分公司信息化水平得到有效提升。

9. 质量和 HSE 管理体系良好运行

按计划开展了三体系内审和专项质保监查，通过了集团公司、公司及核电工程项目业主的质量检查和第三方再认证审核；开展了管理程序和技术规定的修编，2014 年共发布 230 项管理程序和技术规定；质量月活动获公司“质量月活动先进单位”。

加强安全生产教育和培训，全面开展了安全生产标准化建设，顺利通过安全生产标准化达标考核。

10. 保密保卫管理扎实开展

调整了保密组织机构，完善了相关管理制度，强化了计算机信息系统及涉密载体等保密管理措施的落实；加大了监督检查和违规处罚力度，各类违规事项的整改率达到 100%。

认真做好了日常和节假日的安全保卫保密检查；接受了武警部队总部组

织的对分公司武警执勤目标安全评估。

11. 综合行政服务质量较大提升

落实了2014年为职工办理的十件实事；积极做好退休职工管理和服务工作；建立健全了固定资产台账；加强了公共设施的维护保养工作，确保了科研试验楼的安全运行。

严格履行八项规定，认真做好对外接待工作，较好完成了分公司各项接待任务。

（八）党建工作和企业文化建设开展情况

坚持思想政治工作为第一动力，党建和企业文化建设全面进步。

持续深化党的群众路线教育实践活动。圆满完成三个环节、六项重点工作，针对聚焦查摆的问题严格制订了整改计划和措施，干部作风得到明显转变。

贯彻落实“八项规定”。落实党风廉政建设责任制，扎实开展廉洁从业风险管理和防控；健全制度，加强对权力的制约。业务招待费得到有效控制，铺张浪费现象得到明显遏制。

企业文化建设不断推进。开展了以“聚”文化为核心的公司《企业文化大纲》的宣贯活动；举办了分公司第五届运动会，组队或派员参加了公司第四届运动会、核动力事业部运动会；组织参加了公司与核动力事业部举办的演讲比赛；分公司各文体协会组织开展了多样化的文体活动等。

（九）获奖情况

1. 科研、咨询、设计、QC小组奖项及已受理技术专利

（1）“郑州万达广场”项目，获“规划设计广厦奖”“建筑设计广厦奖”两项国家大奖。

（2）“铀纯化生产线氮氧化物尾气吸收新工艺研制”获中核集团科学技术三等奖。

（3）“移动式抗撞装置”项目获河南省国防科学技术进步奖一等奖。

（4）获得核工业部级优秀工程咨询、勘察奖 7 项，其中：

“高温气冷堆核电站示范工程燃料元件生产线可行性研究报告”获一等奖；

“BXYJ 研制线可行性研究报告”“中核北方核燃料元件有限公司压水堆核电站燃料元件生产线工程职业安全专篇”“中核北方核燃料元件有限公司等效天然铀燃料棒束制造安全技术改造项目项目建议书”“正商名钻住宅小区岩土工程勘察”4 个项目分别获得二等奖；

“1121-405 工程可行性研究报告”“中核建中核燃料元件有限公司江南厂区基础设施改造和节能减排改造项目建议书”2 个项目分别获得三等奖。

（5）获得核工业部级优秀工程设计奖 4 项，其中：

“郑州二七万达广场 12 号楼”项目获一等奖；

“升龙·凤凰城 B 区高层商住综合体”获二等奖；

“郑州英才苑住宅小区”“洛阳升龙广场 A 区 9 号楼”项目分别获得三等奖。

（6）获得中核集团优秀 QC 小组成果奖 1 项，公司级优秀 QC 小组成果奖 5 项，其中：

土建所“核岛通风施工图信息添加的新方法”分别获得中核集团优秀 QC 小组二等奖、公司优秀 QC 小组一等奖。

核电工艺所“提高 AP1000 管道力学计算效率”“设计信息管理系统图纸转换新方法”分别获得公司优秀 QC 小组一等奖；

核工程所“提高安全分析报告编制质量”获公司优秀 QC 小组二等奖。

电仪所“降低核燃料生产线项目中仪控与相关专业接口的差错率”获公司优秀 QC 小组鼓励奖。

（7）核电工艺所“AP1000 核岛厂房支吊架核算”项目获得公司效能监察优秀成果三等奖。

（8）申请并得到受理专利 3 项，分别为：

“自动安全脱钩机构”“液压胀接机构”“一种燃料棒端塞焊缝检测用屏蔽铅罩”，其中“一种燃料棒端塞焊缝检测用屏蔽铅罩”已于 2015 年 1 月 7 日获中华人民共和国国家知识产权局授权。

2. 集体和个人奖项

（1）集体

郑州分公司被河南省国防科工局授予“河南省国防科工系统经营管理先进单位”。

郑州分公司被河南勘察设计协会授予“ 河南省工程勘察设计行业先进企业”。

郑州分公司被郑州市总工会授予“模范职工之家”“优秀单位”“先进女职工委员会”等称号。

郑州分公司获公司“质量月先进集体”奖。

郑州民用建筑所结构室获公司“青年文明号”称号。

（2）个人

于利祥被授予“河南省工程勘察设计行业优秀院长”“河南省国防科技系统优秀经营管理者”。

陈力得被授予“河南省国防科技系统优秀经营管理者”。

秦峰被授予“集团公司保密工作先进个人”。

沙萱霖被郑州市总工会授予“五一劳动奖章”“知识型职工标兵”“优秀工会工作者”“优秀工会女职工工作者”。

周国勤、郑亚娟被公司授予“巾帼建功标兵”称号。

齐国春被公司授予2014年度“优秀共产党员”。

（供稿人：胡仙凤）

二、河北分公司

（一）2014年工作总体评价

2014年，是“十二五”承上启下的关键之年，也是河北分公司锐意改革、大力开拓业务领域、进一步提升设计和科研能力、理顺生产关系、优化管理流程、改革薪酬激励与考核评价体系的一年。一年来，河北分公司以规划为指引，奋发图强、团结进取，优化管理流程，调整组织机构，推进板块式专业化管理；建立并实施内部 JYK 管理体系，提高整体管理水平；改革薪酬绩效考核体系，健全员工考核与激励机制；加强精细化管理，改进工作作风，提高执行力；加强进度计划管理，狠抓质量管理，进一步提高科研设计能力，力保重点战略任务顺利完成；强化市场意识，全力推进生产经营工作；扎实开展党群工作，群众路线教育实践活动取得实效。全体员工和衷共济、奋勇争先、开拓进取，圆满完成全年各项工作任务，超额完成年度业务收入目标，有力地推动了河北分公司持续、健康发展。

（二）组织机构设置

河北分公司 2014 年 5 月进行组织机构调整，调整后的组织机构共设置 6 个职能部门，4 个专业性生产单位与 3 个综合性生产单位。调整后的组织机构形成了涵盖核电核岛及 BOP、核电常规岛、核工程、民用工程四大业务领域的板块化组织架构，河北分公司组织机构如图 7-2 所示。

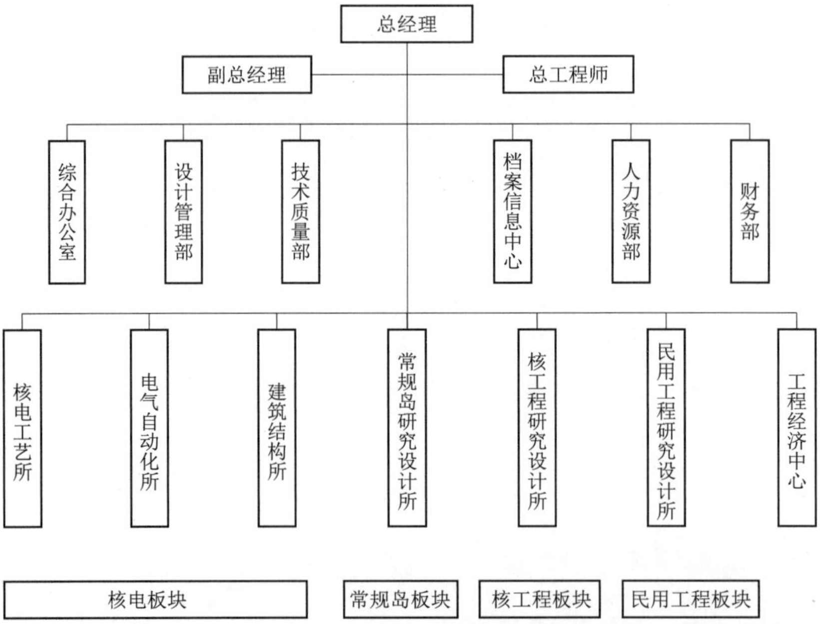

图 7-2　河北分公司组织机构

（三）人力资源情况

2014 年，河北分公司员工队伍发展到 388 人，其中本部 380 人（含劳务派遣员工 83 人），借调公司 9 人，领导班子构成与具体机构干部配备、人员分布如表 7-1 所示。

表 7-1　领导班子构成及干部配备与人员分布

<table>
<tr><td colspan="8">领导班子构成</td></tr>
<tr><td colspan="2">总经理</td><td colspan="6">王勇跃</td></tr>
<tr><td colspan="2">党总支书记、副总经理</td><td colspan="6">牟　疆</td></tr>
<tr><td colspan="2">副总经理、总工程师（兼）</td><td colspan="6">王献庭</td></tr>
<tr><td colspan="2">副总经理</td><td colspan="6">赵　荣</td></tr>
<tr><td colspan="2" rowspan="2">机　构</td><td colspan="2" rowspan="2">人　数</td><td colspan="2">行政负责人</td><td colspan="2">技术负责人</td></tr>
<tr><td>主任（所长）</td><td>副主任（副所长）</td><td>总工程师</td><td>副总工程师</td></tr>
<tr><td rowspan="6">职能部门</td><td>综合办公室</td><td rowspan="6">40 人（劳务派遣员工 7 人）</td><td>9</td><td>—</td><td>张　鹏（主持工作）</td><td>—</td><td>—</td></tr>
<tr><td>设计管理部</td><td>14</td><td>—</td><td>高俊芳（主持工作）
王书峰</td><td>—</td><td>—</td></tr>
<tr><td>技术质量部</td><td>4</td><td>任建平</td><td>—</td><td>—</td><td>—</td></tr>
<tr><td>档案信息中心</td><td>5</td><td>余自力</td><td>—</td><td>—</td><td>—</td></tr>
<tr><td>人力资源部</td><td>4</td><td>陈士良</td><td>—</td><td>—</td><td>—</td></tr>
<tr><td>财务部</td><td>4</td><td>杨　屹</td><td></td><td>—</td><td>—</td></tr>
<tr><td rowspan="7">设计部门</td><td>核电工艺所</td><td rowspan="7">336 人（劳务派遣员工 73 人）</td><td>97</td><td>程　中</td><td>苏新艳</td><td>武文广</td><td></td></tr>
<tr><td>电气自动化所</td><td>51</td><td>康　乐</td><td>吕晓婷</td><td>吕晓婷（兼）</td><td>—</td></tr>
<tr><td>建筑结构所</td><td>50</td><td>陈庆国</td><td>刘建辉</td><td>刘建辉（兼）</td><td>—</td></tr>
<tr><td>常规岛研究设计所</td><td>24</td><td>李舒平</td><td>谭李师</td><td>—</td><td>—</td></tr>
<tr><td>核工程研究设计所</td><td>57</td><td>方　琳</td><td>李建敏</td><td>尹增广</td><td>—</td></tr>
<tr><td>民用工程研究设计所</td><td>47</td><td>解险峰</td><td>吕军</td><td>卢春田</td><td>—</td></tr>
<tr><td>工程经济中心</td><td>10</td><td>兰彦超</td><td>—</td><td>—</td><td>—</td></tr>
<tr><td colspan="2">公司借调人员</td><td colspan="2">8</td><td>—</td><td>—</td><td>—</td><td>—</td></tr>
</table>

职称情况：研究员级高级工程师 22 人、高级工程师 68 人、工程师 182

人、助理工程师 55 人、其他系列 9 人、无职称 52 人（其中 5 人为 2014 年新进应届毕业生，47 人为劳务派遣人员）。

资质情况：2014 年，河北分公司共 72 人拥有各类职业（执业）资格，共 27 类 114 项。各类职业（执业）资格人数表如表 7-2 所示。

表 7-2　各类职业（执业）资格人数表

序　号	职业（执业）名称	人　数	序　号	职业（执业）名称	人　数
1	一级注册建筑师	2	15	全国工程总承包项目经理	6
2	一级注册结构工程师	11	16	全国造价员	2
3	注册咨询工程师（投资）	1	17	压力管道设计审批	22
4	注册造价工程师	4	18	高级人力资源管理师	1
5	注册公用设备工程师（给水排水）	7	19	注册核安全工程师	7
6	注册公用设备工程师（暖通空调）	4	20	注册咨询工程师（市政）	1
7	注册公用设备工程师（动力）	4	21	消防专项合格证	9
8	注册化工工程师	2	22	勘察设计注册采矿	1
9	注册电气工程师（供配电）	4	23	二级注册建筑师	1
10	注册电气工程师（发输变电）	3	24	注册咨询工程师（火电）	1
11	注册城市规划师	2	25	国家注册监理工程师	2
12	注册环保工程师	1	26	注册设备监理师	2
13	高级项目管理师	11	27	招标师	2
14	项目管理师	1			

（四）超额完成全年责任目标，经济效益实现大幅增长

2014 年，河北分公司全体员工高效保质地完成了所承担的核电、核工程及民用工程的设计、服务任务，全年实现财务收入 18 500 万元人民币，较 2013 年增长 22%，集团外财务收入 2 200 万元人民币，较 2013 年增长 14%，实现利润 7 990 万元人民币，较 2013 年增长 91%，收入和利润均创历史最好水平，超额完成公司下达的财务收入 16 800 万元人民币，集团外财务收入 2 000 万元，年度利润 4 332 万元人民币的责任目标。加强预算管理，各项财务指标平稳运行，经济效益实现大幅增长。

（五）面向市场、服务客户，多元经营取得崭新成就

按照“同心多元”战略引导，秉承“以创新为动力、以质量为生命、以服务为中心、以人才为根本”的经营理念，在立足核电的同时，努力开拓核工程、民用工程市场，谋求多元发展。核工程板块持续加大对原有两大业主中国核动力研究设计院和中国原子能科学研究院的经营力度，树立“种子意识”和“服务意识”，以积极的工作态度和一丝不苟的敬业精神赢得了业主单位的信赖。民用板块在国家能源政策调整、火电市场萎缩、传统项目利润下降等诸多不利因素影响下，知难而进、锲而不舍，全面与市场接轨并不断提高市场信息反馈效率，在稳固现有脱硫、脱硝、水处理等环保项目领域的同时，积极拓展西藏羊易地热发电项目，全力培育新能源领域市场。通过不懈努力，全年共签订核工程、民用工程设计合同 53 项，合同金额 13 020. 74 万元人民币，较上年增长 132. 22%，圆满完成 2014 年经营合同 8 000 万元人民币的计划目标。此外，河北分公司总承包管理体系初步建立，为今后承揽总承包项目奠定基础。

（六）核电、军工、民用项目统筹兼顾，各项年度生产任务全面完成

2014 年，面对进度计划紧张、机构调整后各板块人力资源不足的情况，板块之间相互支持、密切配合，广大员工攻坚克难，圆满完成了分工范围内的核电工程核岛、BOP 的设计与服务任务；按期保质完成重点核军工、核工程、民用工程的设计和服务任务；常规岛设计开发扎实推进，设计能力逐步提高。

1. 以进度和质量为保证，圆满完成核电设计任务

根据年度工作计划，圆满完成了公司下达的核电项目的设计与服务任务。按期保质完成福清核电工程项目 1～4 号机组、方家山核电工程项目设计工作，提前谋划、周密组织，以高度的责任心攻坚克难，克服了大量设计优化、支吊架材料国产化、设备阀门供货变化、福岛后设计改进项等带来的困难，严抓细节管理并努力做好后期技术支持工作，为福清核电工程项目

1号机组和方家山核电工程项目1、2机组的并网发电做出了应有的贡献。加强计划跟踪与进度考核，落实现场经验反馈；充分利用三维设计手段，不断提高设计质量，全力保障福清核电工程项目5、6号机组、巴基斯坦K2/K3工程土建及其他相关工作按期完成。

根据公司ACP1000项目管理需求，增选4名专职设总到公司工作，继续培育河北分公司核电设计管理能力，为实现核电施工图管理中心的规划目标做好准备工作。

受中国核电（东北）前期工作部委托，开展了山东莱州湾、中核冀东、黑龙江核电厂址普选工作。目前《中核山东莱州湾核电厂址普选报告》《中核冀东核电厂址普选报告》已正式出版，初可研内容编制工作正在全面开展。

2. 以能力和责任为支撑，按期保质完成核军工任务

河北分公司以强烈的使命感和责任心以及过硬的技术和能力圆满完成各项核军工设计和服务任务，为提高国家军事装备能力贡献自己的力量。全年共完成LW工程方案设计等近20个项目的项目建议书、可行性研究报告、初步设计和专篇编制工作，并开展了HEA工程等8个项目施工图设计。

3. 以市场和信誉为导向，完成各项民用工程设计任务

面对民用工程设计任务项目多、工期紧、业主修改要求频繁的特点，广大干部职工加班加点、夜以继日，全年共完成西藏羊易地热等高阶段12项，大庆油田热电站污水利用等初步设计3项，天津军粮热电脱硫等施工图18项，土耳其脱硫等竣工图9项，以良好的服务和优质的图纸质量赢得业主的一致好评，收到来自国能中电、西山煤电等多家单位发来的感谢信，为继续开拓培育民用市场、树立河北分公司品牌信誉奠定了良好的基础。

4. 以技术和管理为依托，常规岛设计开发取得较大进展

开展田湾核电工程项目3、4号、福清核电工程项目5、6号、巴基斯坦K2/K3、徐大堡一期工程的设计管理。对东北院、华东院、国核院在相应项目上的接口、进度、质量等方面进行有效管理，形成了规范化的管理程序，技术审查水平逐步提高，管控能力不断增强。

完成河北海兴核电厂1、2号机组可研报告常规岛部分的编制，漳州核电一期工程总体设计阶段的《主机选型报告》《常规岛主厂房标高设置报告》，福清核电工程项目5、6号机组汽机房楼层反应谱计算，莆田小堆示范工程常规岛初步设计等工作；启动海兴核电和ACP1000常规岛三维建模工作；完成GIL布置安装设计等专题研究。常规岛板块已具备全阶段咨询设计能力，常规岛设计迈出了工程化的第一步。

5. 吃苦耐劳服务工程建设，无私奉献力保现场节点

积极做好核电、核工程、民用工程现场服务，秉承“三个服务于”精神，将现场服务作为设计的延伸，以过硬的技术和良好的服务支撑工程项目建设。2014年，核电板块继续派驻设代承担福清、方家山核电工程项目现场的技术服务，服务时间共计38人·年；核工程板块在HEA和30B现场安排5名常驻设代，服务时间共计4人·年。现场设代本着“严谨高效、优质服务”的理念，与来自各方的参建队伍密切配合、敢于担当、一丝不苟、快速处理，赢得各相关方的充分肯定和高度评价。王广涛荣获福清核电工程项目部“党员先锋示范岗”光荣称号，左元杰荣获福清核电工程项目部“优秀共产党员”光荣称号。福清、方家山核电工程项目部纷纷发来感谢信，表扬现场设代为保证项目节点所做出的贡献。

（七）科研任务按进度完成，科技创新稳步提升

完成ACP100首批5个子题结题、评审和内部审计工作，河北分公司层面工作已全部完成。参加国家能源局科研课题《模块式小型压水堆厂址适应性研究》，完成《可行性研究阶段内容和深度要求研究报告》《核电厂初步设计文件内容深度规定》编制工作，并向公司提交。编制完成“十三五”LW工程四个科研项目的项目建议书，已上报国防科工局。

全年共申报课题15项，发表56篇科技论文，其中核电工艺所李国恩撰写的论文《0 ℃下四氢呋喃作添加剂，水+硫酸钠+硫酸镁+丙烷体系相平衡的测定与计算》在国际期刊《Fluid Phase Equilibria》发表，陶立兴撰写的论文《梁端化学植筋加固钢筋锚固失效研究》在国际期刊《Advanced

Materials Research》发表，两篇均被EI和ISTP检索收录。

开展专利梳理工作，挖掘专利项目14项。申请实用新型专利5项，2项得到受理。全年收到发明专利授权书1项，实用新型专利授权书3项。

（八）围绕中心，服务生产，精细化管理水平持续提升

1. 完善制度体系，提高管理效率

为配合组织机构调整、薪酬体系改革、JYK管理等工作，全年共发布（升版）各项规章制度91个，为2014年各项革新工作提供制度体系上的支持和保障。截至2014年年底，现行有效的规章制度涵盖战略决策与组织管理、生产经营与项目管理、科技、安全、人力资源、财务、保密、综合行政管理等13大类，共计149项，程序文件147个。制度体系进一步完善，管理职责更加明确，管理效率不断提高。

2. 健全激励机制，创先争优显现成效

为充分调动各单位生产、经营、管理和科技创新的积极性，更好地鼓励、引导和促进员工在生产、经营、管理过程中攻坚克难、创先争优，编制并发布了《经营指标超额完成专项奖励办法》《优秀工程咨询成果和优秀工程设计奖励细则》《管理创新奖励办法》《科技创新评价办法》，建立健全激励机制，以制度保障和促进发展，不断提高现代化管理水平，增强市场竞争力。

在核工业部级优秀工程咨询奖的评选中，《山西西山热电有限责任公司综合利用电厂脱硫设施工程可行性研究报告》荣获二等奖，《石家庄西郊供热有限公司煤改气建设工程可行性研究》荣获三等奖。《降低涉核工程配筋图人工耗时》荣获核工业部级勘察设计优秀QC小组一等奖。

“ACP1000管道建模及出图工作效能监察”荣获公司效能监察项目三等奖。综合办公室荣获河北省安康杯“优胜班组”（省部级）荣誉称号。激励机制显现成效。

3. 推进精细化管理，提高管理效益

完善内部管理体系，根据调整后的组织机构编制发布《管理权责界

面》，理清各部门职责权限，明晰各部门岗位分工，将部门职责进一步细化至岗位职责，实现工作标准化管理。认真落实逐级负责制原则，形成主要领导负总责、分管领导抓落实的工作格局，逐人逐级明确分工，形成了良好氛围。全面梳理河北分公司各项业务办理流程，编制发布了《现行规章制度汇编》《主要流程图汇编》，优化流程设计，规范工作程序。加强全面预算管理，设立考核目标，加强预算制定的科学性与准确性。通过各项措施，逐步建立起精细化管理体系，实现人、财、物、时的高效配置，以有限的资源完成更多的工作目标，以科学管理实现高效益产出。

4. 编制发展规划，加强战略引领

为明确河北分公司发展方向，发挥战略规划的引领作用，在集团公司和公司"十二五"发展规划及公司《创建国际一流工程公司中长期发展战略及顶层设计》的指导下，结合河北分公司的业务特点，编制发布了《2015—2017 三年滚动业务发展规划》。

规划中认真分析了各业务板块的优势、劣势、机会与威胁，明确了2030 年远景规划目标、2020 年中期发展目标，以及 2015—2017 三年滚动发展规划目标。根据规划目标和发展思路详细制定年度实施计划，对经济指标、业务发展目标和重点任务提出明确要求，并提出一系列措施以保障规划顺利实施。通过发展规划的编制，确定了河北分公司发展愿景，明确了奋斗目标，理清了未来几年的发展思路，增强了提高改进的针对性和发展的科学性，对河北分公司未来发展具有现实的指导意义。

5. 调整组织机构，理顺生产关系

为适应同心多元发展战略和业务领域发展需要，对组织机构进行调整。增设档案信息中心，优化档案信息管理职能、提升保密专业化管理水平；保留核电专业设计所，专注于核电设计，坚持核电板块核心地位不动摇；设立常规岛研究设计所，明确了常规岛研究设计在河北分公司发展战略上的突出地位，为分公司战略业务的拓展提供组织保障；以事业部的综合发展模式组织成立核工程研究设计所和民用工程研究设计所，明确经营职责，增强市场信息的反馈效率和技术传承性，提高了板块活力，为经营生产一体化管理有序开展提供结构支撑。

经过调整，进一步规范了职能管理，理顺了生产关系，建立了涵盖核电核岛及 BOP、核电常规岛、核工程、民用工程四大业务领域的板块化组织架构，实现了板块化管理，各板块的业务发展方向更加明晰，管理效率和生产效率显著提高，为同心多元发展战略目标的实现保驾护航。

6. 以绩效为导向、以考核为手段，改革薪酬管理体系

改革薪酬绩效管理体系，完善员工的评价、激励机制，编制并发布了《岗位体系管理办法》《薪酬管理办法》等 5 项管理规定，按照以岗定薪、绩效导向的原则，明确了岗位职责及其对员工的素质要求，规范了河北分公司薪酬管理行为，初步形成了以岗位评价为基础，以业绩为导向的激励约束机制和充分体现员工贡献与价值的现代薪酬管理体系。同时，通过分别制定部门员工绩效考核实施细则，建立客观而明确的评价考核标准，切实提高了考核的可操作性与合理有效性。同时，打通技术和管理两条职业发展通道，帮助员工在现有岗位上创造更多的业绩，为个人职业生涯发展提供了机会和方向。

7. 建立实施“JYK”体系，刚性考核严明奖惩

2014 年，河北分公司属各单位首次实施 JYK 管理，编制并发布了《计划、预算、考核（JYK）一体化管理体系实施办法》《JYK 考核与计分办法》《JYK 考核与工资总额挂钩管理办法》，对 JYK 有关内容进行培训，使各单位领导和员工牢固树立 JYK 管理的工作理念。详细制定了内部 JYK 方案，与各单位签订绩效考核责任书，将公司与河北分公司经营目标和重点战略任务进行逐级分解与有效承接，层层落实责任，并通过每月对考核点的督促和反馈，有效保障了重点战略任务按期完成。通过刚性考核保障 JYK 体系的权威性、树立正确导向，并将 JYK 考核与员工薪酬绩效考核挂钩，以奖惩兑现绩效。在 JYK 工作的推动下，河北分公司的 JYK 各项经济指标和重点战略任务均按期保质完成，各单位的责任意识普遍提升，为战略规划目

标的实现起到了积极的推动作用。

8. 加强作风建设，提高执行力

编制发布《行政会议管理办法》，对在总经理办公会、总经理例会、季度工作会及各项专题会中形成的决议进行督查督办，在督办任务中明确责任部门各项任务的内容和完成时限，将决议执行情况纳入 JYK 考核体系，强化了高效执行意识，提升了执行效率。全年行政会议督办项共计 137 项，完成率 100%，其中 13 项拖期完成，督办任务按期完成率 90.51%，较 2013 年提升 5%。

加强作风建设，切实把作风建设贯穿于各项工作之中。开展干部领导力培训并进行培训心得交流，提高领导干部必备的能力和素质。全体员工的大局意识、责任意识、创新意识和服务意识较去年有较大提高，在各项生产、经营、管理工作中直面困难、埋头苦干，取得工作实绩。

9. 加强计划和质量管理，提高过程管理效益、服务工程项目

为强化设计咨询进度管理，编制发布《工程项目设计咨询进度计划考核办法（试行）》，建立客观、公正的进度计划考核激励与约束机制，加强计划跟踪，将计划的执行情况纳入部门及个人考核评价体系，有效提高了计划按期执行率，确保各项生产任务按期保质完成。2014 年对全部项目计划共计 1 687 个考核点进行跟踪，计划按期完成率 98%。

为确保质量方针、目标的顺利实现，狠抓全面质量管理，深入开展质量月活动，编制发布《生产质量工作专项考核细则》，各单位分别出台详细明确的质量考评办法，严格控制设计质量，明确质量考核奖惩依据和责任追究制度。开展设计过程质量检查、质量成品非计划性抽查和复查验证，对标准规范使用情况进行专题检查，对发现的问题及时处理，并跟踪验证处理情况。积极开展内审、质保监查和质量回访，召开设计质量回访通报会以持续改进。切实增强了员工的质量意识，降低了因标准误用带来的风险，有效提高了设计质量。

10. 提高保密意识，严格保密管理

完成 32 项保密规章制度的编制和升版工作，重点对保密组织机构和保密监督管理进行了修订和优化。保证制度的完整性和有效性，实现保密工作的全面、规范与有效管理。做好保密工作区日常管理，定期检查保密防护措施，确保设施的正常运行。

购置保密知识书籍，张贴保密宣传标语，下发“涉密人员（非涉密人员）应知应会”进行学习宣贯，多渠道、多层次、多角度地开展宣传教育活动，按时对涉密人员开展保密教育培训，积极参加保密专项外部培训，并取得“三员”教育培训证书，切实强化员工保密知识体系与保密意识。

将保密自查、抽查和例行检查相结合，最大限度地发现问题，下发隐患整改通知单，修补漏洞、消除隐患，对问题进行整改，对违规项进行处罚，以查促改、强化提高。积极开展保密评优评先活动，对评选出的保密工作先进集体、保密工作先进个人给予表彰和奖励，引导广大员工扎实做好各项保密工作。

2014 全年未发生失泄密事件，为国家一级保密资格复查工作做好准备。

11. 信息档案管理专业规范，信息化应用水平不断提升

在机构调整中，增设档案信息中心，进一步提高档案信息管理工作的专业化水平。编制、升版信息化与档案管理制度 6 个，制度更加完善，管理更加规范。

档案管理方面，根据机构调整后的新变化，修改了档案归档程序，并将电子文件归档纳入各部门 JYK 考核范畴，电子文档归档率达到 100%。规范了档案的收集、整编、保管、利用及统计工作，有效提高了档案的利用效率，为各部门利用档案文件创造了良好条件。

信息管理方面，积极推动民用项目在协同系统中的应用，提高河北分公司与公司之间的带宽，进一步加强信息系统日常运维监督。信息和网络系统运行正常，为生产、科研和管理工作提供了系统支持。

12. 风险预警体系运行有效，内部控制管理持续完善

积极开展全面风险管理工作，编制全面风险管理工作计划，制定重大风险预警指标，对重大风险进行量化管理，并制订了相应的预警预案。通过预警指标体系的运行，有效地控制了风险的发生。聘请专业律师为分公司提供法律培训、咨询与合同评审服务，有效规避了河北分公司在经营中合同的潜在法律风险。目前河北分公司各项风险均在可控范围内，未发生重大风险事件。

完善内部控制体系建设，成立内部控制工作领导小组，制定了工作计划，完成了内控要素梳理工作，辨识内控环节，积极对内部控制的主要内容和方法进行宣贯、培训，提高内控意识，为进一步开展内控工作、有效防范各类风险奠定了良好的基础。

13. 理清安全管理职责，完善安全防范体系

建立并实施安全标准化管理体系，与各部门签订安全责任书，理清了消防重点部位和管理职责。组织开展“4·6安全生产日活动”“安全生产月活动”，开展年度消防、安全保卫培训，参加安监局非高危行业安全管理人员职业资格培训并取得合格证书。编制办公场所危险源、重要环境因素（控制）清单，并定期对危险源和环境因素控制管理进行合规性评价。加强物业公司的管理，不断完善安全防范体系。对消防通道、直饮水、食堂、机房、档案库房等消防、安防重点部位实施了重点控制。全年共组织12次办公楼安全检查，7次综合安全检查，12次食堂安全专项检查，并对检查出的安全隐患进行整改，实现安保零事故，确保河北分公司各项业务的顺利开展。加强现场服务人员的安全意识教育和安全注意事项告知，加强人员派驻的交接管理，确保安全管理无死角，全面完成安全环保目标。

（九）党群工作稳步推进，群众路线活动取得实效

1. 扎实推进党风廉政建设

在做好日常纪检监察工作和落实廉政风险日常防控工作的同时，积极响应党中央“八项规定”和“厉行节约、反对浪费”的号召，开展多项活动，力求牢固树立广大党员干部的勤俭节约意识，不断增强党员干部拒腐防变能力。通过组织学习《十八大党风廉政建设和反腐倡廉法规制度汇编》、警示教育纪录片，开展廉政教育讲座、廉政知识答卷等一系列活动，广大党员干部的廉洁从业意识得到了进一步提高。招待费较上年下降20%，未发生任何违纪现象。

2. 党的群众路线教育实践活动取得实效

根据集团公司统一部署和公司党委总体安排，党总支和领导班子把开展党的群众路线教育实践活动与中心工作相结合，坚持以活动促进工作、以工作成绩检验活动成效。高标准、严要求地完成了三个环节的主要工作，群众路线教育实践活动取得了明显成效，达到了预期目的。

党总支和领导班子高度重视，精心组织部署，坚持开门搞活动，采取多种方式广泛征求意见建议。共召开各种形式座谈会 21 次，收集员工意见 66 条，据此梳理了领导班子“四风”问题 11 类 19 个，并对领导与员工沟通、绩效评价和激励机制等两类问题制定了专项整改方案；确定拟建立、待完善的 15 项规章制度。截至 2014 年年底，教育实践活动各项整改措施均已整改完毕，各项规章制度均已建立、完善。

通过教育实践活动，领导班子的群众观点、群众意识进一步增强。河北分公司领导主动提出领导党员、工会关系放在各基层党支部、分工会，参与基层党支部、分工会活动，加强与员工的沟通交流。坚持做好“领导接待日”，通过建立领导联系点、与基层员工沟通座谈机制等方式，初步建立了河北分公司领导直接联系群众的框架机制。建立了领导班子间的工作例会机制，及时互通工作信息，使领导班子成员思想交流形成常态化。

3. 发挥工会工作优势，推动中心工作开展

完成了河北分公司机构调整后分工会委员的调整工作，充分发挥工会工作优势，不断推动中心工作健康开展。加强民主管理、民主监督，通过组织职代会表决薪酬改革方案等重大事项，保障职工“参政议政”的权利。活跃职工文化生活，组织河北分公司第三届职工运动会、篮球联赛、羽毛球联赛，参加公司第四届职工运动会并取得第三名的好成绩，帮助职工保持身心健康，提高职工的工作热情。把职工的冷暖放在心上，多次开展送温暖活动和困难职工救助活动，探望受伤、生病、退休、生育职工及设代家属 75 次，使职工充分感受到组织的温暖。

（供稿人：白璐）

三、上海设计院

（一）总体评价

2014年上海设计院加强规范化管理，提升各项管理制度。上海设计院全体员工齐心协力、攻坚克难，克服民用建筑设计市场低迷，扩大业务领域和经营地域，努力实现转型，基本完成上海设计院2014年JKY任务。

在内部管理上，以总部监察审计部、国家审计署对上海设计院的审计为契机，加强规范化管理，完善各项管理制度，防范各种经营风险，完成了上海设计院的管理手册的修订（初稿）工作。

在经营上，克服民用建筑设计市场低迷，积极探索业务转型。一年来，继续巩固核电站承包商营地业务。同时积极向新能源和电子商务设计业务方向发展，承揽了首航节能甘肃集热发电和上海刚泰电子商务仓储、南通海安电子商务大厦项目设计工作。

（二）组织机构及人力资源状况

上海设计院主要从事工业与民用建筑工程设计业务，具有从业人员30人，其中研究员级高级工程师2人、高级工程师5人、工程师12人、拥有国家各类执业资格人员7人。

组织机构图如图7-3所示。

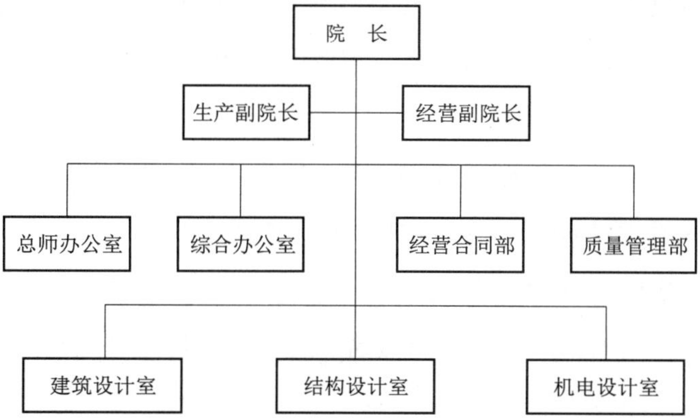

图7-3　上海设计院组织机构

（三）2014 年工作亮点

1. 利用国家大力发展电子商务的契机，承揽并完成了上海刚泰电子商务仓储项目的设计工作、完成了南通海安电子商务大厦的前期工作。

2. 充分利用核电重启和积极发展的机遇，开展上下游相关产业设计的经营工作，完成与核电上下游相关产业的项目建议书 4 项。

3. 积极开发新能源项目的设计工作，完成了首航节能甘肃集热发电项目配套的前期及施工图设计工作。

4. 积极参与大中型项目的设计投标工作，参与项目投标 3 项并中标 2 项。

（四）2014 年完成的典型工程及概况

1. 刚泰临港国际产业园区

该项目是上海设计院开拓电子市场后承揽的第一个工程设计项目，位于上海市临港产业园。总建筑面积约 195 142 m^2，是集仓储、办公、车间为一体的综合性电子商务产业园。

2. 南通海安电子商务大厦

该项目是商务、酒店式办公为一体的电子商务大厦，总建筑面积约 98 000 m^2，总高度约 98 m，该项目位于江苏省海安。这个项目也是上海设计院在江苏做了十几年的工程设计，得到了当地政府和相关业主的认可后获得的项目。

3. 南华大学雨母校区大门、主广场和景观工程

该项目是南华大学新校区建设的一部分内容，是上海设计院首次通过社会投标中标与南华大学合作。通过这次合作，得到了南华大学相关部门的好评和认可。

该项目的景观面积约为 70 000 m^2，同时建有各种雕塑和小品。目前前期方案已完成并通过专家论证。

4. 首航节能甘肃集热发电厂前区

该项目是上海设计院开发新能源市场承接的第一个项目，也是首次与新能源开发院合作的项目，该项目已完成全部施工图设计。通过该项目的合作，上海设计院得到了合作伙伴的认可。

（五）2014 年完成的各项经济指标

2014 年，上海设计院完成经营合同额：838.926 7 万元人民币，完成生产值：636.71 万元人民币，完成财务收入：700 万元人民币。

（六）管理工作

1. 不断规范管理机制

上海设计院在加大经营力度的同时，更加注重设计质量。严格按照质量管理体系进行设计控制，同时围绕质量管理体系，结合市场及上海设计院的实际情况，对所编制的《上海设计院员工管理手册》和《上海设计院技术管理手册》两个手册又进行了完善及修改，使得管理向规范化管理又提高了一步，从而确保上海设计院在二十多年设计市场竞争中一直能够占有一席之地。

2. 奖罚机制

上海设计院在注重年轻人的培养、加强设计人员的技术培训的同时，结合实际情况，制定了一套适合上海设计院的奖罚制度，对完成的每个工程设计项目都进行评优罚劣，给予设计优秀的设计人员奖励，使得他们受到鼓舞，更加努力工作。对于设计出现问题的人员给予处罚，给他们敲了警钟，引起重视。严格的奖罚机制，使得上海设计院的设计成品质量都为优良，也获得了相关部门和业主们的认可。

（供稿人：张进）

四、深圳设计院

（一）2014 年工作总体评价

2014 年深圳设计院的经营主业依然是在以垃圾焚烧发电为主的环保类

设计领域，另外配合其他一些如垃圾填埋、污水处理、污泥焚烧等环保项目的设计和前期工作。目前深圳设计院依然保持在垃圾焚烧发电厂设计这个细分行业的品牌优势，为公司在环保领域保持了一定的知名度，对于公司以核电为主、多种经营的方针政策上也是一个良好的补充。

深圳设计院的各项业务管理活动，如质量管理体系的建设、人力资源管理、员工培训机制及财务管理等都纳入到公司统一管理下，各项业务活动与公司同步并轨。

（二）深圳设计院组织机构设置

深圳设计院组织机构如图 7-4 所示。

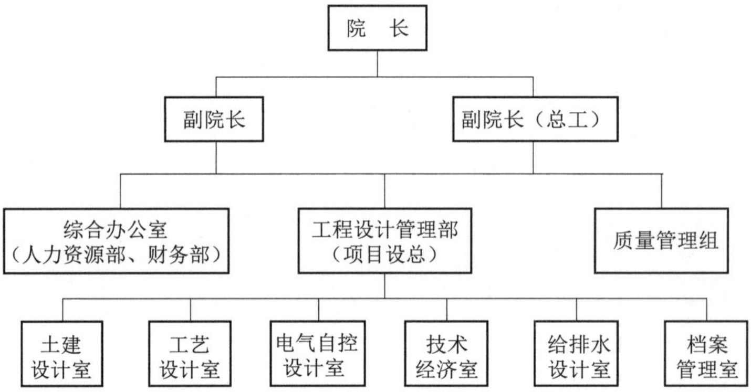

图 7-4　深圳设计院组织机构

深圳设计院设院长 1 名，副院长 2 名。下设综合办公室、工程设计管理部、质量管理组三个部门，主要的业务部门包括工程设计管理部下辖 5 个专业设计室（包含了总图、建筑、结构、机炉、暖通、电气、自控、水工、技经共 9 个专业），以及 1 个档案管理室。

（三）人力资源情况

2014 年深圳设计院共 65 人，院长和两位副院长由公司直接任命，其余人员由深圳设计院自主招聘。深圳设计院用工采用两种模式：一是院内直接聘用（共 21 人），二是劳务派遣模式（共 41 人）。

（四）管理模式

深圳设计院的内部管理一直都是纳入到公司统一管理下，院内的各项规章制度符合公司的框架制度。

1. 质量管理

深圳设计院纳入在公司的质量管理体系下，外审机构（每两年一次）及公司质量安全部（每年一次）定期到深圳设计院进行 ISO 质量体系的检查，均顺利获得了通过。

2. 合同及项目管理

设计项目定期（每月、每季度）向公司经营合同部汇报并汇总，项目完成后的归档最终也交由经营合同部留存。

3. 资质管理

深圳设计院目前使用公司的综合甲级设计资质和咨询资质承揽设计任务，在使用公司资质的过程中能严格按照公司相关规定，并在公司经营合同部的管理下进行。

4. 财务管理

财务方面，深圳设计院每年向总公司上交一定的管理费用，另外人力资源部每年向深圳设计院下发工资奖金额度，院内财务遵守公司的规章并定期（每年两次）接受公司财务部检查。

5. 党群工作

深圳设计院党支部现有正式党员 15 人，预备党员 3 人。工会随深圳设计院的改制后正式成立，并已纳入到公司工会的管理。

（五）2014 年经济指标完成情况（见表 7-3）

表 7-3　2014 年经济指标完成情况

	指标类别	目标值/万元人民币	实际完成/万元人民币
年度重点工作业绩指标	1. 营业收入额（集团外）	900	1 426
	2. 利润总额	35	16
	3. 上缴管理费	90	90
	4. 上缴房屋租金（核二院）	67.92	67.92

（六）2014 年生产任务完成情况

2014 年深圳设计院完成的设计任务主要有：

1. 宁波中科炉排炉改造一期工程施工设计（规模：日处理垃圾 600 t）；
2. 钦州生活垃圾焚烧发电厂项目施工设计（规模：日处理垃圾 800 t）；
3. 益阳生活垃圾焚烧发电厂项目施工设计（规模：日处理垃圾 800 t）；
4. 汕尾市生活垃圾无害化处理中心焚烧发电厂一期工程的施工设计（规模：日处理垃圾 700 t）；
5. 天津蓟县生活垃圾焚烧发电厂项目施工设计（规模：日处理垃圾 700 t）；
6. 乐从镇北围园区市政基础建设项目施工设计；
7. 金昌生活垃圾焚烧发电厂项目初步设计（规模：日处理垃圾 800 t）；
8. 招远生活垃圾焚烧发电厂项目初步设计（规模：日处理垃圾 500 t）；

另外还包括一些垃圾填埋场的可研及去年部分项目收尾配合等工作。

由于这些环保垃圾电厂项目相对于一般工业民用项目的特点有所不同，即包括前期筹备的建设周期较长（一般两年以上），而设计过程又是不同于后者的先设计后施工，而是普遍采用边设计边施工的方式，设计周期及配合基本贯穿于整个项目的前期筹备和施工过程，因此以上项目基本均属于跨年度设计任务，今年这些项目设计完成的工作量在 50%～90%，明年这些项目依然有不少收尾配合工作。

（七）2014 年获奖情况

2014 年 7 月，深圳设计院设计的“舟山市垃圾焚烧发电工程”获得了核工业部级优秀工程设计二等奖。

（供稿人：魏嵘）

五、河南核净洁净技术有限公司

（一）工作总体评价

2014 年，河南核净洁净技术有限公司（以下简称“核净公司”）紧紧围绕 2014 年工作目标，进一步扩大了核电项目的供货范围，对民品市场也开展了深入的研究，在管理方面“零缺陷”的管理理念得到贯彻落实，较好地完成了公司各项工作任务。

（二）组织机构设置及人力资源情况

核净公司下设人力资源部、财务部、行政部、质保部、军核市场部、民品市场部、设计开发部、生产部、采购部等 9 个部门（见图 7-5），每个部门各设置一名部门经理。公司组织结构合理，运行良好。

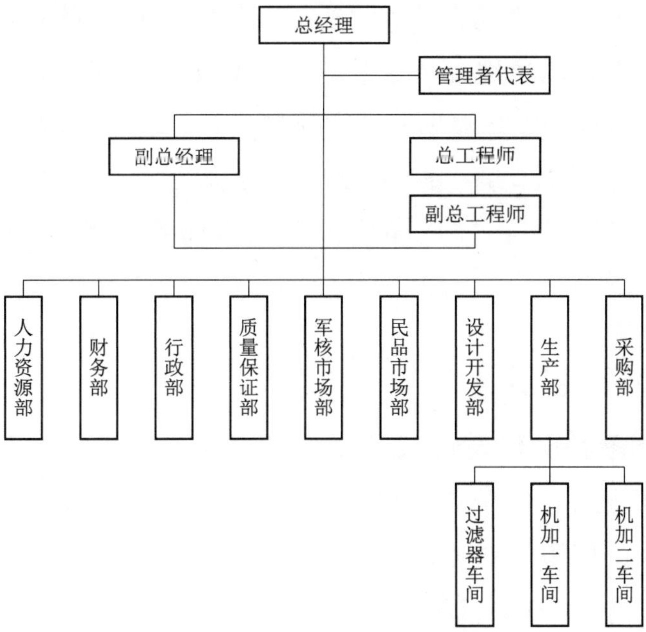

图 7-5　河南核净洁净技术有限公司组织机构

公司共有员工 155 人，其中正研级高级工程师 1 名，高级工程师 13 名、副译审 1 名、工程师 23 名、经济师 2 名、会计师 5 名、助理工程师 22 名、助理会计师 2 名、高级工 2 名、中级工 4 名，初级工 1 名，中级以上职称占员工比重 29%，技术人员占员工的比重为 24%。公司技术力量雄厚，队伍相对年轻，人员结构合理，是一支富有战斗力的队伍。

（三）主要经济指标完成情况

核净公司严格按照 JYK 一体化管理思想和要求，定期检查分析各项计划的执行情况，严格预算管理和成本控制，较好地完成了各项经济指标。

2014 年，主营业务收入达到 8 945 万元人民币（其中集团外收入 4 807 万元），比上年增长 5%，创历史最高水平；净资产达到 9 295 万元，比上年增长 24. 63%；利润总额 2 133 万元，比上年略有增长；经济增加值 1 920 万元；成本费用比率为 75%；年销售合同 1. 4 亿元。

（四）生产任务完成情况

2014 年，核净公司从多个角度强化生产管理，执行生产一线文件性资料无纸化、操作员工绩效考核月度化、工艺人员跟单服务等新的改进工作项，加强设备管理，出色地完成了各项生产任务。特别是田湾核电工程项目 3、4 号机组等重点核电工程项目的顺利执行，受到了客户的好评。全年，核净公司共完成过滤器生产 63 903 台，产品废品率为 0. 047%，，生产进度计划完成及时率 98. 35%；完成净化设备加工任务设备重量 253. 16 t，比上年增长 68%。

（五）合同签订情况

2014 年，国家核电建设迎来了新的高峰期，这为核净公司的发展提供了难得的机遇和挑战。核净公司在维护现有市场的基础上，进一步拓展新建核电项目业务和民用市场业务，确保年度销售目标的完成。

军核市场方面，签订了福清核电工程项目 5、6 号机组、中核能源、中物院等多个大型重点项目空气净化设备合同；签订了红沿河、宁德、阳江等新投入商业运行核电站的多项过滤器备件合同；完成了田湾核电工程项目 3、4 号机组首批产品交付。

民用市场方面，稳定了比亚迪、乐凯等优质客户市场，完成了郑州远大制药、深圳盛波光电科技、中航工业631所等客户的市场开发。

2014年，核净公司共签订合同1.4亿元人民币，超额完成了销售目标。

（六）科研项目完成情况

2014年，核净公司加大科技研发力度和投入，多个科研项目取得阶段性成果。同时，核净公司在着眼于现有产品的技术革新，先后完成了多项技术改进，使公司产品在机构和性能上更加完善。

全年，核净公司科研项目完成情况包括：

1. 超高效过滤器项目通过河南省科技厅组织的专家验收，取得科技部颁发的验收证书；

2. 第三代核电空调机组通过了集团公司组织的产品鉴定会；

3. 申报受理2项实用新型专利；取得3项实用新型专利（2013年申报2项，2014年申报1项）和1项发明专利；

4. 过滤器产品结构改进及性能完善；

5. Ⅲ型碘吸附器性能改进；

6. 净化装置及阀门结构优化。

（七）产能扩建

为实现空气过滤器产品的产能扩建，核净公司于2014年4月立项“空气过滤器产能扩建项目”，并于7月31日获集团公司批准。“空气过滤器产能扩建项目”计划投资5 378.45万元人民币，其中4 640万元用于购置新厂房。新厂房位于郑州市高新区红松路与青杨街交汇处的电子电器产业园，交通便利，消防、水电、通信、市政等配套设施完善，为国家5A级产业园，总面积约为9 800 m^2。项目投产后，公司空气过滤器生产能力将达到9万台/年，可满足公司中期发展需求，并为公司未来5年内核心产品的生产经营提供重要保障。

（八）大事记

1. 核净公司“空气过滤器产能扩建项目”获中核集团批准，公司新购厂房约 9 800 m^2。

2. 核净公司回款额达到 11 154 万元，首次突破亿元。

3. 签订福清核电工程项目 5、6 号机组净化设备销售合同 6 719 万元人民币，创单项合同新高。

4. 基于“华龙一号”的第三代核电技术空调机组样机通过鉴定。

5. “放射性气体处理用耐高温碳化硅覆膜滤芯及其制备方法”获发明专利。

（九）获奖情况

1. 内部奖项

核净公司 2014 年度优秀部门：行政部

核净公司 2014 年度优秀部门经理：沈小兵

核净公司 2014 年度优秀员工：

沈　刚　宁高峰　王文超　赵　慧　王建峰　李伟轲

陈国辉　王卫红　贾玉红　张秋红　韩宾来　耿振龙

核净公司 2014 年度最佳协会：球类运动协会

核净公司 2014 年度创新奖：

管理类　一等奖　卢　岩　《合同设计工程师绩效管理》

管理类　二等奖　李萌萌　《公司招聘面试改进方案》

管理类　三等奖　王红伟　《Excel 在员工考核中的应用》

技术类　一等奖　王建峰　《ZC 型预过滤器的改进方案》

技术类　二等奖　苏军杰　《除碘机组的一种新式消防理念及其设计》

王　雷　《基于 PTC　CREO 的产品设计方法》

技术类　三等奖　马　宁　《空气净化器的开发》

王红伟　《Y 系列过滤器参数化设计》

李伟轲　李继世　李　彬　《移动式净化装置改进》

2. 外部奖项

（1）集体荣誉

核净公司被郑州市教科文卫体工会授予“工会工作优秀单位”。

核净公司质保部被郑州市总工会授予“工人先锋号”。

（2）个人荣誉

刘飞被郑州市总工会授予“郑州市五一劳动奖章”。

李超被郑州市总工会授予“郑州市教科文卫体系统2013年度优秀工会工作者”。

张秀蓉被河南省国防科学技术工业局授予“河南省国防科技工业统计先进工作者”。

（供稿人：李超）

六、北京四达贝克斯工程监理有限公司

（一）2014年工作总体评价

2014年是北京四达贝克斯工程监理有限公司（简称：监理公司）进一步转变观念、深化改革、创新发展的一年。监理公司长期坚持立足核电板块监理业务，提升公司综合管理能力，努力开拓核电外市场，致力于业务“多元化”的发展方向，加快资源开发、实现持续发展，强化内部管理、经济效益显著提高，提高队伍素质，提升创新能力，为公司战略发展奠定了坚实的基础。

（二）组织机构设置

监理公司设总经理1名，副总经理4名，总工程师1名，副总工程师1名。总部下设工程技术部、人力资源部、经营部、质量安全部、财务部、综合办公室6个职能部门，另设北京办公室、石家庄分公司、郑州分公司3个分支机构（见图7-6）。

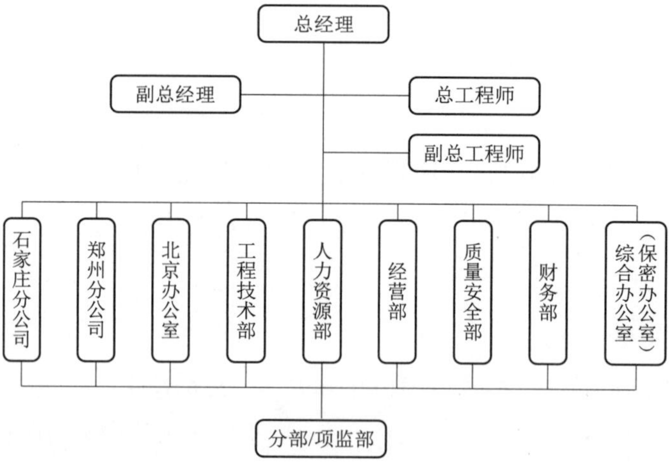

图 7-6　北京四达贝克斯工程监理有限公司组织机构图

（三）人力资源情况

截至 2014 年年底，监理公司共有从业人员 656 人，其中国家注册监理工程师 126 人，核工业监理工程师为 412 人，国家注册安全工程师 100 人，国家注册造价师 27 人，一级建造师 39 人，注册设备监理工程师 42 人。具有高级职称 85 人，占技术人员比例为 14.10%；中级职称 228 人，占技术人员比例为 37.81%。

2014 年，监理公司人力资源管理全面提高与改进：开展了多元化用工方式的改革，先后与 4 家单位签订了技术服务合作协议；初步建立了公司全范围的岗位体系，绩效考核体系已修改完善；统一员工“五险二金”缴纳政策并制订商业补充医疗保险方案；对公司福利制度进行改革，建立了“依据贡献，享受福利”的新机制。

（四）经济指标完成情况

2014 年，监理公司完成经营收入 11 869 万元人民币，比上年增加 14%，利润 572 万元，比上年增加 51%，经济增加值 EVA284 万元，比上年增加 104%，实现集团外收入 304 万元，比上年增加 15%，成本费用率 95.57%，降低了 0.77 个百分点。

各项任务目标超计划进展的同时，加大经营力度，在确保核电项目监理投入的情况下，有计划、有重点地开发和拓展核电总包外监理市场，取得了显著成效。截至2014年12月31日，公司共投标26次，中标20项，中标率76.92%，自主经营所获得合同额2.08亿元人民币。

（五）监理项目进展状况良好

1. 福清核电工程项目：1~6号机组施工顺利进行，2014年5月30日，1号机组首次装料；6月24日，4号机组穹顶吊装完成，8月20日，1号机组首次并网，10月23日，5号机组基槽通过验收，11月19日，1号机组临时验收，12月19日，2号机组汽轮机非核蒸汽冲转完成。

2. 方家山核电工程项目：2014年8月23日1号机组首次装料；9月12日，2号机组汽轮机组非核冲转完成；11月4日，1号机组并网发电；12月5日，2号机组首次装料完成；12月16日，1号机组临时验收；12月25日，2号机组首次临界成功。

3. 海南核电工程项目：2014年5月30日，1号机组二回路水压试验完成；11月7日，一回路冷试完成。

4. 田湾核电工程项目：2014年12月10日，4号机组核岛厂房内安全壳31 m混凝土浇筑完成，12月20日，3号机组穹顶吊装完成。

（六）综合能力不断提升

1. 资质方面

（1）2014年7月，监理公司取得了国家住房和城乡建设部颁发的农林工程监理甲级资质。

（2）2014年7月，完成了房屋建筑工程、电力工程、机电安装工程三项甲级监理资质延续工作。

（3）2014年10月，北京市住房和城乡建设委员会受理了监理公司化工石油工程监理甲级资质的申报材料并通过初审，12月初上报国家住房和城乡建设部复审。

（4）2014年11月，取得北京市住房和城乡建设委员会颁发的工程招标代理资质。

2. 保密体系运行管理

（1）调整保密工作领导小组

2014 年 11 月对监理公司保密工作领导小组成员及分工进行调整，并进一步明确了小组各成员的职责。

（2）梳理、升版保密工作制度

在保密工作领导小组的领导下，由监理公司保密办公室组织，各职能部门、监理公司郑州分公司配合，对 17 份保密工作制度进行了梳理，并对其中 10 份进行修订升版后予以发布。

（3）涉密人员培训

根据工作需要，2014 年，监理公司保密办公室与监理公司人力资源部、郑州分公司一起，组织 3 批次、28 人参加安全保密人员培训。截止到目前，监理公司安全保密资格培训取证人员共计 43 人，满足目前涉密项目监理工作的需要。

（4）保密工作检查

2014 年 9、10 月，监理公司保密办公室与监理公司郑州分公司按照计划对 7 个涉密项目进行了保密安全检查，就检查发现的问题向被检查部门发出了检查报告，监理公司保密管理体系整体运行有效。

3. 充分发挥公司专业技术委员会职能，提升公司技术管理水平

（1）为提炼和沉淀多年来核电监理的工程经验，监理公司组织专家技术委员会对多年来编写的监理工作技术论文进行审核，编撰完成了《北京四达贝克斯工程监理有限公司工程技术论文集（核电篇）》一书，近期由中国原子能出版社出版发行。

（2）作为中国核工业勘察设计协会监理专业委员会主任成员单位，积极倡导并组织公司专家技术委员会按照 GB/T 50319—2013 对《核工程监理工程师培训教材》——核工程监理基础知识进行了编制换版工作，保证了协会专业监理工程师培训工作的顺利进行，提升了培训质量和效果。

（3）加强内部管理，严格技术论文审查工作。2014 年，专业委员会审核了监理公司内部期刊论文 38 篇、经验反馈 69 篇、外刊发布论文 7 篇，并对 15 名参评高工、43 名参评工程师的论文逐一进行了审核，促进了职工论文编撰水平的提高。

（4）注重项目之间的经验反馈，确保各项目质量控制目标的顺利实现。在福清核电工程项目 1 号机组装料完成之后，为及时将福清核电工程项目现场出现的问题反馈至方家山核电工程项目，监理公司组织相关人员成立了检查组，对方家山核电工程项目 1 号机组建安工程进行了装料前检查，提出了需整改和进一步完善的问题 64 项，为 1 号机组顺利通过核安全局装料前检查验收提供了保障。

4. 建立和完善公司标准化工作

2014 年度，是监理公司标准化建设取得初步成效的一年，在这一年里监理公司先后编制完成（或发布）了各项标准化管理模块。

（1）核电项目管理程序标准化

编制完成《核电项目质保大纲》《核电项目监理规划》的标准化模板；编制完成 M310 标准化工作程序 65 份（到目前，M310 堆型计划编制的 214 份标准化程序已全部完成）。编制完成了 M310 机组监理人员及检测设备的标准化配备方案。AP1000 堆型的标准化程序清单，并完成通用程序 146 个和专用程序 7 个。

（2）民用项目管理程序标准化

编制完成《工程监理质量评估报告》《监理工作总结》标准化模板。编制完成《非核电项目监理规划》及 14 个非核电项目《监理实施细则》标准化模板。初步建立了民建项目投标用监理大纲的资料库，对“四控二管一协调”各版块的内容形成了标准化模块。

（3）设备监造管理程序的编制

编制完成《设备监造大纲》（初稿）及设备监造管理程序 9 个。

5. 信息化建设

（1）监理公司网站管理

对监理公司网站进行了升级，增加了内部培训、经验反馈、法律法规查询等功能。目前，新增功能已投入试运行。

（2）自主开发软件的推广

监理公司福清核电监理部自主开发了监理内业管理软件，取得较好的效果，目前已在田湾、徐大堡两个项监部进行推广和试运行。

6. 财务管理

（1）争取“营改增”试点改革财政扶持资金

在营业税改征增值税试点以后，税负增加的企业，北京市财政局给予一定的扶持资金。2014 年争取到扶持资金 47 万元人民币。

（2）控制五项费用

2014 年，为深化落实“八项规定”的要求，根据集团公司文件规定，严格控制“五项费用”开支，截至年末每项费用的发生额均不高于考核指标。

7. 综合管理体系运行情况

监理公司根据《综合管理手册》及体系文件的要求，有序开展各项体系管理活动，保证了综合管理体系的正常、有效运行。

（1）管理评审

依据监理公司《管理评审控制程序》及认证要求，于 2014 年 1 月 23 日召开了管理评审会议，对综合管理体系的运行情况进行了评审。经验证，监理公司综合管理方针和目标充分、适宜、有效。管理评审决定的 3 项改进事项均已关闭。

（2）综合管理体系文件管理

2014 年监理公司质量安全部依据各部门提供的管理体系有效性审查意见，对综合管理体系手册进行了局部修改，并对《经验反馈管理程序》等 6 个二层次程序进行了升版。

（3）持续改进

为进一步与实际情况紧密结合，监理公司质量安全部对项监部、职能部门体系运行考评、QC 管理、经验反馈管理、项监部质量检验等进行了重新策划，并已完成相应程序的修订。

（七）全面推进党支部和工会工作

1. 群众路线教育实践活动

2014 年，监理公司党总支组织进行了群众路线教育实践第二、三环节的活动，完成了监理公司领导班子“四风问题清单”和“对照检查材料”，制定了整改措施及整改计划，向上级党委及督导组进行汇报的同时，也向监理公司全体员工进行了通报。2014 年 11 月 27 日，党总支组织召开了群众路线教育实践活动总结大会。

2. 其他党务活动

2014 年，监理公司党总支组织完成了监理公司北京分部党支部、监理公司徐大堡核电工程项目党支部成立及支部委员选举工作，监理公司党总支下属党支部增加到 8 个。党总支 2014 年度转入党员 12 人，转出党员 4 人，新发展党员 6 人。截至 2014 年年末，监理公司共有党员 176 人，正式党员 168 人，预备党员 8 人。

2014 年，监理公司党总支组织了入党积极分子培训班、积极分子函调等活动，组织进行了反腐倡廉教育月、学习十八大四中全会、习近平总书记重要讲话专题学习活动、“厉行节约、反对浪费重要条例”答题等一系列活动。进一步发挥了各级党员领导干部的先锋模范带头作用，促进了公司全体员工政治思想觉悟的不断提高。

3. 工会工作及组织活动

监理公司工会下设石家庄分公司和郑州分公司两个基层工会，会员 546 人。

本年度，监理公司工会及各分工会开展了形式多样的文体活动，共组织活动 55 次，参与会员 588 人次。包括运动会、旅游、台球比赛、棋牌比赛、联欢会、拔河比赛等，切磋技艺的同时，也增进了大家的感情，增强了团队凝聚力。

（八）企业荣誉

1. 2014 年 1 月，监理公司总经理黄思伟同志获得北京市建设监理协会授予“北京市监理企业优秀管理者”殊荣，王梅东同志荣获得“北京市建设监理行业优秀总监理工程师”称号，尚宏勋同志及张由道同志荣获“北京市建设监理行业优秀青年监理人员”称号。

2. 2014 年 6 月，监理公司获得中国设备监理协会颁发的“优秀会员单位”称号。

3. 2014 年 6 月，监理公司“提高 2KX 乏池不锈钢覆面安装焊接质量”“提高核电不锈钢覆面安装质量控制”“提高接地铜缆放热焊接质量”共 3 个 QC 小组荣获中国核工业勘察设计协会 2014 年度优秀勘察设计 QC 小组成果二等奖。

4. 2014 年 7 月，监理公司监理的“中国试验快堆工程”“核电南苑东侧房地产开发项目”“中国核电工程有限公司郑州分公司科研试验楼”获得核工业部级优秀工程监理奖一等奖，“辽宁红沿河核电站员工生活区与消防站工程”“八二一基础设施建设工程——总厂基础设施改造”获得核工业部级优秀工程监理奖优秀奖。

5. 2014 年 8 月，监理公司监理的“中国原子能科学研究院科技综合楼”工程获得北京市优质工程评审委员会“2014 年度建筑长城杯金质奖工程”称号。

6. 2014 年 12 月，监理公司荣获中国建设监理协会颁发的“中国建设监理行业先进监理企业”称号。

7. 2014 年 12 月，监理公司副总经理高新同志获得中国建设监理协会授予的“中国建设监理协会优秀工作者”殊荣。

（供稿人：冯婧）

七、北京民用设计院

（一）工作总体评价

2014 年北京民用设计院各项工作平稳有序，任务饱满，运行稳定。在成品质量方面，严格做到三校两点，对员工进行多次培训，提高设计成品文件质量。根据公司工作会议确定的重点工作目标和分解目标要求，完成北京民用设计院 2014 年各项 JYK 任务。

在内部管理上，执行公司的管理规定，加强规范有效管理，2014 年发布《北京民用设计院工作手册》，《北京民用设计院综合办公室职责规定》以程序文件为准则开展各项工作，进一步规范、完善各项管理制度，防范经营风险。

在项目经营上，北京民用设计院工作内容庞杂，项目类型多样，任务的来源主要是全国各地民用设计市场和集团内部的民用设计项目，同时也参与公司核电及其他与民用建筑相关的设计任务。

（二）组织机构设置及人力资源情况

为适应市场体制、开拓民用市场、实现多元发展，根据《中国核电工程有限公司组织管理规程》关于“组织机构管理规范”的要求，北京民用设计院现有设总办公室、建筑一室、建筑二室、结构室，设备电气室和综合办公室六个内设机构；现有员工 44 人，其中一级注册建筑师 6 名，一级注册结构工程师 4 名，注册公共设备工程师（暖通空调及动力）1 名，注册电气工程师（供配电）1 名。组织机构图如下图所示：

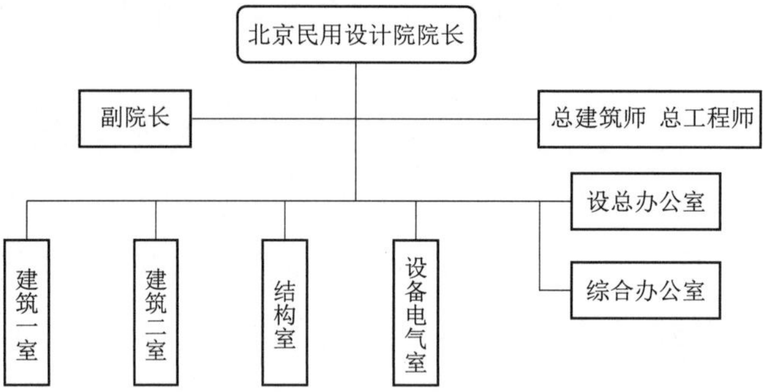

（三）经济指标及生产任务的完成情况

2014 年北京民用设计院的工作主要分为项目咨询及项目设计工作。项目咨询主要是项目建议书及可行性研究报告的编制，项目设计主要是方案设计、初步设计及施工图设计等工作，2014 年共完成 8 项项目咨询工作，多项方案设计、3 项初步设计，9 项施工图设计。另外还进行多项工程的前期跟踪及后期施工配合。2014 年民用设计院超额完成年初与公司签订的合同额、收入额目标。其中合同额：1 234. 459 03 万元，完成生产值：1 318. 88 万元，财务收入 1 319. 31 万元。完成的主要项目如下：

内　容	项　目
项目建议书	集团公司总部办公楼卫生间改造项目
	中核控制山东海阳电子产品生产线建设 2~3 期项目
可研报告	中核宾馆装修及安全改造工程
	集团公司总部办公楼卫生间改造项目
	集团公司总部产权三里河 9-11 栋庭院改造项目
	育德胡同 39 号院修缮工程
项目咨询	烟台通用未来城项目咨询
	福建漳州核电厂厂前区及其附属设施功能需求报告及设计方案
方案设计	北京房山龙熙堡葡萄酒庄总体方案
	巴基斯坦 K2\ K3 核电项目中国区规划方案
	安徽辐化新材料高新技术产业园建设项目方案
	摩登国际项目方案
	镇江辐照项目方案
	辐照加工（重庆）及相关技术服务建设项目方案

续表

内　容	项　目
方案设计	核二院 53-56 单元改造
	核二院总体规划方案
	中核东方二期方案
	爱琴海三期公寓方案
	百子湾 2 号楼装修方案
初步设计	金士葡萄酒庄园年产 1 000 t 高档葡萄酒项目
	镇江辐照项目
	辐照加工（重庆）及相关技术服务建设项目
施工图	中核宾馆装修及安全改造工程
	本溪俊安发展大厦
	集团公司总部办公楼卫生间改造项目
	天津俊安发展大厦装修工程
施工图	巴基斯坦 K2 \ K3 核电项目承包商区
	礼拜日温泉小镇项目
	金士葡萄酒庄园年产 1 000 t 高档葡萄酒项目
	北京市大兴区长子营镇牛坊天主教堂改造项目
	核能大厦 B 座 2~3 层室内装修工程。

（四）整体工作思路、重点工作目标

1. 2015 年民用设计院整体工作思路：在民用建筑领域为公司创造质优业绩；在民用建筑设计中建设一个高效的团队；打造一个综合性的发展平台。将继续探索利用先进的管理模式，通过条理化的管理，争取承接更多的项目，招揽更多的人才，创造更大效益，也将继续发挥民用设计院的民用建筑专长，创建一支在民用市场上拥有良好口碑和更强能力的队伍。

2. 重点工作目标：努力完成年度产值目标；进一步完善内部组织机构及人员的责、权、利目标。

（五）2014 年获奖情况

2014 年在注重承揽业务的同时，加强设计质量的管理，由北京民用设计院设计完成的项目有三项获核工业部级奖：

1. 中金辐照有限公司青岛分公司辐照装置项目获部级优秀工程设计奖二等奖

2. 同辐四川 400 居里钴 60 辐照中心项目可行性研究报告代初步设计获部级优秀工程咨询成果奖二等奖

3. 中核宾馆装修及安全改造工程项目建议书获部级优秀工程咨询成果奖三等奖

（六）党支部、工会、团委工作

北京民用设计院现有党员 19 名，工会会员 35 名，配合党、团组织，做好职工的思想政治工作，把工会建成职工群众信赖的职工之家。从制度上畅通了职工参与部门管理的渠道；从职能上维护职工的合法权益，调动职工投身生产经营建设的积极性和创造性，维护职工的切身利益，增强了基层工会的向心力和凝聚力。

（七）其他

2014 年北京民用设计院定期组织篮球体能锻炼运动，在工作的业余时间组织员工参加，每次参加十余人左右，以加强企业文化建设，增强北京民用设计院全员的凝聚力、向心力，展现员工精神风貌，活跃业余文化生活，提高全员的身体素质，以饱满额精神状态投入到工作中。

（供稿人：林颖）

附录一　大　事　记

2014 年 1 月 2 日，公司在核能大厦天井隆重举行升国旗、集团、司旗仪式，喜迎新年后的第一个工作日。公司总部干部、员工代表等共计 600 余人参加。

2014 年 1 月 3 日，公司召开领导班子教育实践活动专题学习交流会。集团公司董事会秘书、集团公司教育实践活动第一督导组组长潘建明出席会议。

2014 年 1 月 6 日，公司召开了“2014 年度安全环保工作会议”，会议传达了集团公司《关于进一步加强集团公司安全环保工作的意见》文件精神，对公司 2013、2014 年的安全环保工作分别做了总结汇报和重点部署。

2014 年 1 月，自 2013 年 8 月 27 日正式启动的海南核电工程项目 1 号机组主管道焊接工作历时 126 天全部完成，为 2014 年冷试工作奠定了坚实的基础。

2014 年 1 月 7 日，推动“北京创造”的科技人物——2014 首都科技盛典在京举行。来自新能源新材料、节能环保、新一代信息技术、高端装备制造、航空航天等七大战略性新兴领域科研第一线科技人物获得表彰，公司副总经理、总工程师邢继名列其中。

2014 年 1 月 10 日，公司召开 2013 年度公司共青团干部交流会（视频），会议对 2013 年公司共青团工作开展情况进行了总结，并对 2014 年共青团工作进行了展望。

2014 年 1 月 15 日，子公司北京四达贝克斯工程监理有限公司获得“2012—2013 年度北京市建设监理行业优秀监理单位”“北京市建设行业诚信监理企业”荣誉称号，这是北京四达贝克斯工程监理有限公司连续第六年获此殊荣。

2014 年 1 月 17 日，集团公司董事长、党组书记孙勤到福清核电工程项目现场调研指导工作。福建省发改委副主任兼福建省重点办主任俞开洋陪同。

2014 年 1 月 18 日，福清核电工程项目 2 号机组 500 kV 倒送电顺利完成，为后续工艺系统大容量泵组启动和一回路水压试验、装料等大型调试活动提供了可靠的电源保障。

2014 年 1 月 17 日，公司在京召开 2014 年度工作会议。集团公司总经理助理兼核动力事业部主任李晓明出席会议并讲话。会议全面回顾总结了公司 2013 年度工作，并分析当前公司发展形势和策略，安排部署了 2014 年度重点工作，动员全体干部员工为圆满完成“十二五”各项任务、共同开创公司科学发展新局面而努力奋斗。

2014 年 1 月 21 至 22 日，集团公司党组成员、总会计师李季泽赴八二一核废物处理总承包工程项目部检查指导工作。公司党委书记兼副总经理马宇箭等陪同。

2014 年 1 月 26 日，集团公司党组成员、副总经理邱建刚一行来司慰问指导工作。集团规划发展部副主任李承、核动力事业部书记周定文、中国核电副总经理刘敬等陪同。

2014 年 1 月 27 日和 30 日（农历除夕），集团公司党组成员、副总经理俞培根一行先后到公司总部和方家山核电工程项目部检查慰问工作，并向广大工程建设者们致以节日的问候。

2014 年 1 月 30 日（农历除夕），集团公司党组成员、副总经理吕华祥到福清核电工程项目现场检查指导工作并慰问一线员工。集团公司总经理助理兼核动力事业部主任李晓明，中核建集团核电工程部主任林乐忠等陪同。

2014 年 2 月 5 日至 6 日，公司与中广核工程有限公司项目管理交流会在海南核电工程现场顺利召开。集团公司总经理、党组副书记钱智民，总经理助理兼核动力事业部主任李晓明等出席。

2014 年 2 月 17 日，国家核安全局一司司长郭承站、华北站副主任刘璐一行来司调研指导工作。

2014 年 2 月 21 日，公司召开党的群众路线教育实践活动领导班子专题民主生活会。集团公司董事长、党组书记孙勤同志出席会议并发表重要讲话，集团公司第一督导组组长潘建明、副组长周定文参加会议。

2014 年 2 月 24 日，公司总经理刘巍、总会计师温新利在核能大厦会见了来访的沙特阿拉伯阿卜杜拉国王科技城（KACST）副主席 Turki Saud Mohammed Al-Saud 博士一行，集团公司国际合作开发部主任林森、中原公司副总经理秦喜久等陪同来访。

2014 年 2 月 21 日，田湾核电工程项目 4 号机组常规岛提前计划 1 个月开工。

2014 年 2 月 22 日，海南核电工程项目压力容器顶盖第一次扣盖成功完成，为一回路冷态功能试验目标实现打下良好基础。

2014 年 3 月 5 日，福清核电工程项目 2 号机组安全壳整体打压试验顺利结束，打压节点成功实现。

2014 年 3 月，郑州分公司被河南省国防科学技术工业局授予“河南省国防科技系统经营管理先进单位”，分公司总经理于利祥、党总支书记陈力得分别被授予“河南省国防科技系统优秀经营管理者”。

2014 年 3 月 5 日，福清核电工程项目 1 号机组热态功能试验二阶段圆满结束。

2014 年 3 月，住房和城乡建设部正式批准我司申报的工程建设项目招标代理资质（甲级）延续申请，满足了公司继续承担各类工程招标代理业务的资质要求。

2014 年 3 月 21 日，公司第一届第六次职工代表大会在北京顺利召开。

2014 年 3 月 21 日，公司与哈尔滨工程大学首届联合培养博士在哈尔滨工程大学顺利完成开题报告。

2014 年 3 月，国家核安全局通过对公司和核动力院的 AP1000 设计能力评估。评估结论指出：工程公司和核动力院具有雄厚的核电设计能力，掌握了 AP1000 设计手段及关键技术，持续跟踪依托项目建造过程中经验反馈，具备开展 AP1000 项目自主化工程设计的能力。

2014 年 3 月 26 日，公司在科技楼报告厅召开了党委中心组（扩大）学习视频会，与会人员结合全国政协委员、公司总经理刘巍参加全国政协第十二届二次会议的切身感受和体会，认真学习了 2014 年“两会”新精神。

2014 年 4 月 3 日，公司召开 2014 年科技创新奖励表彰大会。2013 年公司获奖总数首次在集团公司以及中国核能行业协会中均排名第一。

2014 年 4 月 10 日，福清核电工程项目 1 号机组福岛后改进项 AY 子项（移动式柴油机组库房）16 台设备向业主移交工作顺利完成，1 号机组福岛后改进项工作全面结束。

2014 年 4 月 14 日，公司组织召开了企业文化建设动员大会，会议主要就 2014 年度企业文化建设计划进行了安排部署。

2014 年 4 月 15 日，海南核电工程项目 1 号机组 220 kV 主电源倒送电节点顺利完成。

2014 年 4 月 16 日至 19 日，国家核安全局对福清核电 1 号机组进行了首次装料前核安全综合检查。检查组认为，福清核电工程项目 1 号机组建造和装料前调试阶段的质量保证工作基本有效，与核安全有关的活动处于受控状态。

2014 年 4 月 22 日，公司 2014 年一季度工作会顺利召开。一季度生产经营状况良好，各项经济指标和重点任务的完成情况受控。JYK 考核目标绝大部分按期完成，核电总包项目工程积极推进。

2014 年 4 月 29 日至 30 日，公司与中国核工业第二二、第二三、第二四和华兴建设有限公司、中核五公司等五家建安承包商召开 2014 年一季度安全生产协调会，将“强化班组安全管理”作为本年度协调会重点关注工作。

2014 年 5 月 4 日，福清核电工程项目 3 号机组常规岛汽轮机大件设备全部到货。

2014 年 5 月，公司副总经理邢继获评国防科技工业十大“科技创新之星”。

2014 年 5 月 5 日，集团公司召开管理提升活动总结表彰视频会，公司获“优秀基层单位”荣誉称号。

2014 年 5 月，2014 年中国核能行业协会年会暨第四届中国核能可持续发展论坛在京召开，公司承担的“先进的核电厂防火设计研究”等 17 个项目获得中国核能行业协会科技奖。

2014 年 5 月 8 日，集团公司总经理助理兼核动力事业部主任李晓明到福清核电工程现场调研工作，强调要加大对 DCS 和主泵的关注力度，加强与核安全局等监管单位的沟通，争取项目顺利通过检查。

2014 年 5 月 12 日至 15 日，“漳州核电站一期工程总承包合同第一轮谈判”在福建省漳州市云霄县举行。

2014 年 5 月 18 日，方家山核电工程项目 2 号机组核岛压力容器顶盖扣盖成功。

2014 年 5 月 20 日，集团公司党组成员、总会计师李季泽一行到公司郑州分公司调研工作，对公司郑州分公司的总体情况特别是核材料、核燃料业务发展给予了肯定。

2014 年 5 月 21 日，集团公司党组成员、副总经理吕华祥出席公司项目总经理座谈会，强调工程公司要按市场化运作，严格按照合同条款规定执行工作，并就公司总承包项目的费用控制、总承包合同接口等提出重要要求。

2014 年 5 月 26 日，海南核电工程项目 1 号机组安全壳整体打压试验圆满成功，1 号机组打压节点顺利实现。

2014 年 5 月 26 日，方家山核电工程项目 2 号机组主系统冷态水压试验取得圆满成功。

2014 年 5 月 27 日，由公司牵头，历时三个月编制完成的 ACP1000 堆型 “Reactor Safety and Environmental Analysis Report” 报告正式向 IAEA 提交，ACP1000 堆型 IAEA-GRSR 审查工作正式启动。

2014 年 5 月 30 日，集团公司党组成员、副总经理俞培根一行到福清核电工程项目现场检查指导 1 号机组装料工作，强调把安全、质量以及核安全放在首位，合理制定装料后至商运阶段进度计划，力争早日商运。

2014 年 6 月 6 日，福清核电工程项目 1 号机组 157 组燃料组件全部安全准确就位，首次装料工作取得圆满成功。

2014 年 6 月 9 日，公司举办合同与知识产权管理培训。

2014 年 6 月 11 日，巴基斯坦 K2、K3 核电工程（ACP1000）项目第二批巴方设计参与人员顺利抵达公司，随后将参与设计院总体所、堆工所、设备所等单位负责的 K2/K3 项目施工图设计工作。

2014 年 6 月 17 日，集团公司董事长、党组书记孙勤到福清核电工程项目现场调研指导工作。他指出，福清核电工程项目成功完成了 1 号机组首次装料，成绩来之不易，当前要把质量和核安全工作放在首位，合理制定装料后至商运阶段进度计划，力争 1 号机组早日实现商运。

2014 年 6 月 20 日，福建省委书记尤权一行到福清核电工程项目现场调研指导工作。他表示，希望福清核电继续高度重视核安全文化建设，充分发挥长期积累和发展的优势，为国家核电事业和海西经济发展做出更大贡献。

2014 年 6 月 20 日，由环境保护部核与辐射安全中心组织的“华龙一号”非能动安全壳热量导出系统性能独立验证实验在哈尔滨工程大学顺利完成，实验结果优于预期目标。

2014 年 6 月 24 日，集团公司总经理助理兼核动力事业部主任李晓明到方家山核电工程项目现场检查指导工作，要求项目部及时梳理问题，抓紧作好总结和经验反馈工作，重视各种资源尤其是人力资源的利用，在确保质量和安全的前提下，早日实现方家山核电工程项目 1 号机组装料和发电节点目标。

2014 年 6 月 24 日，经过 70 分钟的紧张作业，福清核电工程项目 4 号机组安全壳穹顶吊装节点圆满完成。

2014 年 6 月 25 日，海南核电工程项目 1 号机组冷态开盖功能试验正式启动。

2014 年 6 月 26 日，由集团公司核工业档案馆主办、公司承办的核电文档标准研讨会在京召开，会议围绕《核电项目档案移交与接收办法》等四项核电相关文档工作标准展开讨论并最终定稿。

2014 年 6 月 26 日，公司顺利通过军工单位安全生产标准化一级达标评审。

2014 年 6 月 26 日，海南核电工程项目首台主泵在上海电气凯士比泵阀有限公司（SEC-KSB）完成出厂验收，并于当晚开始陆续发运至海南核电工程项目现场。

2014 年 7 月 1 日，集团公司党组成员、副总经理吕华祥一行到福清核电工程项目现场参加福清、方家山、海南核电工程项目 DCS 第三次高层协调会并调研工作。

2014 年 7 月 1 日，福清核电工程项目 3 号机组主管道自动焊施工顺利完成。

2014 年 7 月 4 日，公司召开反腐倡廉教育月动员会，拉开反腐倡廉教育活动月的序幕。

2014 年 7 月 10 日，公司海南核电工程项目部“WAC-GIL 埋件控制 QC 小组”获得“国家工程建设优秀 QC 小组”称号，并被评为“全国优秀质量管理小组”。

2014 年 7 月 11 日，公司核电安全研究中心正式在京成立。中心将致力于核电安全研究工作，进一步提升公司在核电研发设计方面的核心能力。

2014 年 7 月 15 日，公司与清华大学国际工程项目管理研究院在北京举行《校企战略合作框架协议》签约仪式。清华大学副校长袁驷等领导出席签字仪式并参观公司《兴核强国，服务社会》展览。

2014 年 7 月 22 日，集团公司总经理助理兼核动力事业部主任李晓明到福清核电工程项目现场检查指导工作。

2014 年 7 月 24 日，福清核电工程项目 1 号机组首次达临界圆满成功。

2014 年 7 月 28 日，集团公司党组成员、副总经理吕华祥一行到公司总部就“抓重点、保增长、促发展”进行主题调研。

2014 年 8 月 1 日，福清核电工程项目 2 号机组一回路冷态水压试验圆满成功。

2014 年 8 月份，公司郑州分公司荣获“2013 年度河南省工程勘察设计行业先进企业”称号，近年来郑州分公司先后与“万达地产”、“恒大地产”等知名地产企业形成设计战略合作关系，开拓集团外市场成果斐然。

2014 年 8 月份，公司核电站超级管道开发科技成果于日前顺利通过了由中核集团主办的科技成果鉴定，该项目研制成功标志着我公司核电超级管道设计和国内建造技术达到国际先进水平。

2014 年 8 月 6 日，沙特阿拉伯阿卜杜拉国王核能与可再生能源城（KACARE）代表团副主席瓦利德·阿布尔法拉一行到公司访问。

2014 年 8 月 7 日，集团公司总经理、党组副书记钱智民到福清核电工程项目现场调研指导工作。

2014 年 8 月份，2014 年度核工业部级优秀咨询成果奖评审会和优秀工程勘察奖评审会分别在北京和福建召开。公司获得优秀咨询成果奖 15 项，其中：一等奖 3 项，二等奖 6 项，三等奖 6 项；获得优秀工程勘察奖 2 项，一等奖 1 项、二等奖 1 项。

2014 年 8 月 8 日，国家核安全局在海盐召开方家山核电工程项目 1 号机组首次装料综合检查末次会议，1 号机组以总体评分 95 分的好成绩完成装料前综合检查。

2014 年 8 月 8 日，公司在北京召开 2014 年年中工作会。会议对“项目总经理负责制和项目人才培养”、“充分发挥设计龙头作用”、“增收节支”等三个重要专题进行了深入讨论，并形成了行动项。

2014 年 8 月 12 日，伊朗原子能机构（AEOI）技术代表团 Mr. Jamshyd Kamali 一行到公司访问。

2014 年 8 月份，2013—2014 年度优秀国防科技报告评选结果揭晓，公司共有 12 篇报告被评选为优秀国防科技报告。

2014 年 8 月 14 日，海南核电工程项目 1 号机组 1LHP 应急柴油机成功完成首次启动成功。

2014 年 8 月 16 日，公司通过认证并换发“质量、环境和职业健康安全管理体系”三体系认证证书。

2014 年 8 月 19 日，国资委监事会工作局副局长方炳兴一行来公司就核电工程项目建设情况及存在问题和风险开展预调研工作。集团公司总经理助理兼核动力事业部主任李晓明陪同。

2014 年 8 月 20 日，福清核电工程项目 1 号机组首次并网成功!

2014 年 8 月 22 日，集团公司党组成员、纪检组组长李学东一行到方家山核电工程项目现场检查指导工作。

2014 年 8 月 22 日，“华龙一号”总体技术方案在京通过国家能源局、国家核安全局组织的专家评审，专家一致认为“华龙一号”的成熟性、安全性和经济性可满足三代核电技术要求，核心技术具有自主知识产权，可以自主出口并建议尽快启动示范工程。

2014 年 9 月 1 日，方家山核电工程项目 1 号机组首次装料圆满成功。

2014 年 9 月 1 日，由福清核电、江苏核电、秦山核电、核动力运行研究所等单位组成的联合质保监查组对公司总部进行了第五次联合质量保证监查，监查组认为：各项目质保大纲运转有效。

2014 年 9 月 2 日，阿根廷核电公司总裁 Jose Luis Antunez 先生到公司访问，集团公司党组成员、副总经理吕华祥出席会见。

2014 年 9 月 11 日，国防科工局核应急与军工核安全监管司司长姚斌赴八二一核废物处理总承包工程项目现场调研。

2014 年 9 月 12 日，方家山核电工程项目 2 号汽轮发电机组非核蒸汽冲转成功实现。

2014年9月12日，公司安审中心与法国辐射防护与核安全研究院（IRSN）成功举办了四代堆技术交流会。

2014年9月16日，2014年第15号强台风“海鸥”在海南省文昌市登陆。公司海南项目部紧急启动三级防台预案，安全度过本次强台风，未造成一例人员伤亡和设备损坏。

2014年9月17日，田湾核电工程项目3号机组排水隧洞盾构掘进正式启动作业，这是公司总承包核电项目中首次应用盾构施工工艺。

2014年9月19日，国家发展改革委副主任、国家能源局局长吴新雄，福建省副省长陈冬到福清核电调研指导工作，集团公司党组成员、副总经理邱建刚陪同。

2014年9月22日，公司召开“党的群众路线教育实践活动”总结大会。核动力事业部党组书记、集团公司第二批党的群众路线教育实践活动第一督导组副组长周定文出席。

2014年9月28日，福清、方家山核电工程项目2号机组核级DCS设备（TRICON&SVDU）在中核控制系统工程有限公司顺利完成出厂验收，全部出厂。

2014年10月10日，河北省廊坊市市委常委、副市长贾永清一行到公司交流工作。

2014年10月17日，公司研发的国家大型先进压水堆及高温气冷堆核电站重大专项“核级管道设计技术研究”课题高分通过能源局正式验收。

2014年10月19日，海南核电工程项目1号机组核岛二环路主泵电机顺利吊装就位。

2014年10月21日，公司举办了中美高放废物深钻孔处置技术培训与交流汇。美国能源部乏燃料处置研发司司长William John Boyle先生、美国Sandia国家实验室研究员Partrick V. Brady先生等参加了会议。

2014年10月21日，方家山核电工程项目1号机组首次达到临界工况，正式进入带核功率运行状态。

2014年10月22日，集团公司党组成员、纪检组组长李学东一行到公司郑州分公司检查指导工作。

2014 年 10 月 23 日，中国核学会理事长、中国工程院院士李冠兴到公司郑州分公司检查指导工作。

2014 年 10 月 24 日，海南核电工程项目 1 号机组“凝汽器抽真空”节点顺利完成。

2014 年 10 月 25 日，田湾核电工程项目顺利通过“电力工程建设项目安全生产标准化”一级达标验收。

2014 年 10 月 26 日，田湾核电工程项目 3 号机组环吊大梁顺利吊装就位，提前三级进度计划 3 天。

2014 年 10 月 27 至 31 日，由公司协办的国际原子能机构（IAEA）第三届技术和科学支持机构（TSO）国际会议（简称 TSO 大会）在北京成功召开。中国环境保护部副部长、国家核安全局局长李干杰出席开幕式并致辞。

2014 年 10 月 30 日，集团公司总经理、党组副书记钱智民，党组成员、副总经理俞培根在福清出席福清核电工程项目 5、6 号机组沙盘推演方案系列会议。

2014 年 10 月 30，集团公司党组成员、副总经理杨长利，国防科工局系统二司副司长段六一一行赴八二一核废物处理总承包工程项目调研指导工作。

2014 年 11 月 2 日，集团公司召开内部审计表彰大会，公司获“集团公司 2011 至 2013 年度内部审计先进集体”荣誉称号。

2014 年 11 月 3 日，国家能源局对福建省发改委、集团公司的请示报告发出复函，同意福清核电工程项目 5、6 号机组工程调整为“华龙一号”技术方案。中国自主知识产权三代核电机型正式落地。

2014 年 11 月 4 日，方家山核电工程项目 1 号机组首次并网成功。

2014 年 11 月 7 日，海南核电工程项目 1 号机组一回路水压试验圆满完成。

2014 年 11 月 7 日，福清核电工程项目 1 号机组首次实现 100% FP 满功率运行。

2014 年 11 月 9 日，福清核电工程项目 5 号机组第一层替代混凝土顺利浇筑完成，朝着 FCD 的目标跨出了坚实一步。

2014 年 11 月 11 日 18 时 08 分，田湾核电工程项目 3 号机组反应堆厂房 +34 m 楼板一级里程碑节点提前计划 3 填完成。

2014 年 11 月 12 日，福清核电工程项目 4 号机组提前 4 天完成了 4 号机组环吊可用关键里程碑。

2014 年 11 月 14 日，集团公司董事长、党组书记孙勤，集团公司党组成员、副总经理杨长利调研指导八二一核废物处理总承包工程项目工作。

2014 年 11 月 15 日，由公司承办的“第四届核能行业概率安全分析（PSA）研讨会”在北京顺利闭幕。

2014 年 11 月 16 日，海南核电工程项目 1 号机组核级 DCS 最后一批设备（TRICON &SVDU）在顺利出厂发往现场。

2014 年 11 月 18 日，台湾核能级产业发展协会董事长罗守纬、台湾核能科技协进会董事长欧阳敏盛一行到公司进行访问。

2014 年 11 月 18 日至 20 日，公司总经理刘巍陪同集团公司党组成员、副总经理俞培根出访沙特阿拉伯，并在“可持续能源促发展”第四届中阿能源合作大会上发表了题为《中核集团 ACP 核电技术以及合作建议》的主旨演讲。

2014 年 11 月 19 日，公司总承包项目福清核电工程项目 1 号机组临时验收顺利完成并签约，机组各项性能指标均符合设计要求，全面具备商运条件，公司正式完成福清核电工程项目 1 号机组全部总承包工作。

2014 年 11 月 25 日，由公司牵头，中核四〇四有限公司、中国原子能科学研究院和清华大学参研完成的“动力堆乏燃料后处理中间试验厂设计与建造”科技成果顺利通过由国防科技工业局组织的科技成果鉴定。标志着我国已掌握了核电站乏燃料后处理的核心技术，具有里程碑的意义。

2014 年 11 月，公司获得集团公司“2013 年度财务决算管理先进单位”荣誉称号，这是公司连续第六年获此殊荣。

2014 年 11 月 26 日，集团公司总经理、党组副书记钱智民，党组成员、副总经理吕华祥，党组成员、副总经理俞培根一行到公司就福清核电工程项目 5、6 号机组工程项目工作准备情况调研指导。

2014 年 12 月 3 日，集团公司党组成员、总会计师李季泽一行到公司调研指导工作。

2014 年 12 月 4 日至 5 日，ACP1000 通过了国际原子能机构（IAEA）反应堆通用设计审查（GRSR）。这是我国自主三代核电技术首次面向国际同行审查。专家认为，ACP1000 在设计安全方面是成熟可靠的，满足 IAEA 关于先进核电技术最新设计安全要求；其在成熟技术和详细的试验验证基础上进行的创新设计是成熟可靠的。

2014 年 12 月 5 日，方家山核电工程项目 2 号机组首次装料圆满完成，为 2 号机组临界、并网发电打下坚实基础。

2014 年 12 月 5 日，福清核电工程项目 3 号机组一环路主泵水力部件顺利就位，3 号机组主泵从组装阶段转移到核岛安装阶段。

2014 年 12 月 9 日，公司参加集团公司“双争”活动（争创集团公司一流办公室、争当优秀办公室主任）工作交流暨现场观摩会，并作为首家交流单位对公司办公室文化建设概况、开展情况及取得成效作了详细介绍。

2014 年 12 月 10 至 11 日，由公司承办的“核能行业 2014 核安全文化研讨会”在京召开，来自 21 家单位的 110 名代表参加了会议。

2014 年 12 月 16 日，公司总承包项目方家山核电工程项目 1 号机组临时验收顺利完成并签约，机组各项性能指标均符合设计要求，全面具备商运条件，公司正式完成方家山核电工程项目 1 号机组全部总承包工作。

2014 年 12 月 20 日，由公司牵头研发的 1E 级主泵及辅助给水汽动泵转速测量仪表在江苏省江阴市顺利通过国家能源局核电关键仪表国产化项目产品及科技成果鉴定。

2014 年 12 月 20 日，公司承包项目田湾核电工程项目 3 号机组穹顶整体吊装关键节点实现，这事世界上核电站最重的薄壳穹顶，也是 WWER-1000 型核电机组首次实施穹顶整体吊装。

2014 年 12 月 23 日，海南核电工程项目 2 号机组 220 kV 主电源倒送电节点顺利实现。

2014 年 12 月 16 日，福清核电工程项目 3 号机组 DCS 核级设备（TRICON & SVDU）经验收合格后包装出厂，19 日晚安全运抵项目现场。

2014 年 12 月 28 日，八二一核废物处理总承包工程项目三条桶外搅拌水泥固化线 72 小时验证试验全部顺利完成。

2014 年 12 月 31 日，集团公司总经理助理兼核动力事业部主任李晓明来司调研科研设计人力资源情况。

2014 年 12 月，公司效能监察项目“贯彻落实中央八项规定、加强业务招待费控制”获集团公司效能监察优秀项目一等奖（位列第一）。

附录二　荣　誉　栏

一、省部级及以上级别奖项

省部级及以上级别奖项列于附表 2-1。

附表 2-1

序　号	获奖项目	奖项名称	奖项等级	颁奖机构	获奖日期	获奖集体或个人
1	《贯彻落实中央八项规定、加强业务招待费控制》效能监察项目	集团公司 2014 年效能监察优秀项目评选一等奖	省部级一等奖	中国核工业集团公司	2014-12-01	总经理办公室、监察审计部
2	核电南苑东侧房地产开发项目	核工业部级优秀工程监理奖	省部级一等奖	中国核工业勘察设计协会	2014-07-01	北京四达贝克斯工程监理有限公司
3	中国核电工程有限公司郑州分公司科研实验楼	核工业部级优秀工程监理奖	省部级一等奖	中国核工业勘察设计协会	2014-07-02	北京四达贝克斯工程监理有限公司
4	中国实验快对工程	核工业部级优秀工程监理奖	省部级一等奖	中国核工业勘察设计协会	2014-07-03	北京四达贝克斯工程监理有限公司
5	中国原子能科学研究院科技综合楼	北京市建筑长城杯金质奖工程	省部级一等奖	北京市优质工程评审委员会	2014-08-28	北京四达贝克斯工程监理有限公司

续表

序 号	获奖项目	奖项名称	奖项等级	颁奖机构	获奖日期	获奖集体或个人
6	百万千瓦级核电站自主设计与技术创新	国防科学技术奖初评/中核集团科学技术奖	省部级一等奖	工信部/中国核工业集团公司	2014 年	邢继、张文其、朱光涛、吴琳、丁健、张翔宇、信天民、彭雪平、于勇、吕冬宝、金明军、王远兵、卢毅力、罗必雄、史凯、
7	中试厂共去污分离及铀纯化循环工艺技术研究	国防科学技术奖初评/中核集团科学技术奖	省部级一等奖	工信部/中国核工业集团公司	2014 年	何辉、王孝荣、晏太红、唐洪彬、刘郢、马田、周常新、卞晓艳、矫海洋、侯媛媛、欧阳应根、李会蓉、刘利生、张虎、李斌
8	动力堆乏燃料后处理中试厂工艺流程设计	国防科学技术奖初评/中核集团科学技术奖	省部级一等奖	工信部	2014 年	范仲、杨祖辉、张永平、王洪勋、何辉、第五永清、李守成、孙玉珍、程明川、王素兰
9	中国实验快堆厂区岩土工程详细勘察	核工业部级优秀工程勘察奖	省部级一等奖	中国核工业勘察设计协会	2014-06-01	北京核工程研究设计院
10	岭澳二期先进主控室自主设计	核工业部级优秀工程设计奖	省部级一等奖	中国核工业勘察设计协会	2014-07-01	北京核工程研究设计院
11	四〇四厂动力堆元件后处理中间试验工厂	核工业部级优秀工程设计奖	省部级一等奖	中国核工业勘察设计协会	2014-07-01	北京核工程研究设计院

续表

序号	获奖项目	奖项名称	奖项等级	颁奖机构	获奖日期	获奖集体或个人
12	郑州二七万达广场12号楼	核工业部级优秀工程设计奖	省部级一等奖	中国核工业勘察设计协会	2014-07-01	李志刚、王向东、徐会业、史宏伟、赵婧、林元庆、郭磊、王振华、梁攀成、王琨、钱冰、鲍永健、张明建、贾瑞萍、杜语
13	高温气冷堆核电站示范工程燃料元件生产线可行性研究报告	核工业部级优秀工程咨询奖	省部级一等奖	中国核工业勘察设计协会	2014-06-02	刘家礼、宫本希、郑亚娟、王洪普、魏定池、董其良、聂兰强、朱丽蓉、郭先怀、程雪、李彦华、周广超、杜宇炜、叶波、刘钰
14	散裂中子源国家重大科技基础设施项目可行性研究报告	核工业部级优秀工程咨询奖	省部级一等奖	中国核工业勘察设计协会	2014-06-02	北京核工程研究设计院
15	辽宁徐大堡核电厂一期工程职业安全专篇	核工业部级优秀工程咨询奖	省部级一等奖	中国核工业勘察设计协会	2014-06-02	北京核工程研究设计院
16	移动式抗撞装置	河南省国防科学技术进步一等奖	省部级一等奖	河南省国防科学技术工业局	2014年	刘卫东、王基魁、刘钰、张建伟、曹弋、伍四清、朱彦伟、严明、胡洪涛、闫敏

续表

序 号	获奖项目	奖项名称	奖项等级	颁奖机构	获奖日期	获奖集体或个人
17	QC 小组成果《降低涉核工程配筋图人工耗时》	核工业优秀勘察设计 QC 小组成果一等奖	省部级一等奖	中国核工业勘察设计协会	2014 年	河北分公司建筑结构所 QC 小组：任献坤、刘建辉、闫伟、段华生、刘峰、张雄谦、兰培培、王广涛
18	中国原子能科学研究院科技综合楼工程	2014 年度北京市建筑长城杯金质奖工程	省部级一等奖	北京市优质工程评审委员会	2014-08	北京四达贝克斯工程监理有限公司
19	中金辐照有限公司青岛分公司辐照装置项目	核工业部级优秀工程设计奖二等奖	省部级二等奖	中国核工业勘察设计协会	2014 年	刘晨、屈国俐、钱玉、郭盛、吴勤良、王经建、陈晶、李雪辉、李永胜、刘奇峰、巴彦峰、黄珂
20	提高 2KX 乏池不锈钢覆面安装焊接质量	核工业优秀勘察设计 QC 小组成果奖	省部级二等奖	中国核工业勘察设计协会	2014-07-06	北京四达贝克斯工程监理有限公司
21	提高核电不锈钢覆面安装质量控制	核工业优秀勘察设计 QC 小组成果奖	省部级二等奖	中国核工业勘察设计协会	2014-07-07	北京四达贝克斯工程监理有限公司
22	提高接地铜缆放热焊接质量	核工业优秀勘察设计 QC 小组成果奖	省部级二等奖	中国核工业勘察设计协会	2014-07-08	北京四达贝克斯工程监理有限公司

续表

序 号	获奖项目	奖项名称	奖项等级	颁奖机构	获奖日期	获奖集体或个人
23	乏燃料剪切机系统改进研究与工程应用	国防科学技术奖初评/中核集团科学技术奖	省部级二等奖	工信部	2014 年	吴华、郭晓方、杨颖姝、任正茂、左民、钱保中、万新平、史继红、胡允科、唐克强
24	非能动安全壳热量导出系统研发	中核集团科学技术奖	省部级二等奖	中国核工业集团公司	2014-02-14	北京核工程研究设计院
25	核电站 1E 级电缆热缩套管研制	中核集团科学技术奖	省部级二等奖	中国核工业集团公司	2014-02-14	北京核工程研究设计院
26	非接触式仪表研制与工程应用	中核集团科学技术奖	省部级二等奖	中国核工业集团公司	2014-02-14	北京核工程研究设计院
27	数字化核电站总体运行功能分析及相关人机接口设计	中核集团科学技术奖	省部级二等奖	中国核工业集团公司	2014-02-14	北京核工程研究设计院
28	田湾 3、4 号机组特殊地质体地基优化处理	中核集团科学技术奖	省部级二等奖	中国核工业集团公司	2014-02-14	北京核工程研究设计院
29	正商名钻住宅小区岩土工程勘察	核工业部级优秀工程勘察奖	省部级二等奖	中国核工业勘察设计协会	2014-06-01	常小磊、杨海洪、牛鋆培、顾斌
30	升龙凤凰城 B 区高层商住综合体	核工业部级优秀工程设计奖	省部级二等奖	中国核工业勘察设计协会	2014-07-01	北京核工程研究设计院
31	中金辐照有限公司青岛分公司辐照装置项目	核工业部级优秀工程设计奖	省部级二等奖	中国核工业勘察设计协会	2014-07-01	北京核工程研究设计院

续表

序　号	获奖项目	奖项名称	奖项等级	颁奖机构	获奖日期	获奖集体或个人
32	舟山市垃圾焚烧发电工程	核工业部级优秀工程设计奖	省部级二等奖	中国核工业勘察设计协会	2014-07-01	北京核工程研究设计院
33	中核同辐（四川）400 万居里钴-60 辐照中心新建项目可行性研究报告代初步设计	核工业部级优秀工程咨询奖	省部级二等奖	中国核工业勘察设计协会	2014-06-02	北京核工程研究设计院
34	辽宁徐大堡核电厂一期工程职业病防护设施设计专篇	核工业部级优秀工程咨询奖	省部级二等奖	中国核工业勘察设计协会	2014-06-02	北京核工程研究设计院
35	中核北方核燃料元件股份有限公司等效天然铀燃料棒束安全技术改造项目建议书	核工业部级优秀工程咨询奖	省部级二等奖	中国核工业勘察设计协会	2014-06-02	北京核工程研究设计院
36	××××××BXYJ 研制线可行性研究报告	核工业部级优秀工程咨询奖	省部级二等奖	中国核工业勘察设计协会	2014-06-02	刘家礼、郑亚娟、李璨、魏定池、宫本希、董其良、聂兰强、彭玲、郭先怀、程雪
37	中核北方核燃料元件有限公司压水堆核电站燃料元件生产线工程职业安全专篇	核工业部级优秀工程咨询奖	省部级二等奖	中国核工业勘察设计协会	2014-06-02	董其良、郑亚娟、李明、王振宏、贾守亚、袁玉静、伊万里、郭先怀、李雅男、朱丽蓉

续表

序 号	获奖项目	奖项名称	奖项等级	颁奖机构	获奖日期	获奖集体或个人
38	山西西山热电有限责任公司综合利用电厂脱硫设施工程可行性研究报告	核工业部级优秀工程咨询奖	省部级二等奖	中国核工业勘察设计协会	2014-06-02	北京核工程研究设计院
39	舟山市垃圾焚烧发电工程	核工业部级优秀工程设计二等奖	省部级二等奖	中国核工业勘察设计协会	2014-07	钟拥政、李牧遥、应汉宗、牟敦飞、王池光、叶仕林、梅佳文、刘喜、刘彦鑫、吴俊、岳禹峰、黄克楠
40	中核北方核燃料元件有限公司等效天然铀燃料棒束制造安全技术改造项目项目建议书	核工业部级优秀工程咨询二等奖	省部级二等奖	中国核工业勘察设计协会	2014年	蒋涛、魏定池、宋芳媛、彭玲、耿军红、侯超、柴昱林、程雪、张成跃、王龙
41	升龙·凤凰城B区高层商住综合体	核工业部级优秀工程设计二等奖	省部级二等奖	中国核工业勘察设计协会	2014-07	雷红岩、林元庆、郭磊、史宏伟、骆建、王琨、宋振飞、马伟光、张波、陶少华、李青、彭琳
42		集团公司青年演讲比赛二等奖	省部级二等奖	中国核工业集团公司	2014年	公司团委

续表

序　号	获奖项目	奖项名称	奖项等级	颁奖机构	获奖日期	获奖集体或个人
43	山西西山热电有限公司综合利用电厂脱硫设施工程可行性研究报告	核工业部级优秀工程咨询奖二等奖	省部级二等奖	中国核工业勘察设计协会	2014 年	卢春田、牛占肖、谢志红、高素晓、姜茹、邓星星、孙晓红、姜天华、梁芸
44	乏燃料接收与贮存水池工程设计	核能行业协会科技奖	省部级二等奖	核能行业协会	2014 年	吴博康、任天祯、马敬、岳会国、许德佑、孙智华、周耀良、屠国纪、赵昌友、李庆春、潘丽雅、罗玉弟、左越、刘继连、卢涛
45	内陆厂址大气弥散模式研究	核能行业协会科技奖	省部级二等奖	核能行业协会	2014 年	李凤菊、蔡旭辉、朱好、宋宇、刘新建、张宏昇、郑伟、陈家宜、王晓亮、康凌、毛亚蔚
46	中核宾馆装修及安全改造工程项目建议书	核工业部级优秀工程咨询成果奖三等奖	省部级三等奖	中国核工业勘察设计协会	2014 年	黄珂、刘永鹏、王飞、王晓辉、钱玉、郭盛、赵来利、王经建
47	核电工程项目安全隐患排查治理经验反馈	核电工程建设经验反馈论文三等奖	省部级三等奖	中国核工业集团公司核动力事业部	2014-02-25	姬宗锋

续表

序 号	获奖项目	奖项名称	奖项等级	颁奖机构	获奖日期	获奖集体或个人
48	非接触式仪表研制与工程应用	国防科学技术奖初评	省部级三等奖	工信部	2014 年	李万金、袁世颐、黄维回、周永立、乔恒春
49	远距离和间接检修技术研究与工程应用	国防科学技术奖初评	省部级三等奖	工信部	2014 年	许源振、林春荣、李正华、任正茂、万新平
50	铀纯化生产线氮氧化物尾气处理工艺系统研究	中核集团科学技术奖	省部级三等奖	中国核工业集团公司	2014-03-26	北京核工程研究设计院
51	DCS 系统在核燃料后处理中试厂的应用研究	中核集团科学技术奖	省部级三等奖	中国核工业集团公司	2014-03-26	北京核工程研究设计院
52	放化安全级建（构）筑物和物项抗震设计	中核集团科学技术奖	省部级三等奖	中国核工业集团公司	2014-03-26	北京核工程研究设计院
53	远距离和间接检修技术研究与工程应用	中核集团科学技术奖	省部级三等奖	中国核工业集团公司	2014-03-26	北京核工程研究设计院
54	中试厂辐射防护与辐射监测工程设计研究	中核集团科学技术奖	省部级三等奖	中国核工业集团公司	2014-03-26	北京核工程研究设计院
55	安全防火分区设计	中核集团科学技术奖	省部级三等奖	中国核工业集团公司	2014-03-26	北京核工程研究设计院
56	ACP1000 核岛厂房抗震分析技术研究	中核集团科学技术奖	省部级三等奖	中国核工业集团公司	2014-03-26	北京核工程研究设计院

续表

序 号	获奖项目	奖项名称	奖项等级	颁奖机构	获奖日期	获奖集体或个人
57	秦山第二核电厂 3、4 号机组运行技术规范改进研究	中核集团科学技术奖	省部级三等奖	中国核工业集团公司	2014-03-26	北京核工程研究设计院
58	数字化核电站 HRA 研究	中核集团科学技术奖	省部级三等奖	中国核工业集团公司	2014-03-26	北京核工程研究设计院
59	洛阳升龙广场 A 区 9 号楼	核工业部级优秀工程设计奖	省部级三等奖	中国核工业勘察设计协会	2014-07-01	王向东、林元庆、宋冬霞、骆建、王琨、陶少华、李青、杜语
60	秦山核电厂扩建项目（方家山核电工程）YA 除盐水厂房	核工业部级优秀工程设计奖	省部级三等奖	中国核工业勘察设计协会	2014-07-01	北京核工程研究设计院
61	郑州英才苑住宅小区	核工业部级优秀工程设计奖	省部级三等奖	中国核工业勘察设计协会	2014-07-01	王向东、赵婧、鲁晓旭、郭磊、刘辉、王景常、孙忠贤、王振华
62	中国实验快堆应急柴油发电机机房设计	核工业部级优秀工程设计奖	省部级三等奖	中国核工业勘察设计协会	2014-07-01	北京核工程研究设计院
63	1121-405 工程可行性研究报告	核工业部级优秀工程咨询奖	省部级三等奖	中国核工业勘察设计协会	2014-06-02	张文劲、董其良、伊万里、田雪、杜宇炜、程雪、张峻岭、彭玲

续表

序 号	获奖项目	奖项名称	奖项等级	颁奖机构	获奖日期	获奖集体或个人
64	田湾核电站 1、2 号机组长周期燃料循环安全分析研究论证（国内部分）	核工业部级优秀工程咨询奖	省部级三等奖	中国核工业勘察设计协会	2014-06-02	北京核工程研究设计院
65	石家庄西郊供热有限公司煤改气建设工程可行性研究	核工业部级优秀工程咨询奖	省部级三等奖	中国核工业勘察设计协会	2014-06-02	北京核工程研究设计院
66	福建漳州核电厂一期工程总平面规划	核工业部级优秀工程咨询奖	省部级三等奖	中国核工业勘察设计协会	2014-06-02	北京核工程研究设计院
67	中核建中核燃料元件股份有限公司江南厂区基础设施改造和节能减排改造项目建议书	核工业部级优秀工程咨询奖	省部级三等奖	中国核工业勘察设计协会	2014-06-02	北京核工程研究设计院
68	中核宾馆装修及安全改造工程项目建议书	核工业部级优秀工程咨询奖	省部级三等奖	中国核工业勘察设计协会	2014-06-02	北京核工程研究设计院
69	铀纯化生产线氮氧化物尾气吸收新工艺研究	中核集团科技三等奖	省部级三等奖	中国核工业集团公司	2014 年	李芳林、谢凌峰、薛海宁、蒋涛、曾中贤、郑亚娟、段海涛、黄召、聂兰强、刘伟林
70	中核建中核燃料元件有限公司江南厂区基础设施改造和节能减排改造项目建议书	核工业部级优秀工程咨询三等奖	省部级三等奖	中国核工业勘察设计协会	2014-06	尚改彬、蒋涛、杨江华、张峻岭、李凯、陈天立、高培华、刁有虎

续表

序　号	获奖项目	奖项名称	奖项等级	颁奖机构	获奖日期	获奖集体或个人
71	《科研经费精细化管理创新实践》	《科研经费精细化管理创新实践》，荣获集团公司 2014 年度管理创新成果三等奖。并作为优秀成果，被中核集团公司向中国国防科技工业企业管理协会推荐，作为中国国防科技工业企业管理现代化创新成果申报	省部级三等奖	中国核工业集团公司	2014-11	财会部
72	《加强企业文化建设　助推公司科学发展》	集团公司企业文化优秀成果三等奖	省部级三等奖	中国核工业集团公司	2014 年	张妍妍
73	石家庄西郊供热有限公司煤改气建设工程可行性研究	核工业优秀工程咨询奖三等奖	省部级三等奖	中国核工业勘察设计协会	2014 年	程中、苏英华、刘莹、谢志红、高雁、梁寒光、张占海
74	ACP1000 仪控特点总体方案设计	核能行业协会科技奖	省部级三等奖	核能行业协会	2014 年	吕冬宝、陈日罡、王强、肖代云、邹凯、俞光卫、张瑞萍、刘玥、赵晨、崔明路

续表

序　号	获奖项目	奖项名称	奖项等级	颁奖机构	获奖日期	获奖集体或个人
75	铀尾端流化床系统设备研发与工程应用	核能行业协会科技奖	省部级三等奖	核能行业协会	2014 年	张永平、吴涛、左宝昌、朱长兵、金福岳、石秀高、宋来武、姚红军、胡彦涛、刘海军
76	岭澳二期安全壳超压保护措施改进——增设安全壳过滤排放系统	核能行业协会科技奖	省部级三等奖	核能行业协会	2014 年	李嫦月、丁亮、王世民、龙亮、王晓江、周喆、李丽娟、李军、王红玉、韩晓峰
77	秦山二期扩建工程反应堆保护系统设计优化和设备改进	核能行业协会科技奖	省部级三等奖	核能行业协会	2014 年	刘艳阳、王远兵、许东方、周继翔、李红霞、李高、李谢晋、冯威、肖鹏、刘宏春
78	核电站 1E 级电缆热缩套管研制	核能行业协会科技奖	省部级三等奖	中国核工业集团公司/核能行业协会	2014 年	周晓斌、钟晓光、姜庆水、熊宇、李笑镭、吴绍佳、张楠、窦慧元、顾燕春、苏罡
79	ACP1000 非能动余排系统外层安全壳外挂水箱流固耦合分析	核能行业协会科技奖	省部级三等奖	核能行业协会	2014 年	王黎丽、李玉民、张超琦、蔡利建、姚迪、王洪斗、魏峰、刘玉林、左仲存、孙晓颖

续表

序号	获奖项目	奖项名称	奖项等级	颁奖机构	获奖日期	获奖集体或个人
80	控制棒驱动杆解锁及检查工具的研制	核能行业协会科技奖	省部级三等奖	核能行业协会	2014 年	王燕、樊秀梅、沈艳祥、刘慧芳、李建奇、谢亮
81	辐照后钴调节棒组件厂内转运容器研制	核能行业协会科技奖	省部级三等奖	核能行业协会	2014 年	张洪军、姚琳、王庆、唐兴贵、吴明、谢亮
82	一种核电站闸门吹砂装置	核能行业协会科技奖	省部级三等奖	核能行业协会	2014 年	王东海、李海珠、白玮、张荣勇、武婕
83	蓄电池断路耐受时间的试验方法及装置	核能行业协会科技奖	省部级三等奖	核能行业协会	2014 年	姜庆水、周晓斌、沈岩、曾跃沫
84	高硫高钠高放废液玻璃固化配方研究	国防科学技术奖初评/中核集团科学技术奖	省部级三等奖/二等奖	工信部/中国核工业集团公司	2014 年	王孝强、周慧、张威、任力、刘丽君
85	郑州二七万达广场规划设计	2013—2014 年度“广厦奖”	国家级	中国房地产业协会、住房和城乡建设部住宅产业化促进中心	2014-12-05	中国核电工程有限公司郑州分公司
86	郑州二七万达广场建筑设计	2013—2014 年度“广厦奖”	国家级	中国房地产业协会、住房和城乡建设部住宅产业化促进中心	2014-12-05	中国核电工程有限公司郑州分公司

续表

序 号	获奖项目	奖项名称	奖项等级	颁奖机构	获奖日期	获奖集体或个人
87	全国青年安全文明岗	全国青年安全文明岗	国家级		2014 年	海南昌江现场施工管理部核岛土建科
88	内部审计先进集体	集团公司 2011—2013 年内部审计先进集体	省部级	中国核工业集团公司	2014-10-29	监察审计部（审计处）
89	全面风险管理报告	2014 年度《全面风险管理报告》编报工作优秀单位、按要求报送单位	省部级	中国核工业集团公司	2014-05-12	监察审计部
90	企业年度工作报告	中核集团 2013 年度《企业年度工作报告》填报工作优秀单位、报送及时单位	省部级	中国核工业集团公司	2014-05-12	监察审计部
91	优秀监理单位	北京市建设监理行业优秀监理单位	省部级	北京市建设监理协会	2014-01-01	北京四达贝克斯工程监理有限公司
92	八二一基础设施建设工程——总厂基础设施改造	核工业部级优秀工程监理奖	省部级	中国核工业勘察设计协会	2014-07-04	北京四达贝克斯工程监理有限公司
93	辽宁红沿河核电站员工生活区与消防站工程	核工业部级优秀工程监理奖	省部级	中国核工业勘察设计协会	2014-07-05	北京四达贝克斯工程监理有限公司

续表

序　号	获奖项目	奖项名称	奖项等级	颁奖机构	获奖日期	获奖集体或个人
94	中国设备监理协会优秀会员	中国设备监理协会优秀会员	省部级	中国设备监理协会	2014-06-01	北京四达贝克斯工程监理有限公司
95	郑州分公司	优秀单位	省部级	郑州市总工会	2014 年	郑州分公司工会
96	郑州分公司	先进女职工委员会	省部级	郑州市总工会	2014 年	郑州分公司工会女职工委员会
97	郑州分公司	河南省国防科工系统经营管理先进单位	省部级	河南省国防科工局	2014 年	郑州分公司
98	郑州分公司	河南省工程勘察设计行业先进企业	省部级	河南勘察设计协会	2014 年	郑州分公司
99	郑州分公司	河南省工程勘察设计行业优秀院长	省部级	河南勘察设计协会	2014 年	于利祥
100	郑州分公司	河南省国防科技系统优秀经营管理者	省部级	河南省国防科工局	2014 年	于利祥
101	郑州分公司	河南省国防科技系统优秀经营管理者	省部级	河南省国防科工局	2014 年	陈力得
102	郑州分公司	优秀女职工工作者	省部级	郑州市总工会	2014 年	沙萱霖

续表

序 号	获奖项目	奖项名称	奖项等级	颁奖机构	获奖日期	获奖集体或个人
103	郑州分公司	优秀工会工作者	省部级	郑州市总工会	2014 年	沙萱霖
104	郑州分公司	知识型职工标兵	省部级	郑州市总工会	2014 年	沙萱霖
105	郑州分公司	五一劳动奖章	省部级	郑州市总工会	2014 年	沙萱霖
106	公司	集团公司“2013 年度财务决算管理先进单位”荣誉称号	省部级	中国核工业集团公司财务部	2014-11	财会部
107	共青团工作	中央企业五四红旗团委	省部级	国资委团工委	2014 年	公司团委
108	党建工作	中核集团先进基层党组织	省部级	中国核工业集团公司	2014 年	福清项目部党总支
109	个人	核工业创建 60 周年 LOGO 优秀作品大赛一等奖	省部级	中国核工业集团公司	2014 年	尚丽华
110	公司工会	京区单位职工歌咏比赛第一名	省部级	中国核工业集团公司	2014 年	公司工会

续表

序号	获奖项目	奖项名称	奖项等级	颁奖机构	获奖日期	获奖集体或个人
111	公司工会	趣味运动会获团体总分第二名	省部级	中国核工业集团公司	2014年	公司工会
112	公司工会	“青联杯”职工足球比赛中荣获第二名	省部级	中国核工业集团公司	2014年	公司工会
113	安全生产	河北省“安康杯”竞赛优胜班组	省部级	河北省总工会、河北省安全生产监督管理局	2014年	河北分公司综合办公室
114	“凤舞盛世　中核腾飞”	纪念核工业创建60周年LOGO（标识）征集活动一等奖	省部级	中国核工业集团公司	2014年	尚丽华（河北分公司建筑结构所）
115	陈建民—核动力板块——奉献之美	最美中核人	省部级	中国核工业集团公司	2014年	陈建民
116	梁振旸—核动力板块——创新之美	最美中核人	省部级	中国核工业集团公司	2014年	梁振旸
117	荆春宁—核动力板块——创新之美	最美中核人	省部级	中国核工业集团公司	2014年	荆春宁

二、公司优秀评选

（一）公司2014年度十佳员工

公司2014年度“十佳员工”名单及事迹简介如附表2-2所示。

附表2-2

序 号	单 位	姓 名	性 别	事 迹 简 介
1	核设备所	崔 岚	女	她是核工程材料领域的巾帼英雄。现任核设备所材料研究与应用室主任。材料研发中，她锐意进取、敢于创新；标准化建设征程中，她勇挑重担、精益求精；ACP1000工程设计中，她激情满怀、无私奉献。平凡的岗位上，她干出了不平凡的业绩
2	方家山项目部	马景卫	男	他是一个刚过而立之年的青年人，却有着“不惑”之年的干练与坚韧。作为CNPE第一批总承包项目采购管理工作的开拓者，他是现场检验运输岗位的“拓荒者”
3	信息文档部	郭晓芳	女	公司信息系统的建设与运维离不开一批人的辛劳付出。她作为其中的一员，积极组织和推进信息系统的建设，不断推进信息系统运行管理规范，确保信息系统安全稳定高效运行。她的勇挑重担和不断进取让她成为这一批人中的佼佼者
4	总图地质所	王旭宏	男	他主管岩土专业业务。他带领团队多次获得国家级、部级咨询类奖项，提升了公司的行业地位和影响力。“通过5~10年的专业建设，打造一支我国岩土工程领域的一流技术队伍”带着这样的梦想，他一直在努力向前

续表

序号	单位	姓名	性别	事迹简介
5	河北分公司	杨 勇	男	他来自河北分公司机务室，ACP1000常规岛设总。在从事电站设计工作中，他潜心钻研专业技术，不断探索推进常规岛设计管理精细化，在核电项目常规岛设计管理、常规岛设计能力培养方面取得了突出成绩
6	人力资源部	胡伊舟	男	他是一位年轻的处长，主管专业技术人才招聘与开发相关工作。他将“三个服务于”的核心理念落到实处，兢兢业业、求真务实，展现出一位优秀核工业青年的能力和担当
7	工程管理部	李小栟	男	福方项目的建设历程，既是公司成长的历程，也是无数员工的成长历程。他就是其中一位，先后参与了公司多个核电、核化工工程总承包项目项目控制与项目管理工作。认真严谨、善于创新、服从大局，在公司总承包项目中实现着自己的快速成长
8	总体所	张国强	男	公司总体所总体室主任的岗位，对他来说意味着责任和担当。2014年，作为ACP1000总体方案牵头单位的牵头室，他带领团队与公司其他单位共同协作，走出一条属于中国自己三代机型的自主创新之路，勤勉攻坚而无惧坎坷
9	系统与布置设计所	李 军	男	天道酬勤，现任系统与布置设计所副所长的他，喜欢用数字说话。参与编制近10项行业标准；发表5篇科技论文收录在EI检索期刊；获得10余项省部级奖项；申报的6项发明或实用新型专利获得授权。他只知道，山不拒细壤、海不择细流；只相信，每件事情都要做到极致

续表

序 号	单 位	姓 名	性 别	事 迹 简 介
10	化工所	张 威	男	他始终扎扎实实奋战在放射性废物管理领域的最前线。作为工艺带头人，他和团队一起，出色地完成了多项国家重大工程项目和科研任务。在玻璃固化等工程项目写下了属于自己的一笔

（供稿人：张妍妍）

（二）公司2014年度优秀共产党员

公司2014年度优秀共产党员名单及事迹简介如附表2-3所示。

附表2-3

序 号	单 位	姓 名	性 别	事 迹 简 介
1	质量保证部党支部	李正华	男	该同志参加工作以来，忠诚事业、服从大局、爱岗敬业、团结同志、甘于奉献。作为主要参与者的“α密封技术与工程应用”项目于2013年获中核集团公司科学技术奖二等奖、工业和信息化部国防科学技术进步奖二等奖。对自己在2012—2013年6次项目质量监督检查中亲自发现的20个施工实体质量问题（隐患），提出良好处理意见，2014年4次亲临项目部跟踪落实、检查整改情况（已整改19项）
2	安全管理部党支部	杨 宇	男	两年来，他一直以优秀党员的标准严格要求自己，发挥党员先锋模范作用。邀请挪威船级社，应用国际安全及可持续评级标准，从绩效标准化、管理标准化和现场标准化等三个方面，共18个要素以及147个子要素，对福清和昌江项目安全状态进行了全面评估，这是公司首次采用国际标准进行全方位、系统性的安全管理领域对标工作

续表

序号	单位	姓名	性别	事迹简介
3	反应堆工艺研究所党支部	霍小东	男	他因突出的技术能力，过硬的政治素质和良好的道德品质，赢得了广大干部职工的广泛好评。自工作以来，他已在国内外科技刊物和会议上发表学术论文 20 余篇，修订国家标准 1 项。参与完成的四〇四后处理中试厂乏燃料贮存水池扩建工程可行性研究项目，获 2012 年核工业部优秀工程咨询成果一等奖（第三获奖人），撰写的乏燃料后处理工艺临界安全研究论文获得优秀国防科技报告。在 2010 年度，他被评为中国核电工程有限公司优秀员工
4	821 项目部党支部	郝文江	男	他时刻保持一身正气，恪尽职守。2012 年以前他几乎是常驻现场，一年 3 次的驻外休假从来没有使用过。八二一核废物处理总承包项目部几年来，实现了低放有机废液处理工程、中低放废液综合治理工程、低放废水处理设施新址新建工程、高放废液玻璃固化工程的前期策划、建安实施、调试移交等一个又一个重要节点
5	总体所党支部	于勇	男	该同志始终保持踏实严谨的工作作风，一直以一名优秀共产党员的标准严格要求自己。在 ACP1000 非能动安全壳热量导出系统（PCS）研发子课题实施过程中，与课题组成员共同完成 PCS 系统配置方案论证、单一传热管传热性能实验研究等，完成 PCS 系统性能综合实验验证，掌握系统运行规律。PCS 系统作为 ACP1000 严重事故预防和缓解措施之一，可以实现事故后安全壳的长期有效排热以确保安全壳作为核电站第三道安全屏障的完整性。该项目研究成果填补了国内空白，达到国际领先水平

续表

序　号	单　位	姓　名	性　别	事　迹　简　介
6	电气仪控所党支部	王彦君	女	她长期工作在核电工程设计、管理一线岗位上，严于律己，具有强烈的事业心和责任感。她做为主设参加的“岭澳二期全数字化仪控系统设计”获2013年度中核集团科学技术二等奖、行业协会科学技术二等奖，“岭澳二期工程设计”获中国核工业勘察设计协会一等奖。在她的带领下，电仪所科研和知识产权保护工作取得了长足的进步，两年时间内申请专利60项，参加了集团科技成果鉴定10余项，多项成果获省部级科学技术奖励
7	核设备所党支部	谢　亮	男	他充分发挥每个人的技术特长，出实策、办实事、不图虚名、不务虚功，以身作则带领大家保质保量完成各项任务。在集团公司重点科技专项“核燃料元件运输容器设计制造技术”项目担任总设计师，是乏燃料运输容器研制、燃料转运装置、燃料格架等多项国家、集团及公司科研项目的领导者和核心成员。作为领导者和核心成员，完成了众多生产和科研任务，获得国家能源科技进步二等奖1项等奖项，是22项授权专利的发明人之一
8	郑州分公司党总支	齐国春	男	事不在大小，但看用心。五个项目，十一载春秋，三十而立，四十不惑，他没有选择，没有间断，无怨无悔地付出了最好的青春年华。在国家重点工程建设项目“四川红华项目”中担任总承包项目经理，项目金额大且性质重要，总承包金额逾2亿元人民币，项目位于山区，条件艰苦，该同志勇挑重担，带领年轻人积极克服种种困难，为保质保量完成项目总体任务做出了积极贡献

续表

序　号	单　位	姓　名	性　别	事　迹　简　介
9	招标中心党支部	陆志锋	男	陆志锋同志政治立场坚定，工作作风正派，立足本岗、着眼大局。2013 年带领处内员工完成招标项目 148 项，中标总金额 26.84 亿元人民币，节资金额 1.84 亿元，节资率 6.4%；2014 年 1—9 月带领处内员工完成招标项目 71 个，中标总金额 5.92 亿元人民币，节资金额 3 892 万元，节资率 6.2%。2014 年所负责组织实施的部门效能监察工作在公司评比中荣获三等奖
10	建筑所党支部	吕　飞	男	他凭借自身一贯兢兢业业、一丝不苟的工作态度和积极探索、严谨务实的实干精神，将新承担的工作做得有声有色。主动承担 ACP1000 项目（福清核电厂 5、6 号机组和巴基斯坦 K2-K3 核电机组）的核岛基岩负挖施工图设计工作。认真组织和协调各专业的接口条件，解决现场施工过程中业主或施工单位提出的各类技术问题，努力工作，按进度要求完成施工图纸的出版。他多次赴核电工程现场，解决施工中遇到的各种疑难技术问题，以实际行动推动了 ACP1000 核电工程工作的开展
11	福清项目部党总支	张洪武	男	福清 1 号机组的总承包任务的完成，离不开张洪武等一批共产党员的不畏困难、奋勇拼搏和率先垂范。在他牵头组织下，部门编制了《施工管理一部主要接口手册》。为提高部门工作效率，成立了“施工管理一部施工信息管理系统小组”，力促施工信息管理系统项目的落地。积极推动建立福清项目部五级、六级进度计划管理体系，加强了对计划完成情况的考核。目前福清项目部进度计划管理已步入正轨

续表

序 号	单 位	姓 名	性 别	事 迹 简 介
12	调试部 党总支	张彦国	男	张彦国同志不但在管理上有卓越的能力，在技术上是能手，在现场工作时更是身先士卒，起到模范带头作用。在海南核电一号机组的调试试验中，带领机械队全体成员克服人员少，任务多的艰苦条件，圆满完成了一号机组水压试验机械保障工作，一号机安全壳打压工作，PMC 调试工作，现场消缺处理工作，各工艺队试验配合工作，较好地完成了年度调试任务
13	方家山项目部 党总支	郭雷钢	男	他处处以大局为重，胸装“一盘棋”，从不因个人压力大、困难多而抱怨和叹息，由此，他获得了抗压能力强、能够啃“硬骨头”的美誉。2014 年在方家山工程建设中，积极推进进度联合管控和考核激励体系，顺利实现年度 JYK 考核任务；主导实施《进度管理文集》的编辑出版任务，勇于担当方家山工程大型经验反馈出版书籍的责任编辑；其牵头的项目部风险管理提升立项获风险评优活动一等奖；策划建立了方家山项目部目标管理体系，创新部门绩效责任书、工作目标、经理 TOP10 等多项管理措施
14	化工所 党支部	吴 华	男	吴华同志一直奋斗在各项工作任务的最前沿，是同事们心中的一个标杆。以他为项目负责人的“立式送料剪切机性能改进研究”有效的改进了剪切机的性能指标—将剪切刀具寿命提高了 5 倍，解决了低温恶劣环境下高精度定点测量等难题。此科研成果获得了国防科学技术进步二等奖，“立式送料剪切机性能改进研究研制”被评为优秀国防科技报告

续表

序　号	单　位	姓　名	性　别	事　迹　简　介
15	总图地质所党支部	耿学勇	男	耿学勇同志身为一名年轻的党员和基层干部，始终保持谦虚谨慎、团结同志、不断进取的工作作风，在技术、业务和管理工作中不断探索创新、追求卓越，在短短几年的工作中做出了突出成绩。工作至今，其参编的技术文件多次获评优秀国防科技报告和部级优秀工程咨询二等以上奖项。耿学勇同志带领的项目组经过近一年的努力，“核电厂软岩地基试验研究项目现场载荷试验”于今年 10 月顺利通过验收
16	人力资源部党支部	叶　芊	女	伴随着公司人力资源部的发展及人力资源管理改革，她始终以高标准严格要求自己，认真踏实，积极进取，充分发挥自己的专业优势，主动思考，出谋划策，以高度的责任心认真完成每一项任务。2013 年，在各相关单位的大力支持和配合下，成功实施了项目部员工用工形式转换工作，不仅成功为人力资源部实现了多元化用工比例超过 30% 的 JYK 摸高目标，而且当年直接为公司节约工资总额 581 万元
17	四达贝克斯工程监理公司党总支	苗晓强	男	在参与三个核电工程的土建质量控制工作的 8 年多时间中，始终坚守自己的工作岗位，以党员标杆严格要求自己，兢兢业业，踏实认真。在 1MX 常规岛主厂房施工期间，为给汽轮发电机组轴系中心复找、靠背轮螺栓的绞孔及螺栓连接创造先决条件，积极查阅各种资料和文件，主动对汽轮机隔振器释放增加了解。同时主动联系包括厂家在内的各方梳理汽轮机弹簧隔振器释放制约因素并逐个解决，加班加点推进释放工作，使得计划 10 天的工期最终用 4 天完成，为常规岛施工关键线路施工创造有利条件

续表

序 号	单 位	姓 名	性 别	事 迹 简 介
18	河北分公司党总支	李 伟	男	李伟同志始终坚持任劳任怨、兢兢业业、恪尽职守，以严谨的工作态度和忘我的敬业精神在自己的岗位上勤奋工作。凭借自己5年多的办公室工作经验，将纷繁复杂的工作融会贯通，推行PDCA管理模式，开拓了办公室工作新局面。在宣传工作中，首先提出并组织编制了分公司第一个内部刊物《工作动态》，使其成为分公司企业文化宣传的重要载体与平台；在内部管理方面，提议并设立办公室周例会工作制度，提高执行力起了较大促进作用
19	徐大堡项目部党支部	张灵杰	女	她虽是核电建设基层的一名普通党员，但工作中时刻以优秀党员的标准严格要求自己，服从领导、团结同志、爱岗敬业、好学上进。她负责现场安全环保体系建立与维护管理期间，对安全生产环节检查到位，2013年被授予公司“安全先进个人”称号，2014年7月底发布《徐大堡项目部岗位HSE责任说明书》，9月初制定了项目部HSE系列培训计划，按计划跟踪开展HSE系列培训，并走好效果评估与改进
20	田湾项目部党总支	孟 帅	男	孟帅同志始终以高标准严格要求自己，敬业爱岗，勤勉踏实，团结同事，乐于奉献，在田湾核电工程建设领域做出了突出成绩。他所负责的3号核岛特殊地质体处理项目，有效统筹协调施工、勘察、设计等各方优势资源，经济有效地完成了特殊地质体的处理，节省工程费用约2 862.65万元人民币，节省3号核岛关键路径工期22天。在3、4号机组核岛土建施工管理阶段，31UQB子项进度出现较大进度滞后的情况，他作为子项负责人，多次组织召开进度协调会，最终在该子项后续的节点赶回三级计划

（供稿人：张妍妍）

（三）公司 2014 年度考核优秀名单

公司 2014 年度考核优秀干部名单如附表 2-4 所示。

附表 2-4

序 号	所属单位	姓 名	职 务	考核等级
1	总工程师办公室	信天民	常务副总工程师兼北京核工程研究设计院院长	A
2	总工程师办公室	吕冬宝	公司副总工程师	A
3	总工程师办公室	王长东	公司副总工程师	A
4	总工程师办公室	赵 侠	公司副总工程师	A
5	总工程师办公室	薛海宁	公司副总工程师	A
6	总经理办公室	贺旭霞	主任	A
7	规划发展部	陈学营	主任	A
8	人力资源部	王秋林	主任	A
9	财会部	杜长荣	主任	A
10	监察审计部	陈首雷	主任	A
11	方家山项目部	陈建民	项目总经理	A
12	田湾项目部	沈振田	项目总经理	A
13	821 项目部	郝文江	项目总经理	A
14	漳州项目部	才 峙	副总经理（主持工作）	A
15	郑州分公司	于利祥	分公司总经理	A
16	深圳分院	魏 嵘	分院院长	A
17	监理公司	黄思伟	子公司总经理	A
18	反应堆工艺研究所	毛亚蔚	所长	A
19	电气仪控所	肖代云	所长	A
20	建筑所	王宝树	所长	A
21	工程经济所	杨利荣	所长	A
22	规划发展部	杨景龙	副主任	A

续表

序 号	所属单位	姓 名	职 务	考核等级
23	人力资源部	罗 军	副主任	A
24	科技部	王 蔚	副主任	A
25	经营合同部	李 芳	副主任	A
26	工程管理部	葛育勤	副主任	A
27	党群工作部	孔美荣	副主任	A
28	设计院	荆春宁	副院长、ACP1000 型号总设计师	A
29	设计院	堵树宏	AP1000 型号总设计师	A
30	采购部	董治国	副主任	A
31	采购部	宗岳良	副主任	A
32	调试部	钟小华	副主任、兼福清 3、4 号项目调试部总经理	A
33	福清项目部	惠宏彦	副总经理	A
34	福清项目部	张继心	副总经理	A
35	方家山项目部	李现军	副总经理	A
36	海南项目部	曹旭光	副总经理兼现场总经理	A
37	海南项目部	张鹏飞	副总经理	A
38	821 项目部	杨建明	副总经理	A
39	科研设计管理部	徐义兴	副主任	A
40	科研设计管理部	于新华	副主任	A
41	总体所	宋代勇	副所长	A
42	总体所	唐 涛	所总工程师	A
43	反应堆工艺研究所	霍小东	副所长	A
44	系统与布置设计所	于凤云	所总工程师	A
45	核设备所	张耀春	副所长	A
46	核设备所	高明清	所总工程师	A
47	化工所	陈 勇	副所长	A

续表

序　号	所属单位	姓　名	职　务	考核等级
48	化工所	赵华松	副所长	A
49	建筑所	李玉民	副所长兼所总工程师	A
50	建筑所	王东海	副所长	A
51	总图地质所	王旭宏	副所长	A
52	总图地质所	郑权利	所总工程师	A
53	工程经济所	张　弘	所总工程师	A
54	前期工作部	管永涛	副总经理	A
55	中核核电检测中心	战仕全	主任	A
56	河北分公司	赵　荣	副总经理	A
57	郑州分公司	陈力得	副总经理	A
58	上海分院	张　进	副院长	A
59	深圳分院	钟拥政	副院长	A
60	监理公司	王苏伟	副总经理	A
61	民用设计院	刘永鹏	副主任	A
62	河北分公司建筑结构所	陈庆国	所长	A
63	河北分公司综合办公室	张　鹏	副主任（主持工作）	A
64	河北分公司核工程研究设计所	方　琳	所长	A
65	河北分公司设计管理部	高俊芳	副主任（主持工作）	A
66	河北分公司建筑结构所	刘建辉	副所长兼所总工程师	A
67	河北分公司核工程研究设计所	李建敏	副所长	A
68	河北分公司核工程研究设计所	尹增广	所总工程师	A
69	郑州分公司副总工程师	李　缨	副总工程师	A
70	郑州分公司副总工程师	汪建峰	副总工程师	A
71	郑州分公司人力资源部	王雪芹	主任	A
72	郑州分公司技术质量部	孙瑞平	主任	A
73	郑州分公司三维信息档案中心	周广超	副主任（主持工作）	A

续表

序 号	所属单位	姓 名	职 务	考核等级
74	郑州分公司核电工艺设计所	杨德刚	所长	A
75	郑州分公司电气仪控设计所	王德军	所长	A
76	郑州分公司土建设计所	李 昊	所长	A
77	郑州分公司核工程研究设计所	李芳林	所长	A
78	郑州分公司民用建筑设计研究所	李志刚	所长	A
79	郑州分公司工程管理部	王新顺	主任	A
80	郑州分公司人力资源部	武文斌	副主任	A
81	郑州分公司技术质量部	周燕林	副主任	A
82	郑州分公司核电工艺设计所	张步岭	副所长	A
83	郑州分公司土建设计所	同浩强	副所长	A
84	郑州分公司核工程研究设计所	翟家海	副所长	A
85	郑州分公司民用建筑设计研究所	史宏伟	副所长	A
86	郑州分公司工程管理部	齐国春	副主任	A

公司2014年度考核优秀员工名单如附表2-5所示。

附表 2-5

序 号	所属单位	姓 名	职务/岗位	人员类别	考核等级
1	总经办	何一乐	公共关系专员	劳动合同制	A
2	总经办	杨 呈	外事处副处长	劳动合同制	A
3	总经办	郭新海	总工服务处秘书	劳动合同制	A
4	总经办	陈永望	保密专员	技术服务	A
5	党群工作部	杜晓颖	工会文员	劳务派遣	A
6	监察审计部	蔡雅楠	处长	劳动合同制	A
7	财会部	马继静	预算管理	劳动合同制	A

续表

序　号	所属单位	姓　名	职务/岗位	人员类别	考核等级
8	财会部	习　诚	出纳	劳动合同制	A
9	财会部	张怡菲	总账管理	劳动合同制	A
10	财会部	汪徐根	处长	劳动合同制	A
11	财会部	崔大帅	科研经费管理与核算	劳动合同制	A
12	信息文档部	郭晓芳	应用系统处处长	劳动合同制	A
13	信息文档部	郑立伟	应用主管	劳动合同制	A
14	信息文档部	李景阳	数据中心主管	技术服务	A
15	信息文档部	陈方芳	文件整编管理员	技术服务	A
16	信息文档部	张辰星	文件整编员	劳务派遣	A
17	信息文档部	赵荣青	文件整编员	劳务派遣	A
18	信息文档部	高宇斌	实物档案保管员	劳务派遣	A
19	科技部	刘立平	科研管理	劳动合同制	A
20	科技部	杨懿涵	副处长	劳动合同制	A
21	采购部	赵海存	采购副经理	劳动合同制	A
22	采购部	王静龙	采购经理	劳动合同制	A
23	采购部	马可腾	采购经理	劳动合同制	A
24	采购部	薛润泽	采购副经理	劳动合同制	A
25	采购部	刘晓峰	采购经理	劳动合同制	A
26	采购部	杨玲玲	计划科副科长	劳动合同制	A
27	采购部	王　峰	绩效考核主管	劳动合同制	A
28	采购部	周慧敏	风险管理工程师	技术服务	A
29	采购部	熊　凯	计划工程师	技术服务	A
30	采购部	赵　昱	计划工程师	技术服务	A
31	采购部	贺　婧	副科长	技术服务	A
32	采购部	李京玉	计划工程师	技术服务	A
33	采购部	宋小超	现场采代	劳动合同制	A
34	采购部	罗　松	核岛协调工程师	技术服务	A

续表

序 号	所属单位	姓 名	职务/岗位	人员类别	考核等级
35	采购部	乔肖楠	采购主管	劳动合同制	A
36	采购部	夏玉阳	合同管理工程师	技术服务	A
37	采购部	李斌斌	采购主管	劳动合同制	A
38	采购部	卢 璇	采购主管	劳动合同制	A
39	采购部	陈 旭	费用主管	劳动合同制	A
40	采购部	张荣欣	合同执行	劳动合同制	A
41	采购部	戴芳芳	质保体系科程序主管	劳动合同制	A
42	采购部	玄兆达	监造管理工程师	劳动合同制	A
43	采购部	于 妍	报关商检主管	劳动合同制	A
44	采购部	胡云鹏	通风设备科副科长	劳动合同制	A
45	采购部	李惠玲	辅助设备科副科长	劳动合同制	A
46	采购部	刘建伟	主泵科副科长	劳动合同制	A
47	采购部	宋云鹏	项目执行经理	劳动合同制	A
48	采购部	乔海涛	项目执行经理	劳动合同制	A
49	采购部	赵 涛	阀门科长	劳动合同制	A
50	采购部	车 威	阀门副科长	劳动合同制	A
51	采购部	张 猛	项目负责人	劳动合同制	A
52	采购部	武 婧	项目负责人	劳动合同制	A
53	采购部	鲁 朝	副科长	劳动合同制	A
54	采购部	李晨焱	计划工程师	劳动合同制	A
55	采购部	吴德波	科长	劳动合同制	A
56	采购部	钟 滔	副科长	劳动合同制	A
57	采购部	郭 晶	副科长	劳动合同制	A
58	采购部	钟 柏	项目经理	劳动合同制	A
59	采购部	田 浩	科长	劳动合同制	A
60	采购部	唐中富	计划工程师	劳动合同制	A
61	采购部	耿汉亭	副科长	劳动合同制	A

续表

序 号	所属单位	姓 名	职务/岗位	人员类别	考核等级
62	采购部	刘凤钢	项目经理	劳动合同制	A
63	采购部	赵素朝	科长	劳动合同制	A
64	采购部	常 磊	能力建设主管	劳动合同制	A
65	采购部	康春雨	监造管理工程师	劳动合同制	A
66	采购部	孟 蕾	监造管理工程师	劳动合同制	A
67	采购部	田利凯	监造管理工程师	劳动合同制	A
68	采购部	张 瑶	监造管理工程师	劳动合同制	A
69	采购部	王 娜	行政秘书	劳务派遣	A
70	采购部	王 娟	行政秘书	劳务派遣	A
71	采购部	程 菲	文档	劳务派遣	A
72	采购部	贾利蓉	采买工程师	劳务派遣	A
73	采购部	吴光升	信息化辅岗	劳务派遣	A
74	采购部	刘丽娜	接口工程师	劳务派遣	A
75	工程管理部	于 航	项目管理	劳动合同制	A
76	工程管理部	夏新沛	进度管理	劳动合同制	A
77	工程管理部	刘学姣	费用控制	劳动合同制	A
78	工程管理部	赵校波	处长	劳动合同制	A
79	工程管理部	周传心	施工管理	劳动合同制	A
80	工程管理部	闫 飞	机械设备调试、维修	劳动合同制	A
81	质量保证部	高明然	信息/经验反馈主管	劳动合同制	A
82	质量保证部	潘暑风	体系管理处处长	劳动合同制	A
83	规划发展部	刘永超	职员	劳动合同制	A
84	规划发展部	郭晓博	职员	劳动合同制	A
85	安全管理部	姬宗锋	经验反馈和信息主管	劳动合同制	A
86	安全管理部	胡永胜	监督检查主管	劳动合同制	A
87	招标中心	李 宾	招标主管	劳动合同制	A
88	招标中心	高 鹍	招标主管	技术服务	A

续表

序　号	所属单位	姓　名	职务/岗位	人员类别	考核等级
89	招标中心	陈广恒	综合管理处副处长（主持工作）	劳动合同制	A
90	人力资源部	刘晓禹	人力资源规划管理	劳动合同制	A
91	人力资源部	孙　伟	绩效管理	劳动合同制	A
92	人力资源部	金　秋	职称管理	技术服务	A
93	人力资源部	张　蓓	综合事务管理	劳务派遣	A
94	经营合同部	盛朕业	一般员工	劳动合同制	A
95	经营合同部	李　杰	一般员工	劳动合同制	A
96	经营合同部	杨　倩	一般员工	劳动合同制	A
97	经营合同部	刘　勃	合同管理	劳动合同制	A
98	经营合同部	王志彬	合同管理	劳动合同制	A
99	经营合同部	赵宁宁	合同管理	劳动合同制	A
100	经营合同部	任晓煜	合同管理	劳动合同制	A
101	经营合同部	郭佳馨	文秘	劳务派遣	A
102	调试部	李河橘	副科长	劳动合同制	A
103	调试部	赵井涛	副科长	劳动合同制	A
104	调试部	陈力勇	副科长	劳动合同制	A
105	调试部	吴仁彪	副科长	劳动合同制	A
106	调试部	王　灿	副科长	劳动合同制	A
107	调试部	查东健	副科长	劳动合同制	A
108	调试部	朱　峰	副科长	劳动合同制	A
109	调试部	衣晓坤	副科长	劳动合同制	A
110	调试部	白新鹏	副科长	劳动合同制	A
111	调试部	王　浩	副科长	劳动合同制	A
112	调试部	陈　兴	副科长	劳动合同制	A
113	调试部	李锦荣	副科长	劳动合同制	A
114	调试部	许　磊	副科长	劳动合同制	A

续表

序 号	所属单位	姓 名	职务/岗位	人员类别	考核等级
115	调试部	刘 元	副科长	劳动合同制	A
116	调试部	高国甫	副科长	劳动合同制	A
117	调试部	牛明业	副科长	劳动合同制	A
118	调试部	张瑞利	副科长	劳动合同制	A
119	调试部	齐敦杰	副科长	劳动合同制	A
120	调试部	牛 宁	科长	劳动合同制	A
121	调试部	陈应明	科长	劳动合同制	A
122	调试部	洪海泉	项目调试部副经理	劳动合同制	A
123	调试部	高 峰	项目调试部副经理	劳动合同制	A
124	调试部	栾向海	项目调试部副组长	劳动合同制	A
125	调试部	靳 亮	项目调试部经理	劳动合同制	A
126	调试部	刘文杰	项目调试部总经理助理	劳动合同制	A
127	调试部	周文昊	一般员工	劳动合同制	A
128	调试部	王 泉	一般员工	劳动合同制	A
129	调试部	杨秉余	一般员工	劳动合同制	A
130	调试部	高 翔	一般员工	劳动合同制	A
131	调试部	胡 寅	一般员工	劳动合同制	A
132	调试部	白云涛	一般员工	劳动合同制	A
133	调试部	茹 毅	一般员工	劳动合同制	A
134	调试部	周 攀	一般员工	劳动合同制	A
135	调试部	张阿敏	一般员工	劳动合同制	A
136	调试部	李攀峰	一般员工	劳动合同制	A
137	调试部	叶 明	一般员工	劳动合同制	A
138	调试部	张俊龙	一般员工	劳动合同制	A
139	调试部	郭 亮	一般员工	劳动合同制	A
140	调试部	吴洪浩	一般员工	劳动合同制	A
141	调试部	胡勤威	一般员工	劳动合同制	A

续表

序 号	所属单位	姓 名	职务/岗位	人员类别	考核等级
142	调试部	夏秀城	一般员工	劳动合同制	A
143	调试部	王文华	一般员工	技术服务	A
144	调试部	李小倩	一般员工	技术服务	A
145	调试部	张晓婷	一般员工	劳务派遣	A
146	调试部	李 娟	一般员工	劳务派遣	A
147	调试部	吴炜娟	一般员工	业务外包	A
148	调试部	李 芳	一般员工	业务外包	A
149	调试部	刘保山	一般员工	业务外包	A
150	调试部	张继成	一般员工	业务外包	A
151	调试部	张 彪	一般员工	业务外包	A
152	调试部	闫 飞	一般员工	业务外包	A
153	调试部	王玉洁	一般员工	业务外包	A
154	调试部	邓 昌	一般员工	业务外包	A
155	调试部	杜筱甜	一般员工	业务外包	A
156	调试部	胡利明	一般员工	业务外包	A
157	调试部	肖方榜	一般员工	业务外包	A
158	调试部	朱文新	一般员工	业务外包	A
159	调试部	王宪聚	一般员工	业务外包	A
160	调试部	李 光	一般员工	业务外包	A
161	调试部	郑胜伟	一般员工	业务外包	A
162	调试部	赵柯尧	一般员工	业务外包	A
163	调试部	丁九龄	一般员工	业务外包	A
164	调试部	孟祥杰	一般员工	业务外包	A
165	调试部	黄家龙	一般员工	业务外包	A
166	调试部	王文龙	一般员工	业务外包	A
167	调试部	叶晓礼	一般员工	业务外包	A
168	调试部	邹明敏	一般员工	业务外包	A

续表

序　号	所属单位	姓　名	职务/岗位	人员类别	考核等级
169	调试部	石畅杰	一般员工	业务外包	A
170	调试部	刘　涛	一般员工	业务外包	A
171	调试部	文栋栋	一般员工	业务外包	A
172	调试部	陈　杰	一般员工	业务外包	A
173	调试部	党军伟	一般员工	业务外包	A
174	调试部	刘月超	一般员工	业务外包	A
175	调试部	郭武生	一般员工	业务外包	A
176	调试部	朱　文	一般员工	业务外包	A
177	北京民用设计院	刘　波	建筑设计	劳动合同制	A
178	北京民用设计院	王晓辉	建筑二室主任	劳动合同制	A
179	北京民用设计院	王经建	结构专业室主任	劳动合同制	A
180	北京民用设计院	孙建超	结构设计	劳动合同制	A
181	设计院科研设计管理部	杨绍石	处长	劳动合同制	A
182	设计院科研设计管理部	李晓民	处长	劳动合同制	A
183	设计院科研设计管理部	陈　兵	科研设计多项目管理负责人	劳动合同制	A
184	设计院科研设计管理部	张　利	AP1000 设计经理	劳动合同制	A
185	设计院科研设计管理部	李云屹	ACP100 设计经理	劳动合同制	A
186	设计院科研设计管理部	李雪明	WWER 设计经理	劳动合同制	A
187	设计院科研设计管理部	李文雎	M310 设计经理	劳动合同制	A

续表

序 号	所属单位	姓 名	职务/岗位	人员类别	考核等级
188	设计院科研设计管理部	李晓天	合同经理	劳动合同制	A
189	设计院科研设计管理部	王思牧	合同经理	劳动合同制	A
190	设计院科研设计管理部	张 晅	目标绩效\人力\内控\组织	劳动合同制	A
191	设计院科研设计管理部	蔡正皓	研究与应用支持	劳动合同制	A
192	设计院科研设计管理部	王 佺	技术支持	劳动合同制	A
193	设计院科研设计管理部	甄 杰	系统维护	劳动合同制	A
194	设计院科研设计管理部	安晓东	设总	劳动合同制	A
195	设计院科研设计管理部	刘诗华	设计副经理	劳动合同制	A
196	设计院科研设计管理部	李 阳	设总助理	劳动合同制	A
197	设计院科研设计管理部	范 瑾	设总	劳动合同制	A
198	设计院科研设计管理部	马 敬	设总	劳动合同制	A
199	设计院科研设计管理部	李鹏飞	科研	劳动合同制	A
200	设计院科研设计管理部	方立强	科研、安全、项目管理	劳动合同制	A
201	设计院科研设计管理部	王晓曦	台帐管理员兼文档	劳务派遣	A

续表

序　号	所属单位	姓　名	职务/岗位	人员类别	考核等级
202	设计院科研设计管理部	程佳怡	培训/信息/报奖	劳务派遣	A
203	设计院科研设计管理部	陆紫薇	文员	劳务派遣	A
204	设计院科研设计管理部	秦　璇	项目秘书	劳务派遣	A
205	设计院总体所	张国强	室主任/高工	劳动合同制	A
206	设计院总体所	蒋慧黠	工程师	劳动合同制	A
207	设计院总体所	吴宇翔	高工	劳动合同制	A
208	设计院总体所	赵德鹏	工程师	劳动合同制	A
209	设计院总体所	喻新利	室主任工/高工	劳动合同制	A
210	设计院总体所	马　超	工程师	劳动合同制	A
211	设计院总体所	闫　林	工程师	劳动合同制	A
212	设计院总体所	王高鹏	工程师	劳动合同制	A
213	设计院总体所	李艳丽	工程师	劳动合同制	A
214	设计院总体所	杨庆明	工程师	劳动合同制	A
215	设计院总体所	刘海宇	工程师	劳动合同制	A
216	设计院总体所	郝朋飞	工程师	劳动合同制	A
217	设计院总体所	赵树峰	安审副主任/高工	劳动合同制	A
218	设计院堆工所	王红霞	四级设计师	劳动合同制	A
219	设计院堆工所	易　璇	室副主任	劳动合同制	A
220	设计院堆工所	杨长江	室主任工程师	劳动合同制	A
221	设计院堆工所	雷宁博	一级设计员	劳动合同制	A
222	设计院堆工所	石雪垚	二级设计员	劳动合同制	A
223	设计院堆工所	王　辉	二级设计员	劳动合同制	A
224	设计院堆工所	江小川	室主任	劳动合同制	A
225	设计院堆工所	米爱军	室主任	劳动合同制	A

续表

序 号	所属单位	姓 名	职务/岗位	人员类别	考核等级
226	设计院堆工所	尤 伟	四级设计师	劳动合同制	A
227	设计院堆工所	白晓平	室主任工程师	劳动合同制	A
228	设计院堆工所	周耀权	一级设计员	劳动合同制	A
229	设计院堆工所	黄树明	一级设计员	劳动合同制	A
230	设计院系布所	王付军	研高/室主任	劳动合同制	A
231	设计院系布所	刘文学	室副主任	劳动合同制	A
232	设计院系布所	张凤阁	研高/室主任	劳动合同制	A
233	设计院系布所	王元珠	研高/室主任	劳动合同制	A
234	设计院系布所	丁 亮	高工	劳动合同制	A
235	设计院系布所	赵 斌	工程师	劳动合同制	A
236	设计院系布所	王广飞	工程师	劳动合同制	A
237	设计院系布所	张 卫	室副主任/工程师	劳动合同制	A
238	设计院系布所	朱明华	助工	劳动合同制	A
239	设计院系布所	姜百华	高工	劳动合同制	A
240	设计院系布所	刘铁军	高工	劳动合同制	A
241	设计院系布所	叶晓丽	高工	劳动合同制	A
242	设计院系布所	李晓霞	室副主任/研高	劳动合同制	A
243	设计院系布所	许克凤	工程师	劳动合同制	A
244	设计院系布所	吴永重	高工	劳动合同制	A
245	设计院系布所	赵 萌	高工	劳动合同制	A
246	设计院系布所	张俊京	高工	劳动合同制	A
247	设计院系布所	洪德训	助工	劳动合同制	A
248	设计院系布所	王振中	工程师	劳动合同制	A
249	设计院系布所	郭静涛	主工/研高	劳动合同制	A
250	设计院系布所	马 莉	副主任/研高	劳动合同制	A
251	设计院系布所	王幽雁	高工	劳动合同制	A
252	设计院系布所	刘占盛	研高/室副主任	劳动合同制	A

续表

序 号	所属单位	姓 名	职务/岗位	人员类别	考核等级
253	设计院系布所	苏 兵	高工	劳动合同制	A
254	设计院系布所	李娜娜	工程师	劳动合同制	A
255	设计院系布所	王春明	室副主任/研高	劳动合同制	A
256	设计院系布所	弓振邦	高级工程师	劳动合同制	A
257	设计院系布所	王艳苹	高级工程师	劳动合同制	A
258	设计院系布所	杨林民	工程师	劳动合同制	A
259	设计院核设备所	刘天斌	室主任	劳动合同制	A
260	设计院核设备所	郭利峰	室主任	劳动合同制	A
261	设计院核设备所	姚 琳	室主任工程师	劳动合同制	A
262	设计院核设备所	王 燕	三级设计师	劳动合同制	A
263	设计院核设备所	刘慧芳	四级设计师	劳动合同制	A
264	设计院核设备所	叶阳春	四级设计师	劳动合同制	A
265	设计院核设备所	刘国彪	四级设计师	劳动合同制	A
266	设计院核设备所	孙奕昀	一级设计员	劳动合同制	A
267	设计院核设备所	陈 科	一级设计员	劳动合同制	A
268	设计院核设备所	赵 伟	三级设计师	劳动合同制	A
269	设计院核设备所	袁 炜	一级设计员	劳动合同制	A
270	设计院核设备所	李 宁	一级设计员	劳动合同制	A
271	设计院核设备所	胡忠全	四级设计师	劳动合同制	A
272	设计院化工所	刘 郢	室副主任	劳动合同制	A
273	设计院化工所	侯媛媛	核化工专业设计	劳动合同制	A
274	设计院化工所	秦永泉	核化工专业设计	劳动合同制	A
275	设计院化工所	张 威	室副主任	劳动合同制	A
276	设计院化工所	武毓勇	室副主任	劳动合同制	A
277	设计院化工所	董海龙	一般员工	劳动合同制	A
278	设计院化工所	孙惠东	一般员工	劳动合同制	A
279	设计院化工所	赵庆彬	主任	劳动合同制	A

续表

序　号	所属单位	姓　名	职务/岗位	人员类别	考核等级
280	设计院化工所	胡锡文	副主任	劳动合同制	A
281	设计院化工所	杨宏悦	设计、科研	劳动合同制	A
282	设计院化工所	吴　华	所副总工	劳动合同制	A
283	设计院化工所	降宇波	非标设备设计	劳动合同制	A
284	设计院化工所	邬　娜	行政文秘	劳务派遣	A
285	设计院电气仪控所	杜德君	四级设计师	劳动合同制	A
286	设计院电气仪控所	汪　勇	四级设计师	劳动合同制	A
287	设计院电气仪控所	张　鹏	三级设计师	劳动合同制	A
288	设计院电气仪控所	张任妍	三级设计师	劳动合同制	A
289	设计院电气仪控所	张玉峰	室主任工程师/二级设计师	劳动合同制	A
290	设计院电气仪控所	范　遂	三级设计师	劳动合同制	A
291	设计院电气仪控所	顾燕春	主任工程师/三级设计师	劳动合同制	A
292	设计院电气仪控所	张　雷	四级设计师	劳动合同制	A
293	设计院电气仪控所	张　楠	四级设计师	劳动合同制	A
294	设计院电气仪控所	费云艳	室主任/二级设计师	劳动合同制	A
295	设计院电气仪控所	冉慧敏	室主任工程师/三级设计师	劳动合同制	A
296	设计院电气仪控所	王　晋	四级设计师	劳动合同制	A
297	设计院电气仪控所	张翼飞	四级设计师	劳动合同制	A
298	设计院电气仪控所	张　伟	三级设计师	劳动合同制	A
299	设计院电气仪控所	赵卫军	三级设计师	劳动合同制	A
300	设计院电气仪控所	蒋戈凌	三级设计师	劳动合同制	A
301	设计院电气仪控所	刘爱芬	三级设计师	劳动合同制	A
302	设计院电气仪控所	王　贵	四级设计师	劳动合同制	A

续表

序 号	所属单位	姓 名	职务/岗位	人员类别	考核等级
303	设计院电气仪控所	白江斌	三级设计师	劳动合同制	A
304	设计院电气仪控所	李溪韵	四级设计师	劳动合同制	A
305	设计院电气仪控所	杨庆彧	室副主任/三级设计师	劳动合同制	A
306	设计院电气仪控所	杨利彪	四级设计师	劳动合同制	A
307	设计院电气仪控所	邓旭晨	室主任/三级设计师	劳动合同制	A
308	设计院电气仪控所	黄 耀	四级设计师	劳动合同制	A
309	设计院电气仪控所	冯存强	室主任工程师	劳动合同制	A
310	设计院电气仪控所	杨颖姝	三级设计师	劳动合同制	A
311	设计院电气仪控所	黄九香	文秘	劳务派遣	A
312	设计院建筑所	李 丹	一般员工	劳动合同制	A
313	设计院建筑所	杨献茹	一般员工	劳动合同制	A
314	设计院建筑所	王黎丽	室主任/所副总工	劳动合同制	A
315	设计院建筑所	姚 迪	一般员工	劳动合同制	A
316	设计院建筑所	孙晓颖	一般员工	劳动合同制	A
317	设计院建筑所	东 芳	一般员工	劳动合同制	A
318	设计院建筑所	蒋 迪	一般员工	劳动合同制	A
319	设计院建筑所	杨建华	室主任/所副总工	劳动合同制	A
320	设计院建筑所	隋春光	室副主任	劳动合同制	A
321	设计院建筑所	于 晖	一般员工	劳动合同制	A
322	设计院建筑所	方晚晴	一般员工	劳动合同制	A
323	设计院建筑所	苑 昕	一般员工	劳动合同制	A
324	设计院建筑所	牛晓春	一般员工	劳动合同制	A
325	设计院建筑所	甄 鹤	一般员工	劳动合同制	A
326	设计院建筑所	王 芳	一般员工	劳动合同制	A
327	设计院建筑所	李宇琛	一般员工	劳动合同制	A
328	设计院建筑所	金 宏	一般员工	劳动合同制	A
329	设计院建筑所	杨若冰	一般员工	劳动合同制	A

续表

序 号	所属单位	姓 名	职务/岗位	人员类别	考核等级
330	设计院建筑所	王彦龙	一般员工	劳动合同制	A
331	设计院建筑所	侯树强	一般员工	劳动合同制	A
332	设计院建筑所	王 芳	一般员工	劳动合同制	A
333	设计院建筑所	俞 愈	一般员工	劳动合同制	A
334	设计院建筑所	朱晏琳	一般员工	劳动合同制	A
335	设计院建筑所	王志坚	一般员工	劳动合同制	A
336	设计院建筑所	曹连兵	一般员工	劳动合同制	A
337	设计院建筑所	郭 璇	室主任/高工	劳动合同制	A
338	设计院建筑所	郭韶华	一般员工	劳动合同制	A
339	设计院建筑所	丁大翢	一般员工	劳动合同制	A
340	设计院建筑所	陈 程	一般员工	劳务派遣	A
341	设计院总图地质所	臧 磊	室副主任/总图运输	劳动合同制	A
342	设计院总图地质所	王 威	室副主任助理/总图运输	劳动合同制	A
343	设计院总图地质所	路 清	总图运输	劳动合同制	A
344	设计院总图地质所	王永嗣	总图运输	劳动合同制	A
345	设计院总图地质所	耿学勇	室副主任/岩土工程	劳动合同制	A
346	设计院总图地质所	吕 涛	室主任助理/岩土工程	劳动合同制	A
347	设计院总图地质所	陈立伟	岩土工程	劳动合同制	A
348	设计院工程经济所	胡 江	工程经济所所长助理	劳动合同制	A
349	设计院工程经济所	尚 鑫	业务一室副主任（主持工作）	劳动合同制	A
350	设计院工程经济所	汪 艺	业务二室副主任	劳动合同制	A
351	设计院工程经济所	曲 珺	四级设计师	劳动合同制	A
352	设计院工程经济所	郑保军	二级设计员	劳动合同制	A
353	设计院工程经济所	何 立	二级设计员	劳动合同制	A
354	设计院工程经济所	赵 东	二级设计员	劳动合同制	A

续表

序　号	所属单位	姓　名	职务/岗位	人员类别	考核等级
355	设计院检测中心	陈连杰	环境检测部经理	技术服务	A
356	设计院检测中心	刘明月	试验与运行部经理	技术服务	A
357	设计院检测中心	张　瑞	试验员	技术服务	A
358	核电安全研究中心	郭　强	安全工程师	劳动合同制	A
359	福清项目部	董　嵋	财务会计	劳动合同制	A
360	福清项目部	杨毓琼	党务管理	劳务派遣	A
361	福清项目部	温　恬	文员	劳务派遣	A
362	福清项目部	黄文彪	科长	劳动合同制	A
363	福清项目部	王　晞	副科长（主持工作）	技术服务	A
364	福清项目部	刘亚茹	副经理	劳动合同制	A
365	福清项目部	高嘉宽	仪控设计管理工程师	技术服务	A
366	福清项目部	张志伟	副科长（主持工作）	劳动合同制	A
367	福清项目部	相恒飞	文档员	劳务派遣	A
368	福清项目部	蔡舒畅	文件管理工程师	技术服务	A
369	福清项目部	陈　锋	经理助理兼科长	劳动合同制	A
370	福清项目部	张海江	副科长	技术服务	A
371	福清项目部	杜付健	保管主管	技术服务	A
372	福清项目部	李兴军	仓储工程师	技术服务	A
373	福清项目部	高双银	机械组检验工程师	技术服务	A
374	福清项目部	吴国仁	副科长	技术服务	A
375	福清项目部	杨国富	合同管理	技术服务	A
376	福清项目部	武　卫	合同管理	技术服务	A
377	福清项目部	王斌英	合同管理	技术服务	A
378	福清项目部	王其龙	副经理	劳动合同制	A
379	福清项目部	吴　维	科长	劳动合同制	A
380	福清项目部	邢　辉	副科长	技术服务	A
381	福清项目部	刘　佳	BOP 主管兼常规岛主管	劳动合同制	A

续表

序 号	所属单位	姓 名	职务/岗位	人员类别	考核等级
382	福清项目部	王振兴	体系管理工程师	技术服务	A
383	福清项目部	魏海燕	科长	技术服务	A
384	福清项目部	吴 菁	文员	劳务派遣	A
385	福清项目部	赵宝贵	总经理助理兼经理	劳动合同制	A
386	福清项目部	祝文荣	土建工程师	技术服务	A
387	福清项目部	齐可忆	土建工程师	劳动合同制	A
388	福清项目部	刘兴园	机械工程师	技术服务	A
389	福清项目部	程 露	总平面管理工程师	技术服务	A
390	福清项目部	韩训波	土建工程师	技术服务	A
391	福清项目部	张洪武	经理	劳动合同制	A
392	福清项目部	安小伟	副经理	劳动合同制	A
393	福清项目部	雷震波	副科长	劳动合同制	A
394	福清项目部	徐朝臣	子项工程师	劳动合同制	A
395	福清项目部	赵长军	子项工程师	劳动合同制	A
396	福清项目部	杨金文	大件吊装主管工程师	技术服务	A
397	福清项目部	肖 华	常规岛设备主管工程师	劳动合同制	A
398	福清项目部	吴洪海	副科长	技术服务	A
399	福清项目部	伍汉升	管道工程师	技术服务	A
400	福清项目部	张春杰	管道工程师	技术服务	A
401	福清项目部	柴国飞	核岛电气工程师	技术服务	A
402	福清项目部	王江涛	核岛仪控工程师	技术服务	A
403	福清项目部	闫 岩	科长	技术服务	A
404	方家山项目部	吴英占	项目总经理助理	劳动合同制	A
405	方家山项目部	闫广义	项目总工程师助理	劳动合同制	A
406	方家山项目部	郭雷钢	控制部经理	劳动合同制	A
407	方家山项目部	马新朝	调试部经理	劳动合同制	A
408	方家山项目部	赵 涛	施工部副经理	劳动合同制	A

续表

序　号	所属单位	姓　名	职务/岗位	人员类别	考核等级
409	方家山项目部	张志力	质保部副经理	劳动合同制	A
410	方家山项目部	卜士江	控制部副经理	劳动合同制	A
411	方家山项目部	刘霞光	进度控制工程师	劳动合同制	A
412	方家山项目部	岳　东	设计管理工程师	技术服务	A
413	方家山项目部	赵彩云	焊接工程师	劳动合同制	A
414	方家山项目部	雷晓东	管道工程师	劳动合同制	A
415	方家山项目部	刘鹤群	暖通工程师	技术服务	A
416	方家山项目部	张宜顺	管道工程师	劳动合同制	A
417	方家山项目部	王启聪	电仪工程师	劳动合同制	A
418	方家山项目部	马　龙	机械安装工程师	劳动合同制	A
419	方家山项目部	张　浩	土建工程师	劳动合同制	A
420	方家山项目部	苗刚锋	测量管理工程师	技术服务	A
421	方家山项目部	祖丽燕	档案管理员	劳务派遣	A
422	方家山项目部	张婷婷	人力资源管理员	技术服务	A
423	方家山项目部	马景卫	采购部经理助理	技术服务	A
424	方家山项目部	韩飞飞	仓储管理工程师	技术服务	A
425	方家山项目部	张瑞霞	采购计划管理员	技术服务	A
426	方家山项目部	朱明东	设备检验工程师	技术服务	A
427	方家山项目部	董　斌	合同部经理助理	劳动合同制	A
428	方家山项目部	赵苗苗	概预算员	劳动合同制	A
429	方家山项目部	李春慧	合同工程师	劳动合同制	A
430	方家山项目部	张雪珍	合同工程师	技术服务	A
431	方家山项目部	王文祥	合同工程师	劳动合同制	A
432	方家山项目部	霍志磊	控制部经理助理	劳动合同制	A
433	方家山项目部	时勇杰	质保监督工程师	劳动合同制	A
434	海南项目部	曹旭光	项目副总经理 兼现场总经理	劳动合同制	A

续表

序 号	所属单位	姓 名	职务/岗位	人员类别	考核等级
435	海南项目部	张鹏飞	项目副总经理	劳动合同制	A
436	海南项目部	邓 晶	总经理助理	劳动合同制	A
437	海南项目部	刘学贵	总经理助理	技术服务	A
438	海南项目部	屈灵娇	合同工程师	技术服务	A
439	海南项目部	张 亮	质保工程师	技术服务	A
440	海南项目部	彭亚珠	人事	技术服务	A
441	海南项目部	陈瑞雄	司机班	劳务派遣	A
442	海南项目部	李 健	科长	技术服务	A
443	海南项目部	庞 曼	科长	技术服务	A
444	海南项目部	彭刘丽	副科长	技术服务	A
445	海南项目部	周 伟	机械科副科长	技术服务	A
446	海南项目部	周 非	费用控制	劳动合同制	A
447	海南项目部	刘松松	子项工程师	技术服务	A
448	海南项目部	严魁魁	子项工程师	技术服务	A
449	海南项目部	黄俊峰	施工部仓储科科长	技术服务	A
450	海南项目部	刘小伟	科长	技术服务	A
451	海南项目部	马 壮	综合科副科长	技术服务	A
452	海南项目部	温 康	科长	技术服务	A
453	海南项目部	史莉君	副科长	技术服务	A
454	海南项目部	刘国均	子项工程师	技术服务	A
455	田湾项目部	陈晓庆	出纳	劳务派遣	A
456	田湾项目部	陈苏萍	人事管理	劳动合同制	A
457	田湾项目部	徐 静	行政文秘	劳务派遣	A
458	田湾项目部	陈 昊	IT 运维主管	技术服务	A
459	田湾项目部	王雅舒	交工资料主管	劳务派遣	A
460	田湾项目部	江传方	施工管理部经理	劳动合同制	A
461	田湾项目部	朱启江	施工部副经理	技术服务	A

续表

序　号	所属单位	姓　名	职务/岗位	人员类别	考核等级
462	田湾项目部	于　朋	土建一科副科长	劳动合同制	A
463	田湾项目部	李　林	NI 土建工程师	劳动合同制	A
464	田湾项目部	张一峰	BOP 土建工程师	技术服务	A
465	田湾项目部	王从军	BOP 土建工程师	技术服务	A
466	田湾项目部	朱海宇	NI 设备安装工程师	劳动合同制	A
467	田湾项目部	沈景慧	NI 管道工程师	技术服务	A
468	田湾项目部	岳　猛	电仪科副科长	技术服务	A
469	田湾项目部	孟　静	强电技术员	劳务派遣	A
470	田湾项目部	赵国松	施工部副经理	劳动合同制	A
471	田湾项目部	金　碧	综合计划科副科长	技术服务	A
472	田湾项目部	石　坚	进度计划工程师	技术服务	A
473	田湾项目部	吴占军	检验工程师	技术服务	A
474	田湾项目部	赵国新	仓储科负责人	技术服务	A
475	田湾项目部	杨新立	部门副经理	劳动合同制	A
476	田湾项目部	杨积云	综合科负责人	技术服务	A
477	田湾项目部	李　利	进度管理工程师	劳动合同制	A
478	田湾项目部	刘思志	进度管理工程师	劳动合同制	A
479	田湾项目部	刘风亮	质量保证部经理	劳动合同制	A
480	田湾项目部	张　航	质保工程师	技术服务	A
481	田湾项目部	罗　洪	现场安全经理	劳动合同制	A
482	田湾项目部	马玉华	办证室主管	技术服务	A
483	田湾项目部	李澍林	设计技术部副经理	劳动合同制	A
484	田湾项目部	姜　卓	NI 土建工程师	劳动合同制	A
485	田湾项目部	姜　辛	部门负责人	劳动合同制	A
486	田湾项目部	李训峰	副经理	劳动合同制	A
487	田湾项目部	赵林林	BOP 土建合同工程师	技术服务	A
488	田湾项目部	刘　璇	合同管理工程师	技术服务	A

续表

序 号	所属单位	姓 名	职务/岗位	人员类别	考核等级
489	田湾项目部	于 岚	综合办负责人	技术服务	A
490	田湾项目部	高德隆	行政管理	技术服务	A
491	田湾项目部	杨臆璁	行政助理	劳动合同制	A
492	田湾项目部	王永文	技术协调工程师	劳动合同制	A
493	徐大堡项目部	张勃涵	文档科副科长	劳务派遣	A
494	徐大堡项目部	安 琦	合同管理	技术服务	A
495	徐大堡项目部	赵志成	进度控制	技术服务	A
496	徐大堡项目部	唐怀河	施工管理部副经理	劳动合同制	A
497	徐大堡项目部	陈尚锐	施工部经理助理/核岛科科长（兼）	劳动合同制	A
498	徐大堡项目部	赵 伟	土建管理	技术服务	A
499	徐大堡项目部	林 旭	管道管理	技术服务	A
500	徐大堡项目部	田 鹏	核岛科副科长	技术服务	A
501	徐大堡项目部	张晓鹏	焊接管理	技术服务	A
502	徐大堡项目部	张 强	安全监督	技术服务	A
503	821Z 项目部	谢国强	施工部经理	劳动合同制	A
504	821Z 项目部	王伟福	职员	劳动合同制	A
505	821Z 项目部	顾 琼	质安部经理	劳动合同制	A
506	821Z 项目部	邱 斌	综合部经理	劳动合同制	A
507	漳州项目部	郑顺耀	总经理助理	劳动合同制	A
508	漳州项目部	董维刚	现场计划协调人	劳动合同制	A
509	桃花江项目部	王国旺	现场临时负责人	劳动合同制	A
510	河北分公司	杨 熙	设计	劳动合同制	A
511	河北分公司	杨 勇	室主任工程师/设总	劳动合同制	A
512	河北分公司	张雄谦	设计	劳动合同制	A
513	河北分公司	刘银玲	设计	劳动合同制	A
514	河北分公司	李 伟	综合管理	劳动合同制	A

续表

序 号	所属单位	姓 名	职务/岗位	人员类别	考核等级
515	河北分公司	眭洪涛	设计	劳动合同制	A
516	河北分公司	冀英杰	设计	劳动合同制	A
517	河北分公司	尚丽华	室主任工程师	劳动合同制	A
518	河北分公司	高 鹏	室主任	劳动合同制	A
519	河北分公司	梁鹏虎	室主任工程师	劳动合同制	A
520	河北分公司	梁耀龙	设计	劳动合同制	A
521	河北分公司	吴复忠	设计	劳动合同制	A
522	河北分公司	高冀斌	设计	劳动合同制	A
523	河北分公司	张 巍	设计	劳动合同制	A
524	河北分公司	潘后荣	设计	劳动合同制	A
525	河北分公司	孔敏娜	设计	劳动合同制	A
526	河北分公司	高建栋	设计	技术服务	A
527	河北分公司	崔春雷	设计	劳动合同制	A
528	河北分公司	王亚群	室主任工程师	劳动合同制	A
529	河北分公司	张海波	设计	劳动合同制	A
530	河北分公司	冀世毅	质量管理	劳动合同制	A
531	河北分公司	邱立超	JYK 管理	劳动合同制	A
532	河北分公司	刘栋鑫	综合会计	劳动合同制	A
533	河北分公司	刘 剑	职能管理	劳动合同制	A
534	河北分公司	王印玺	信息化管理	劳动合同制	A
535	河北分公司	刁磊朋	设计	劳动合同制	A
536	河北分公司	王国龙	设计	劳动合同制	A
537	河北分公司	刘晓光	设计	劳动合同制	A
538	河北分公司	杨风松	设计	劳动合同制	A
539	河北分公司	刘志英	专职设总	劳动合同制	A
540	河北分公司	徐志茹	室主任	劳动合同制	A
541	河北分公司	李亚峰	设计	劳动合同制	A

续表

序 号	所属单位	姓 名	职务/岗位	人员类别	考核等级
542	河北分公司	李云涛	设计	技术服务	A
543	河北分公司	焦力兴	设计	劳动合同制	A
544	河北分公司	文 朗	室主任工程师/设计	劳动合同制	A
545	河北分公司	任 婕	文秘	劳务派遣	A
546	郑州分公司	胡仙凤	文秘/综合管理	劳动合同制	A
547	郑州分公司	陈军伟	经济师	劳动合同制	A
548	郑州分公司	魏 然	监理会计	劳动合同制	A
549	郑州分公司	杨 莹	综合管理	劳动合同制	A
550	郑州分公司	马晓晨	核电工程计划管理岗位	劳动合同制	A
551	郑州分公司	杨晓亮	三维工程技术研发	劳动合同制	A
552	郑州分公司	叶碧锋	0738、AP 厂房负责人	劳动合同制	A
553	郑州分公司	张晨光	田湾现场负责人	劳动合同制	A
554	郑州分公司	段海涛	副设总/设计	劳动合同制	A
555	郑州分公司	刘景源	副设总/设计	劳动合同制	A
556	郑州分公司	王 博	工程师	劳动合同制	A
557	郑州分公司	范坤良	工程师	劳动合同制	A
558	郑州分公司	张雁琴	工程师	劳动合同制	A
559	郑州分公司	马太义	工程师	劳动合同制	A
560	郑州分公司	徐成军	工程师	劳动合同制	A
561	郑州分公司	董 栋	工程师	劳动合同制	A
562	郑州分公司	贾红锋	工程师	劳动合同制	A
563	郑州分公司	储进昌	设计	劳动合同制	A
564	郑州分公司	李云龙	室副主任（主持）/设总	劳动合同制	A
565	郑州分公司	韩世超	设计	劳动合同制	A
566	郑州分公司	陶明杰	副主任/设计	劳动合同制	A
567	郑州分公司	姜兴海	电气室主任/电气设计	劳动合同制	A

续表

序　号	所属单位	姓　名	职务/岗位	人员类别	考核等级
568	郑州分公司	秦成立	室主任/设计	劳动合同制	A
569	郑州分公司	张晓菊	电气设计	劳动合同制	A
570	郑州分公司	崔海波	设计、科研	劳动合同制	A
571	郑州分公司	李　岩	工程师/通信设计	劳动合同制	A
572	郑州分公司	张爱民	电气设计	劳动合同制	A
573	郑州分公司	龚欢平	结构二室：室主任/高工	劳动合同制	A
574	郑州分公司	梁文广	结构一室/工程师	劳动合同制	A
575	郑州分公司	代崇阳	结构一室/工程师	劳动合同制	A
576	郑州分公司	张乐乐	暖通室：室副主任/高工	劳动合同制	A
577	郑州分公司	张建辉	建筑室：/工程师	劳动合同制	A
578	郑州分公司	王庆伟	结构一室：室主任/高工	劳动合同制	A
579	郑州分公司	姚　眉	所领导：所副总工/研高	劳动合同制	A
580	郑州分公司	王俊峰	结构二室/工程师	劳动合同制	A
581	郑州分公司	钟达理	给排水室/工程师	劳动合同制	A
582	郑州分公司	石秀军	结构二室/工程师	劳动合同制	A
583	郑州分公司	穆康修	给排水室/高工	劳动合同制	A
584	郑州分公司	刘　方	结构二室/高工	劳动合同制	A
585	郑州分公司	郑亚娟	室主任/化工工艺	劳动合同制	A
586	郑州分公司	刘家礼	室主任/工艺	劳动合同制	A
587	郑州分公司	江保军	副室主任/设备	劳动合同制	A
588	郑州分公司	陈亚宁	副室主任/总图	劳动合同制	A
589	郑州分公司	聂兰强	室主任/辐防	劳动合同制	A
590	郑州分公司	李　明	核化工工艺设计	劳动合同制	A

续表

序 号	所属单位	姓 名	职务/岗位	人员类别	考核等级
591	郑州分公司	田洪涛	工程项目管理、设计	劳动合同制	A
592	郑州分公司	童晓东	非标设计设计	劳动合同制	A
593	郑州分公司	宫本希	核化工工艺设计	劳动合同制	A
594	郑州分公司	吕 雷	非标设计设计	劳动合同制	A
595	郑州分公司	伊万里	辐防设计	劳动合同制	A
596	郑州分公司	曾园金	给排水	劳动合同制	A
597	郑州分公司	毛新征	高级工程师	劳动合同制	A
598	郑州分公司	李妍娜	总图设计	劳动合同制	A
599	郑州分公司	王景常	所长助理兼设计一部部长	劳动合同制	A
600	郑州分公司	林元庆	所副总工程师兼设计二部副部长	劳动合同制	A
601	郑州分公司	赵 婧	室主任	劳动合同制	A
602	郑州分公司	柴云峰	室主任	劳动合同制	A
603	郑州分公司	鲁晓旭	室主任	劳动合同制	A
604	郑州分公司	宋冬霞	室主任	劳动合同制	A
605	郑州分公司	马伟光	室主任工程师	劳动合同制	A
606	郑州分公司	李 伟	室主任工程师	劳动合同制	A
607	郑州分公司	赵柏玲	室主任工程师	劳动合同制	A
608	郑州分公司	王振华	项目副组长	劳动合同制	A
609	郑州分公司	杜 语	室主任工程师	劳动合同制	A
610	郑州分公司	李冠科	设计	劳动合同制	A
611	郑州分公司	鲍永健	设计	劳动合同制	A
612	郑州分公司	伍成凯	设计	劳动合同制	A
613	郑州分公司	高力强	室主任工程师	劳动合同制	A
614	郑州分公司	韩 丹	设计	劳动合同制	A
615	郑州分公司	曹伟科	设计	劳动合同制	A

续表

序　号	所属单位	姓　名	职务/岗位	人员类别	考核等级
616	郑州分公司	章小强	工程师	劳动合同制	A
617	郑州分公司	刘　炫	室副主任	劳动合同制	A
618	郑州分公司	李　璨	室主任	劳动合同制	A
619	郑州分公司	李　玮	概预算	劳动合同制	A
620	郑州分公司	杨海洪	中级设计师	劳动合同制	A
621	郑州分公司	张　雷	科研	劳动合同制	A
622	郑州分公司	侯保启	副科长（主持工作）	劳动合同制	A
623	郑州分公司	严　浩	副科长（主持工作）	劳动合同制	A
624	郑州分公司	代　鑫	工程管理	劳动合同制	A
625	郑州分公司	张胜军	工程管理	劳动合同制	A
626	郑州分公司	张　勇	助工	技术服务	A
627	郑州分公司	王晓帆	设计	技术服务	A
628	郑州分公司	付金辉	助工	技术服务	A
629	郑州分公司	张　尧	电气设计	技术服务	A
630	郑州分公司	袁　勇	结构一室/助工	技术服务	A
631	郑州分公司	党凤丽	设计岗	技术服务	A
632	郑州分公司	宋振飞	设计二部副部长	技术服务	A
633	郑州分公司	聂云霞	室主任工程师	技术服务	A
634	郑州分公司	杨贺龙	设计	技术服务	A
635	郑州分公司	刁志鹏	设计	技术服务	A
636	郑州分公司	李会枫	设计	技术服务	A
637	郑州分公司	罗　涛	设计	技术服务	A
638	郑州分公司	李连东	设计	技术服务	A
639	郑州分公司	刘督政	设计	技术服务	A
640	上海分公司	常秀端	结构设计	劳动合同制	A
641	上海分公司	万艳玲	机电设计管理	劳动合同制	A
642	深圳设计院	黎　雄	设计人员	劳动合同制	A

续表

序 号	所属单位	姓 名	职务/岗位	人员类别	考核等级
643	深圳设计院	王 佳	设计人员	劳动合同制	A
644	深圳设计院	兰 妮	设计人员	借用外部人员	A
645	深圳设计院	贾 璇	设计人员	借用外部人员	A
646	监理公司	张小龙	总经理助理兼经营部主任	劳动合同制	A
647	监理公司	李 强	会计	劳动合同制	A
648	监理公司	郑 迎	综合管理岗	劳动合同制	A
649	监理公司	魏壮磐	土建监理工程师	技术服务	A
650	监理公司	赵晓华	副主任	劳动合同制	A
651	监理公司	马清峰	组长	劳动合同制	A
652	监理公司	宋春雷	监理员	劳动合同制	A
653	监理公司	杨劲原	土建部副主任	劳动合同制	A
654	监理公司	王须超	监理员	劳动合同制	A
655	监理公司	秦志庄	管道监理	劳动合同制	A
656	监理公司	马 贺	质保	劳动合同制	A
657	监理公司	李 忠	副主任/设备监理	劳动合同制	A
658	监理公司	于 龙	测量监理	劳动合同制	A
659	监理公司	张 侠	副组长/仪控监理	劳动合同制	A
660	监理公司	尹逊华	电气监理	劳动合同制	A
661	监理公司	负伟超	焊接监理	劳动合同制	A
662	监理公司	周垚佐	土建监理	劳动合同制	A
663	监理公司	孙炳通	管道设备安装部副主任	劳动合同制	A
664	监理公司	景亚军	土建监理工程师	劳动合同制	A
665	监理公司	黄天佑	土建监理工程师	劳动合同制	A
666	监理公司	王永峰	监理员	劳动合同制	A
667	监理公司	曲常庆	土建监理工程师	劳动合同制	A
668	监理公司	侯双江	副主任	劳动合同制	A

续表

序 号	所属单位	姓 名	职务/岗位	人员类别	考核等级
669	监理公司	冯 飞	暖通监理员	劳动合同制	A
670	监理公司	胡起亮	土建监理工程师	劳动合同制	A
671	监理公司	张义超	设备组组长	劳动合同制	A
672	监理公司	王志强	核岛组副组长	劳动合同制	A
673	监理公司	邓 贝	测量监理	劳动合同制	A
674	监理公司	李治富	设备监理	劳动合同制	A
675	监理公司	肖 敏	管道监理	劳动合同制	A
676	监理公司	安会强	监理工程师	劳动合同制	A
677	监理公司	夏永红	设备组组长	劳动合同制	A
678	监理公司	林 海	安全质保	技术服务	A
679	监理公司	张永明	土建组组长	劳动合同制	A
680	监理公司	胡立辉	总监	劳动合同制	A
681	监理公司	欧广志	副总监	劳动合同制	A
682	监理公司	程方超	管道监理	劳动合同制	A
683	监理公司	段鹏飞	管道监理	劳动合同制	A
684	监理公司	宋小文	焊接监理	劳动合同制	A
685	监理公司	张文亮	土建部副主任	劳动合同制	A
686	监理公司	尉军飞	通风监理	劳动合同制	A
687	监理公司	吴振风	测量监理	劳动合同制	A
688	监理公司	李 峰	焊接监理	劳动合同制	A
689	监理公司	隋凌燕	管道监理	技术服务	A
690	监理公司	邢晨光	土建 BOP 组长	劳动合同制	A
691	监理公司	刘 冰	设备副组长	劳动合同制	A
692	监理公司	徐战涛	电仪监理	劳动合同制	A
693	监理公司	任长明	安全工程师	劳动合同制	A
694	监理公司	魏晓东	总监代表	技术服务	A
695	监理公司	王 泳	副经理	劳动合同制	A

续表

序　号	所属单位	姓　名	职务/岗位	人员类别	考核等级
696	监理公司	白学林	总监代表	劳动合同制	A
697	监理公司	柴志远	工程师	技术服务	A
698	监理公司	张小义	总监代表	劳动合同制	A
699	监理公司	张卫星	总监代表	劳动合同制	A
700	核净公司	郑媛媛	出纳	劳动合同制	A
701	核净公司	沈　刚	运营支持	劳动合同制	A
702	核净公司	宁高锋	质检员	业务外包	A
703	核净公司	王文超	销售人员	劳务派遣	A
704	核净公司	赵　慧	销售人员	劳务派遣	A
705	核净公司	王建峰	技术人员	劳动合同制	A
706	核净公司	李伟珂	技术人员	业务外包	A
707	核净公司	刘　飞	四级设计师	劳务派遣	A
708	核净公司	王卫红	生产（操作）类工人	劳动合同制	A
709	核净公司	贾玉红	生产（操作）工人	劳务派遣	A
710	核净公司	张秋红	生产（操作）工人	劳务派遣	A
711	核净公司	韩寅来	生产（操作）工人	劳务派遣	A
712	核净公司	陈国辉	生产（机加）工人	劳务派遣	A
713	核净公司	耿振龙	设备监造	劳动合同制	A

附录三　规章制度清单

规章制度清单列于附表 3-1。

附表 3-1　公司现行有效管理规章制度清单（截至 2014 年 12 月 31 日）

类　别	序　号	制度名称	现有公文编号	发布部门
1. 战略决策与组织管理	1	中国核电工程有限公司统计工作管理办法（版次：1）	核工规发〔2013〕8 号	规划发展部
	2	中国核电工程有限公司经济运行分析报告制度	核工规发〔2013〕7 号	规划发展部
	3	中国核电工程有限公司发展战略和规划编制大纲（版次：1）	核工规发〔2013〕4 号	规划发展部
	4	中国核电工程有限公司三重一大决策制度实施细则（版次：2）	核工总发〔2013〕39 号	总经理办公室
	5	中国核电工程有限公司招标领导小组管理办法	核工招发〔2013〕3 号	招标中心
	6	中国核电工程有限公司管理体系文件框架	核工综发〔2011〕38 号	总经理办公室
	7	中国核电工程有限公司领导小组管理办法	核工综发〔2011〕59 号	总经理办公室
	8	北京核工程研究设计院组织管理规程（版次：1）	核工设发〔2013〕20 号	北京核工程研究设计院
	9	中国核电工程有限公司管理权责界面暂行规定（版次：1）	核工总发〔2013〕4 号	管理体系优化领导小组办公室
	10	中国核电工程有限公司专项奖奖励办法（版次：1）	核工规发〔2013〕44 号	规划发展部

续表

类别	序号	制度名称	现有公文编号	发布部门
1. 战略决策与组织管理	11	中国核电工程有限公司组织管理规程（版次：2）	核工总发〔2014〕20号	总经理办公室
	12	中国核电工程有限公司战略与决策支持重大专题研究管理办法	核工规发〔2014〕38号	规划发展部
	13	中国核电工程有限公司计划、预算、考核一体化（JYK）管理办法（版次：2）	核工规发〔2014〕37号	规划发展部
	14	中国核电工程有限公司发展战略和规划管理办法（版次：2）	核工规发〔2014〕36号	规划发展部
	15	中国核电工程有限公司对外股权投资管理办法（版次：2）	核工规发〔2013〕42号	规划发展部
	16	中国核电工程有限公司规章制度编制管理规定（版次：3）	核工总发〔2013〕49号	总经理办公室
	17	中国核电工程有限公司JYK考核与计分办法（版次：3）	核工规发〔2014〕45号	规划发展部
	18	中国核电工程有限公司计划管理办法（版次：1）	核工规发〔2014〕46号	规划发展部
	19	中国核电工程有限公司总承包（承包）项目总经理授权管理规定	核工工发〔2014〕11号	工程管理部
	20	中国核电工程有限公司对标管理办法（版次：1）	核工规发〔2014〕70号	规划发展部
	21	中国核电工程有限公司全面预算管理办法（版次：2）	核工规发〔2014〕76号	规划发展部
	22	中国核电工程有限公司核电工程总承包项目总体预算管理办法（版次：1）	核工规发〔2014〕79号	规划发展部
	23	中国核电工程有限公司对外报告管理办法（版次：1）	核工规发〔2014〕82号	规划发展部

续表

类　别	序　号	制度名称	现有公文编号	发布部门
2. 财务资金管理	1	中国核电工程有限公司内部借款管理规定（版次：1）	核工财发〔2013〕14 号	财会部
	2	中国核电工程有限公司工程总承包项目全成本核算实施细则	核工财发〔2013〕28 号	财会部
	3	中国核电工程有限公司集团公司重点科技专项和优先发展技术项目经费财务管理办法	核工财发〔2013〕24 号	财会部
	4	中国核电工程有限公司货币资金管理规定	核工财发〔2013〕15 号	财会部
	5	中国核电工程有限公司总分机构企业所得税核算管理办法	核工财发〔2013〕16 号	财会部
	6	中国核电工程有限公司基建项目财务管理办法（版次：1）	核工财发〔2013〕20 号	财会部
	7	中国核电工程有限公司 863/973/公益性科研项目经费财务管理办法（版次：1）	核工财发〔2013〕18 号	财会部
	8	中国核电工程有限公司对外投资管理办法	核工财发〔2008〕6 号	财会部
	9	中国核电工程有限公司担保管理办法	核工财发〔2008〕7 号	财会部
	10	中国核电工程有限公司融资管理办法	核工财发〔2008〕8 号	财会部
	11	中国核电工程有限公司财务信息化管理暂行规定	核工财发〔2009〕10 号	财会部
	12	中国核电工程有限公司财务印章管理暂行规定	核工财发〔2009〕12 号	财会部

续表

类　别	序　号	制度名称	现有公文编号	发布部门
2. 财务资金管理	13	中国核电工程有限公司资产有偿使用管理暂行规定	核工财发〔2009〕15 号	财会部
	14	中国核电工程有限公司大型核燃料后处理厂科技重大专项经费管理暂行办法	核工财发〔2010〕7 号	财会部
	15	中国核电工程有限公司会计档案管理办法	核工财发〔2010〕10 号	财会部
	16	中国核电工程有限公司国防科技工业科研经费财务管理办法（版次：1）	核工财发〔2013〕21 号	财会部
	17	中国核电工程有限公司对外捐赠管理办法	核工财发〔2011〕17 号	财会部
	18	中国核电工程有限公司年度财务决算管理办法	核工财发〔2011〕20 号	财会部
	19	中国核电工程有限公司国有资产产权登记管理办法	核工财发〔2011〕21 号	财会部
	20	中国核电工程有限公司项目现场财务管理办法	核工财发〔2011〕24 号	财会部
	21	中国核电工程有限公司职工薪酬会计核算办法	核工财发〔2011〕25 号	财会部
	22	中国核电工程有限公司履约及预付款保证金收取、退还财务管理办法	核工财发〔2011〕27 号	财会部
	23	中国核电工程有限公司差旅费报销暂行规定	核工财发〔2012〕2 号	财会部
	24	中国核电工程有限公司民口科技重大专项经费财务管理办法	核工财发〔2013〕17 号	财会部

续表

类　别	序　号	制度名称	现有公文编号	发布部门
2. 财务资金管理	25	中国核电工程有限公司科研经费预算定额	核工财发〔2013〕27 号	财会部
	26	中国核电工程有限公司总包项目合同支付财务管理办法	核工财发〔2012〕3 号	财会部
	27	中国核电工程有限公司专项预算管理办法（版次：1）	核工规发〔2013〕49 号	规划发展部
	28	中国核电工程有限公司国外监造驻厂代表费用报销管理办法（版次：3）	核工总发〔2013〕50 号	总经理办公室
	29	中国核电工程有限公司项目资金计划财务管理办法（版次：1）	核工财发〔2014〕10 号	财会部
	30	中国核电工程有限公司项目资金池管理办法（版次：1）	核工财发〔2014〕11 号	财会部
	31	中国核电工程有限公司内部控制管理办法（版次：1）	核工财发〔2014〕13 号	财会部
	32	中国核电工程有限公司费用报销管理办法（版次：1）	核工财发〔2014〕18 号	财会部
	33	中国核电工程有限公司固定资产财务管理办法（版次：3）	核工财发〔2014〕19 号	财会部
	34	中国核电工程有限公司国有资本经营预算管理办法（版次：1）	核工财发〔2014〕23 号	财会部
	35	中国核电工程有限公司科研购置资产财务管理办法（版次：1）	核工财发〔2014〕25 号	财会部
3. 人力资源与薪酬管理	1	中国核电工程有限公司人员借调交流管理（暂行）规定	核工人发〔2008〕42 号	人力资源部
	2	中国核电工程有限公司员工健康检查管理办法	核工人发〔2008〕86 号	人力资源部

续表

类　别	序　号	制度名称	现有公文编号	发布部门
3. 人力资源与薪酬管理	3	中国核电工程有限公司劳动用工基本条件规定（修订版）	核工人发〔2009〕55 号	人力资源部
	4	中国核电工程有限公司关于参加哈尔滨工程大学核专业硕士班学习管理规定	核工人发〔2010〕109 号	人力资源部
	5	中国核电工程有限公司员工个人资质管理规定	核工人发〔2010〕113 号	人力资源部
	6	中国核电工程有限公司技术服务用工管理办法	核工人发〔2010〕124 号	人力资源部
	7	中国核电工程有限公司核电总承包项目部现场部穹顶吊装时点岗位标准配置方案	核工人发〔2010〕140 号	人力资源部
	8	中国核电工程有限公司劳动合同管理规定	核工人发〔2010〕22 号	人力资源部
	9	中国核电工程有限公司异地长期工作补贴管理办法（修订）	核工人发〔2010〕23 号	人力资源部
	10	中国核电工程有限公司培训管理规定	核工人发〔2010〕24 号	人力资源部
	11	中国核电工程有限公司领导人员报告个人重大事项的规定	核工人发〔2010〕25 号	人力资源部
	12	中国核电工程有限公司招聘管理规定	核工人发〔2010〕31 号	人力资源部
	13	中国核电工程有限公司医疗期管理办法	核工人发〔2010〕92 号	人力资源部
	14	中国核电工程有限公司因私出国（境）管理办法	核工人发〔2011〕106 号	人力资源部

续表

类　别	序　号	制度名称	现有公文编号	发布部门
3. 人力资源与薪酬管理	15	中国核电工程有限公司因工作需要从京外调配人员管理规定	核工人发〔2011〕112 号	人力资源部
	16	中国核电工程有限公司关于办理夫妻两地分居进京户口有关问题的规定	核工人发〔2011〕119 号	人力资源部
	17	中国核电工程有限公司干部绩效考核实施办法（版次：1）	核工人发〔2011〕22 号	人力资源部
	18	中国核电工程有限公司退休管理办法	核工人发〔2011〕85 号	人力资源部
	19	中国核电工程有限公司工作时间及考勤管理办法	核工人发〔2012〕18 号	人力资源部
	20	中国核电工程有限公司硕士学位研究生培养工作管理规定	核工人发〔2012〕19 号	人力资源部
	21	中国核电工程有限公司研究生学位授予工作实施细则	核工人发〔2012〕20 号	人力资源部
	22	中国核电工程有限公司试用期管理规定	核工人发〔2012〕23 号	人力资源部
	23	中国核电工程有限公司工伤管理办法	核工人发〔2012〕24 号	人力资源部
	24	中国核电工程有限公司员工离职管理规定	核工人发〔2012〕25 号	人力资源部
	25	中国核电工程有限公司人事档案管理办法	核工人发〔2012〕26 号	人力资源部
	26	中国核电工程有限公司人工成本管理办法	核工人发〔2012〕29 号	人力资源部
	27	中国核电工程有限公司员工绩效考核实施办法（版次：2）	核工人发〔2012〕3 号	人力资源部

续表

类　别	序　号	制度名称	现有公文编号	发布部门
3. 人力资源与薪酬管理	28	中国核电工程有限公司总部职工生育保险及产假薪酬支付管理规定	核工人发〔2012〕96 号	人力资源部
	29	中国核电工程有限公司假期管理规定（版次：3）	核工人发〔2012〕97 号	人力资源部
	30	中国核电工程有限公司 JYK 考核与工资总额挂钩管理办法	核工人发〔2013〕101 号	人力资源部
	31	中国核电工程有限公司领导人员职务消费管理办法（版次：1）	核工人发〔2013〕116 号	人力资源部
	32	中国核电工程有限公司岗位体系管理办法	核工人发〔2013〕120 号	人力资源部
	33	中国核电工程有限公司员工内部流动管理办法	核工人发〔2013〕65 号	人力资源部
	34	中国核电工程有限公司研究生指导教师管理规定（版次：2）	核工人发〔2013〕68 号	人力资源部
	35	中国核电工程有限公司专业技术职务评聘管理办法（版次：2）	核工人发〔2013〕69 号	人力资源部
	36	中国核电工程有限公司重大专项科研劳务人员聘用管理办法	核工人发〔2013〕93 号	人力资源部
	37	中国核电工程有限公司总承包项目相关干部选拔任用管理办法（版次：1）	核工人发〔2013〕111 号	人力资源部
	38	中国核电工程有限公司总部派驻现场人员管理办法	核工人发〔2014〕16 号	人力资源部
	39	中国核电工程有限公司回聘人员管理规定（版次：3）	核工人发〔2014〕26 号	人力资源部
	40	中国核电工程有限公司企业年金实施细则（版次：2）	核工人发〔2014〕37 号	人力资源部

续表

类　别	序　号	制度名称	现有公文编号	发布部门
3. 人力资源与薪酬管理	41	中国核电工程有限公司租房补贴管理办法（版次：1）	核工人发〔2014〕42 号	人力资源部
	42	中国核电工程有限公司职工惩处规定（版次：1）	核工人发〔2014〕48 号	人力资源部
	43	中国核电工程有限公司长期在现场工作的员工休假管理办法（版次：2）	核工人发〔2014〕49 号	人力资源部
	44	中国核电工程有限公司劳务派遣用工管理办法（版次：2）	核工人发〔2014〕50 号	人力资源部
	45	中国核电工程有限公司薪酬管理制度（版次：1）	核工人发〔2014〕58 号	人力资源部
	46	中国核电工程有限公司异地长期工作补贴管理办法（版次：1）	核工人发〔2014〕59 号	人力资源部
	47	中国核电工程有限公司首席专家、学科带头人与专业带头人管理办法（版次：1）	核工人发〔2014〕64 号	人力资源部
	48	中国核电工程有限公司职工教育经费管理办法（版次：1）	核工人发〔2014〕66 号	人力资源部
	49	中国核电工程有限公司干部选拔任用工作管理规定（版次：2）	核工人发〔2014〕67 号	人力资源部
	50	中国核电工程有限公司副总工程师技术管理实施办法	核工综发〔2011〕120 号	总经理办公室
	51	中国核电工程有限公司北京总部与项目部辅助性岗位清单（版次：1）	核工人发〔2014〕69 号	人力资源部
	52	中国核电工程有限公司总承包项目相关干部选拔任用管理办法（版次：2）	核工人发〔2014〕86 号	人力资源部

续表

类　别	序　号	制度名称	现有公文编号	发布部门
3. 人力资源与薪酬管理	53	中国核电工程有限公司干部选拔任用纪实管理办法（版次：1）	核工人发〔2014〕88 号	人力资源部
	54	中国核电工程有限公司型号总设计师管理办法（版次：1）	核工人发〔2014〕99 号	人力资源部
	55	中国核电工程有限公司干部职数编制管理规定（版次：1）	核工人发〔2014〕106 号	人力资源部
	56	中国核电工程有限公司劳保用品管理办法	核工人发〔2014〕108 号	人力资源部
	57	中国核电工程有限公司干部轮岗交流工作管理规定（版次：1）	核工人发〔2014〕117 号	人力资源部
	58	中国核电工程有限公司全员 JYK 考核实施办法（版次：3）	核工人发〔2014〕122 号	人力资源部
4. 经营与项目管理	1	中国核电工程有限公司合同支付管理规定（版次：1）	核工经发〔2013〕14 号	经营合同部
	2	中国核电工程有限公司合同专用章管理规定	核工经发〔2013〕13 号	经营合同部
	3	中国核电工程有限公司招标管理办法	核工招发〔2013〕3 号	招标中心
	4	中国核电工程有限公司派出董事、监事管理办法（版次：2）	核工规发〔2013〕39 号	规划发展部
	5	中国核电工程有限公司子公司管理办法（版次：2）	核工规发〔2013〕38 号	规划发展部
	6	中国核电工程有限公司商业保险事务管理规定（版次：2）	核工经发〔2013〕4 号	经营合同部
	7	中国核电工程有限公司建设工程项目竣工结算第三方审核管理办法	核工经发〔2013〕11 号	经营合同部
	8	中国核电工程有限公司合同台帐管理办法（版次：2）	核工经发〔2013〕7 号	经营合同部

续表

类　别	序　号	制度名称	现有公文编号	发布部门
4. 经营与项目管理	9	中国核电工程有限公司投标管理办法（版次：1）	核工经发〔2014〕8 号	经营合同部
	10	中国核电工程有限公司分公司商务管理办法（版次：2）	核工经发〔2014〕2 号	经营合同部
	11	中国核电工程有限公司《企业法人营业执照》使用管理办法	核工经发〔2013〕2 号	经营合同部
	12	中国核电工程有限公司分院管理规定（版次：2）	核工经发〔2014〕4 号	经营合同部
	13	中国核电工程有限公司合同签订授权管理规定（版次：1）	核工经发〔2013〕15 号	经营合同部
	14	中国核电工程有限公司合同管理规定（版次：1）	核工经发〔2014〕11 号	经营合同部
	15	中国核电工程有限公司核电项目管理服务评价办法（试行）	核工规发〔2014〕80 号	规划发展部
5. 科技管理	1	中国核电工程有限公司技术交流和论文发表管理办法	核工科发〔2013〕51 号	科技部
	2	中国核电工程有限公司科研项目管理办法	核工科发〔2013〕55 号	科技部
	3	中国核电工程有限公司大型核燃料后处理科技重大专项管理办法	核工科发〔2010〕25 号	科技部
	4	中国核电工程有限公司大型核燃料后处理科技重大专项月度进展报告管理办法	核工科发〔2010〕26 号	科技部
	5	中国核电工程有限公司自主投入研发项目管理办法	核工科发〔2010〕68 号	科技部
	6	中国核电工程有限公司科技成果奖励办法	核工科发〔2011〕19 号	科技部

续表

类　别	序　号	制度名称	现有公文编号	发布部门
5. 科技管理	7	中国核电工程有限公司科研项目经费使用管理办法	核工科发〔2011〕33 号	科技部
	8	中国核电工程有限公司科技成果鉴定及科技奖励申报管理办法	核工科发〔2011〕47 号	科技部
	9	中国核电工程有限公司专利管理办法（版次：2）	核工科发〔2013〕46 号	科技部
	10	中国核电工程有限公司计算机软件引进管理办法（版次：1）	核工科发〔2013〕8 号	科技部
	11	中国核电工程有限公司学会、协会及技术标准委员会管理办法	核工科发〔2013〕9 号	科技部
	12	中国核电工程有限公司科技创新评价与奖励办法（版次：2）	核工科发〔2014〕41 号	科技部
	13	中国核电工程有限公司科研安全管理办法（版次：1）	核工科发〔2014〕23 号	科技部
	14	中国核电工程有限公司工程技术中心申报管理办法	核工科发〔2014〕70 号	科技部
	15	中国核电工程有限公司工程技术研究中心管理办法（版次：1）	核工科发〔2014〕88 号	科技部
	16	中国核电工程有限公司涉密科研项目保密管理办法（版次：1）	核工科发〔2014〕89 号	科技部
	17	中国核电工程有限公司科学技术奖励办法（版次：2）	核工科发〔2014〕92 号	科技部
6. 综合行政管理	1	中国核电工程有限公司企业法律顾问管理办法（版次：1）	核工总发〔2013〕40 号	总经理办公室
	2	中国核电工程有限公司信访工作管理办法（版次：2）	核工总发〔2013〕25 号	总经理办公室

续表

类　别	序　号	制度名称	现有公文编号	发布部门
6. 综合行政管理	3	中国核电工程有限公司专家委员会章程	核工综发〔2010〕1 号	总经理办公室
	4	中国核电工程有限公司移动电话话费管理规定（修改版）	核工综发〔2010〕10 号	总经理办公室
	5	中国核电工程有限公司公务车辆管理规定（版次：2）	核工总发〔2013〕31 号	总经理办公室
	6	中国核电工程有限公司核能大厦会议室管理规定	核工综发〔2010〕70 号	总经理办公室
	7	中国核电工程有限公司大事记编报工作规程（版次：2）	核工总发〔2013〕19 号	总经理办公室
	8	中国核电工程有限公司信息报送工作管理规定（版次：2）	核工总发〔2013〕41 号	总经理办公室
	9	中国核电工程有限公司工作会议管理规定	核工综发〔2011〕3 号	总经理办公室
	10	中国核电工程有限公司视觉形象识别系统暂行管理规定	核工综发〔2011〕91 号	党群工作部
	11	中国核电工程有限公司授权委托书管理办法（版次：2）	核工总发〔2013〕52 号	总经理办公室
	12	中国核电工程有限公司电子公文管理办法（版次：2）	核工总发〔2013〕32 号	总经理办公室
	13	中国核电工程有限公司行政公文处理办法（版次：1）	核工总发〔2013〕14 号	总经理办公室
	14	中国核电工程有限公司应急预案管理规定	核工总发〔2012〕5 号	总经理办公室
	15	中国核电工程有限公司专家委员会工作管理办法（版次：2）	核工总发〔2012〕11 号	总经理办公室
	16	中国核电工程有限公司公关接待管理规定（版次：2）	核工总发〔2013〕42 号	总经理办公室

续表

类　别	序　号	制度名称	现有公文编号	发布部门
6. 综合行政管理	17	中国核电工程有限公司公关接待定点单位管理规定（版次：2）	核工总发〔2013〕22 号	总经理办公室
	18	中国核电工程有限公司机票管理规定（版次：3）	核工总发〔2013〕30 号	总经理办公室
	19	中国核电工程有限公司外事工作管理规定（版次：2）	核工总发〔2014〕13 号	总经理办公室
	20	中国核电工程有限公司外事接待管理办法（版次：2）	核工总发〔2014〕17 号	总经理办公室
	21	中国核电工程有限公司因公出国（境）管理办法（版次：3）	核工总发〔2014〕18 号	总经理办公室
	22	中国核电工程有限公司固定资产管理办法（版次：1）	核工总发〔2014〕19 号	总经理办公室
	23	中国核电工程有限公司外聘律师管理办法（版次：1）	核工总发〔2014〕15 号	总经理办公室
	24	中国核电工程有限公司行政会议管理办法（版次：2）	核工总发〔2014〕12 号	总经理办公室
	25	中国核电工程有限公司《综合季报》编报实施细则（版次：3）	核工总发〔2014〕10 号	总经理办公室
	26	中国核电工程有限公司印章管理办法（版次：3）	核工总发〔2014〕9 号	总经理办公室
	27	中国核电工程有限公司法律事务管理办法（版次：2）	核工综发〔2013〕54 号	总经理办公室
	28	中国核电工程有限公司出国人员培训管理办法（版次：1）	核工总发〔2013〕46 号	总经理办公室
	29	中国核电工程有限公司社会责任管理制度（版次：1）	核工总发〔2014〕4 号	总经理办公室
	30	中国核电工程有限公司员工宿舍管理办法（版次：1）	核工总发〔2013〕23 号	总经理办公室

续表

类　别	序　号	制度名称	现有公文编号	发布部门
6. 综合行政管理	31	中国核电工程有限公司核能大厦物业监督管理规定（版次：1）	核工总发〔2012〕28 号	总经理办公室
	32	中国核电工程有限公司总部员工标准配置规定（版次：1）	核工总发〔2012〕9 号	总经理办公室
	33	中国核电工程有限公司职工食堂管理规定（版次：1）	核工综发〔2011〕127 号	总经理办公室
	34	中国核电工程有限公司核电总承包项目现场后勤管理暂行办法	核工综发〔2010〕75 号	总经理办公室
	35	中国核电工程有限公司集体户口管理暂行规定	核工综发〔2009〕20 号	总经理办公室
	36	中国核电工程有限公司实物资产管理暂行规定	核工综发〔2009〕10 号	总经理办公室
	37	中国核电工程有限公司公共关系手册（第二版）	核工总发〔2013〕43 号	总经理办公室
	38	中国核电工程有限公司应急预案编制指南	核工总发〔2012〕45 号	总经理办公室
	39	中国核电工程有限公司外来人员进出管理规定（版次：1）	核工总发〔2013〕51 号	保密部
	40	中国核电工程有限公司员工行为规范（版次：2）	核工总发〔2014〕24 号	总经理办
7. 质量管理	1	中国核电工程有限公司质量事故（事件）调查和处理管理办法	核工质发〔2013〕36 号	质量保证部
	2	中国核电工程有限公司核电工程供方质保监察管理办法（版次：1）	核工质发〔2013〕40 号	质量保证部
	3	中国核电工程有限公司安全环保（HSE）工作专项考核细则（版次：1）	核工质发〔2011〕7 号	质量保证部

续表

类　别	序　号	制度名称	现有公文编号	发布部门
7. 质量管理	4	中国核电工程有限公司质量工作专项考核细则（版次：1）	核工质发〔2011〕7号	质量保证部
	5	中国核电工程有限公司民用核安全设备设计活动报告管理规定（版次2）	核工质发〔2013〕47号	质量保证部
	6	中国核电工程有限公司设计文件质量标准及评定办法（版次：2）	核工质发〔2013〕49号	质量保证部
	7	中国核电工程有限公司质量事故（事件）报告管理办法（版次：2）	核工质发〔2013〕33号	质量保证部
	8	中国核电工程有限公司年度质量目标管理规定（版次：1）	核工质发〔2014〕34号	质量保证部
	9	中国核电工程有限公司质量管理小组管理办法（版次：3）	核工质发〔2014〕38号	质量保证部
8. 安全管理	1	中国核电工程有限公司安全生产管理办法（版次：3）	核工安发〔2014〕18号	安全管理部
	2	中国核电工程有限公司核工程总承包项目部安全生产专项奖实施办法（版次2）	核工安发〔2014〕13号	安全管理部
	3	中国核电工程有限公司安全生产专项费用管理办法（版次：3）	核工安发〔2014〕11号	安全管理部
	4	中国核电工程有限公司核工程总承包项目部安全生产专项奖实施办法	核工安发〔2013〕39号	安全管理部
	5	中国核电工程有限公司内部治安保卫管理规定	核工总发〔2012〕7号	总经理办公室
	6	中国核电工程有限公司交通安全管理规定	核工总发〔2012〕8号	安全管理部
	7	中国核电工程有限公司辐射保健费发放管理办法（版次：3）	核工安发〔2014〕34号	安全管理部

续表

类　别	序　号	制度名称	现有公文编号	发布部门
9. 保密管理	1	中国核电工程有限公司保密表彰与泄密违规处理规定	核工保发〔2013〕10 号	保密部
	2	关于中国核电工程有限公司定密授权的通知	核工保发〔2013〕11 号	保密部
	3	中国核电工程有限公司通信与办公自动化设备保密管理规定	核工保发〔2013〕12 号	保密部
	4	中国核电工程有限公司泄密事件报告与查处管理规定（版次 2）	核工保发〔2013〕14 号	保密部
	5	中国核电工程有限公司保密监督检查办法（版次 2）	核工保发〔2013〕15 号	保密部
	6	中国核电工程有限公司国家秘密载体保密管理规定（版次 3）	核工保发〔2013〕16 号	保密部
	7	中国核电工程有限公司涉密会议和其他重要涉密活动保密管理规定（版次 2）	核工保发〔2013〕17 号	保密部
	8	中国核电工程有限公司保密教育培训管理规定（版次 2）	核工保发〔2013〕18 号	保密部
	9	中国核电工程有限公司保密责任制管理规定（版次 2）	核工保发〔2013〕19 号	保密部
	10	中国核电工程有限公司定密和变更密级管理规定（版次 3）	核工保发〔2013〕20 号	保密部
	11	中国核电工程有限公司宣传报道保密管理规定（版次：3）	核工保发〔2013〕21 号	保密部
	12	中国核电工程有限公司涉密项目协作配套保密管理规定（版次 2）	核工保发〔2013〕22 号	保密部
	13	中国核电工程有限公司商业秘密保护管理规定（版次 2）	核工保发〔2013〕5 号	保密部

续表

类　别	序　号	制度名称	现有公文编号	发布部门
9. 保密管理	14	中国核电工程有限公司保密要害部门、部位保密管理规定（版次 3）	核工保发〔2013〕6 号	保密部
	15	中国核电工程有限公司涉密人员保密管理规定（版次 3）	核工保发〔2013〕7 号	保密部
	16	中国核电工程有限公司保密工作管理规定（版次 2）	核工保发〔2014〕1 号	保密部
	17	中国核电工程有限公司涉密岗位及岗位保密职责	核工人发〔2011〕149 号	人力资源部
	18	中国核电工程有限公司普通密码通讯系统保密管理规定	核工综发〔2008〕58 号	保密部
	19	中国核电工程有限公司落实国防科技工业安全保密“六条规定”实施细则	核工综发〔2010〕39 号	保密部
	20	中国核电工程有限公司涉密局域网保密管理规定（十项）	核工综发〔2010〕44 号	保密部
	21	中国核电工程有限公司总部办公区出入管理规定	核工综发〔2010〕86 号	保密部
	22	中国核电工程有限公司涉外保密管理规定	核工综发〔2010〕88 号	保密部
	23	中国核电工程有限公司计算机和信息系统保密管理规定（版次：2）	核工综发〔2011〕126 号	保密部
	24	中国核电工程有限公司保密补贴考核发放办法	核工综发〔2011〕78 号	保密部
	25	中国核电工程有限公司保密资格审查认证专项奖惩办法	核工综发〔2011〕81 号	保密部
	26	中国核电工程有限公司定密和变更密级管理规定（版次：2）	核工总发〔2012〕10 号	保密部
	27	中国核电工程有限公司国家安全工作管理规定	核工总发〔2012〕6 号	保密部

续表

类　别	序　号	制度名称	现有公文编号	发布部门
10. 信息管理	1	中国核电工程有限公司广域网管理暂行规定	核工综发〔2009〕5 号	信息文档部
	2	中国核电工程有限公司外部互联网网站运行管理办法	核工总发〔2013〕57 号	总经理办公室
	3	中国核电工程有限公司桌面计算机系统管理规定	核工综发〔2009〕52 号	信息文档部
	4	中国核电工程有限公司无线（3G）上网卡管理规定	核工综发〔2010〕78 号	信息文档部
	5	中国核电工程有限公司协同办公系统管理规定	核工综发〔2011〕72 号	信息文档部
	6	中国核电工程有限公司信息安全管理体系文件汇编（版次：2）	核工综发〔2011〕109 号	信息文档部
	7	中国核电工程有限公司现场施工管理系统管理规定	核工综发〔2012〕23 号	信息文档部
	8	现场文档管理系统管理规定（版次：1）	核工信发〔2014〕1 号	信息文档部
	9	中国核电工程有限公司信息化建设项目管理规定（版次 2）	核工信发〔2013〕3 号	信息文档部
	10	中国核电工程有限公司信息化专项预算管理办法（版次：1）	核工信发〔2014〕2 号	信息文档部
	11	中国核电工程有限公司涉密单机管理规定	核工信发〔2014〕3 号	信息文档部
	12	中国核电工程有限公司 VPN 系统管理规定	核工信发〔2014〕4 号	信息文档部
	13	中国核电工程有限公司涉密信息系统保密管理规定（版次：2）	核工信发〔2014〕10 号	信息文档部

续表

类　别	序　号	制度名称	现有公文编号	发布部门
10. 信息管理	14	中国核电工程有限公司涉密信息系统设备与介质管理规定（版次：2）	核工信发〔2014〕9 号	信息文档部
	15	中国核电工程有限公司涉密信息系统开发与运行管理规定（版次：2）	核工信发〔2014〕7 号	信息文档部
	16	中国核电工程有限公司涉密信息系统备份与恢复预案（版次：2）	核工信发〔2014〕8 号	信息文档部
	17	中国核电工程有限公司涉密信息系统人员管理规定（版次：2）	核工信发〔2014〕5 号	信息文档部
	18	中国核电工程有限公司涉密信息系统信息安全应急响应预案（版次：2）	核工信发〔2014〕6 号	信息文档部
	19	中国核电工程有限公司涉密信息系统物理环境与设施管理规定（版次：2）	核工信发〔2014〕12 号	信息文档部
	20	中国核电工程有限公司涉密信息系统信息保密管理规定（版次：2）	核工信发〔2014〕11 号	信息文档部
	21	文档管理总则（版次：1）	核工信发〔2014〕14 号	信息文档部
	22	中国核电工程有限公司信息安全策略（版次：3）	核工信发〔2014〕13 号	信息文档部
	23	中国核电工程有限公司多项目调试管理系统运行维护管理规定（版次：1）	核工信发〔2014〕15 号	信息文档部
	24	中国核电工程有限公司信息化工作考核办法（版次：1）	核工信发〔2014〕16 号	信息文档部
11. 监察审计与风险	1	中国核电工程有限公司物资采购稽核管理办法	核工审发〔2013〕3 号	监察审计部
	2	中国核电工程有限公司新提任领导人员廉洁谈话办法	核工监发〔2013〕9 号	监察审计部

续表

类 别	序 号	制度名称	现有公文编号	发布部门
11. 监察审计与风险	3	中国核电工程有限公司招标工作监督检查实施办法（版次 1）	核工监发〔2013〕10 号	监察审计部
	4	中国核电工程有限公司效能监察工作实施办法	核工监发〔2013〕8 号	监察审计部
	5	中国核电工程有限公司财务收支审计规定	核工综发〔2010〕37 号	监察审计部
	6	中国核电工程有限公司预算审计规定	核工综发〔2010〕59 号	监察审计部
	7	中国核电工程有限公司物资采购审计规定	核工综发〔2010〕62 号	监察审计部
	8	中国核电工程有限公司内部审计工作管理规定	核工综发〔2011〕119 号	监察审计部
	9	中国核电工程有限公司科研项目经费审计管理办法	核工综发〔2011〕121 号	监察审计部
	10	中国核电工程有限公司对在经济活动中收受礼金礼品实行登记的规定（版次：1）	核工综发〔2012〕27 号	监察审计部
	11	中国核电工程有限公司党务公开实施细则（版次：1）	核工综发〔2012〕52 号	监察审计部
	12	中国核电工程有限公司效能监察优秀项目评选办法（版次：1）	核工综发〔2012〕55 号	监察审计部
	13	中国核电工程有限公司纪检监察案件检查和审理规定	核工综发〔2012〕57 号	监察审计部
	14	中国核电工程有限公司纪委工作规定（版次：1）	核工综发〔2012〕63 号	监察审计部
	15	中国核电工程有限公司经济责任审计实施细则（版次：1）	核工综发〔2012〕69 号	监察审计部

续表

类　别	序　号	制度名称	现有公文编号	发布部门
11. 监察审计与风险	16	中国核电工程有限公司领导干部诫勉谈话制度实施办法（版次：1）	核工综发〔2012〕70 号	监察审计部
	17	中国核电工程有限公司建设项目审计办法（版次：1）	核工综发〔2012〕74 号	监察审计部
	18	中国核电工程有限公司全面风险管理专项考核细则（版次：2）	核工审发〔2014〕10 号	监察审计部
	19	中国核电工程有限公司国有资产损失责任追究实施办法（版次：2）	核工监发〔2014〕4 号	监察审计部
	20	中国核电工程有限公司公务支出审计实施细则	核工审发〔2014〕3 号	监察审计部
	21	中国核电工程有限公司全面风险管理工作规定	核工综发〔2009〕39 号	监察审计部
12. 党风与廉政	1	中国核电工程有限公司党支部工作细则	核工党发〔2009〕18 号	党群工作部
	2	中国核电工程有限公司入党积极分子培训制度	核工党发〔2009〕19 号	党群工作部
	3	中国核电工程有限公司关于授权党总支审批发展党员的实施办法（试行）	核工党发〔2010〕17 号	党群工作部
	4	中国核电工程有限公司党建课题研究管理办法（试行）	核工党发〔2012〕11 号	党群工作部
	5	中国核电工程有限公司“十佳员工”评选管理办法（版次：1）	核工党发〔2012〕12 号	党群工作部
	6	中国核电工程有限公司党支部活动经费使用管理办法	核工党发〔2012〕15 号	党群工作部
	7	中国核电工程有限公司党委印章使用管理规定	核工党发〔2012〕1 号	党群工作部

续表

类　别	序　号	制度名称	现有公文编号	发布部门
12. 党风与廉政	8	中国核电工程有限公司关于规范党员领导干部民主生活会的若干规定	核工党发〔2012〕25 号	党群工作部
	9	中国核电工程有限公司党委中心组理论学习规定（版次：2）	核工党发〔2012〕4 号	党群工作部
	10	中国核电工程有限公司关于坚持党支部“三会一课”制度的规定	核工党发〔2012〕6 号	党群工作部
	11	中国核电工程有限公司流动党员管理办法	核工党发〔2014〕10 号	党群工作部
	12	中国核电工程有限公司党委中心组学习制度（版次：3）	核工党发〔2014〕4 号	党群工作部
	13	中国核电工程有限公司劳动争议调解办法	核工工发〔2012〕11 号	党群工作部
	14	中国核电工程有限公司工会固定资产管理办法	核工工发〔2012〕7 号	党群工作部
	15	中国核电工程有限公司工会财务管理制度	核工工发〔2012〕8 号	党群工作部
	16	中国核电工程有限公司工会经费管理制度	核工工发〔2012〕9 号	党群工作部
	17	中国核电工程有限公司职工困难补助管理规定	核工工发〔2013〕26 号	党群工作部
	18	中国核电工程有限公司职工代表大会制度	核工工发〔2013〕2 号	党群工作部
	19	中国核电工程有限公司困难职工帮扶基金管理办法（版次：2）	核工工发〔2014〕4 号	党群工作部
	20	中国核电工程有限公司党政领导班子成员同司属单位负责人谈话制度实施办法	核工监发〔2013〕11 号	监察审计部

续表

类　别	序　号	制度名称	现有公文编号	发布部门
12. 党风与廉政	21	中国核电工程有限公司贯彻落实国有企业领导人员廉洁从业若干规定实施办法	核工监发〔2013〕7号	监察审计部
	22	中国核电工程有限公司新提任领导人员廉洁谈话办法	核工监发〔2013〕9号	监察审计部
	23	中国核电工程有限公司深入开展党的群众路线教育实践活动实施方案	核工群组发〔2013〕1号	群众路线教育实践活动领导小组
	24	中国核电工程有限公司党的群众路线教育实践活动领导小组工作规则	核工群组发〔2013〕3号	群众路线教育实践活动领导小组
	25	中国核电工程有限公司工作人员廉洁从业规定	核工综发〔2010〕7号	监察审计部
	26	中国核电工程有限公司党风廉政责任制专项考核细则（版次：1）	核工综发〔2011〕12号	党群工作部
	27	中国核电工程有限公司年度十大新闻评选办法	核工综发〔2011〕63号	党群工作部
	28	中国核电工程有限公司新闻宣传工作管理规定	核工综发〔2011〕70号	党群工作部
	29	中国核电工程有限公司党风廉政建设责任制实施办法	核工综发〔2011〕79号	监察审计部
	30	中国核电工程有限公司反腐倡廉专项检查考核办法（版次：1）	核工综发〔2012〕10号	监察审计部
	31	中国核电工程有限公司计划生育管理规定（版次：1）	核工综发〔2013〕8号	党群工作部
	32	中国核电工程有限公司贯彻落实中央和集团公司关于改进工作作风、密切联系群众八项规定的实施细则	核工总发〔2013〕9号	总经理办公室
	33	中国核电工程有限公司厉行节约反对浪费实施办法（试行）	核工总发〔2014〕16号	总经理办公室

续表

类　别	序　号	制度名称	现有公文编号	发布部门
12. 党风与廉政	34	中国核电工程有限公司新闻宣传稿酬管理规定（版次：2）	核工党发〔2014〕19 号	党群工作部
	35	中国核电工程有限公司党群工作绩效考核办法（版次：2）	核工党发〔2014〕2 号	党群工作部

附录四　常用缩略语表

序　号	英文缩写	释　义
1	ACP100	小型模块式压水堆
2	ACP1000	由中国核工业集团公司研发的具有自主知识产权的三代压水堆
3	ACPR1000+	中广核推出的百万千瓦级三代核电技术堆型名称
4	AP1000	美国西屋公司开发的三代百万千瓦级压水堆
5	AREVA	法国阿海珐公司
6	BECHTEL	美国柏克德公司
7	BOP	辅助系统
8	CAR	纠正行动要求
9	CARR	中国先进研究堆
10	CBS	成本分解结构
11	CNP650	中国核工业集团公司自主设计建造的 65 万千瓦级压水堆
12	DCS	分布式控制系统
13	DOAM	Direction Objective Action Measure，DOAM 模型
14	EESR	安装竣工状态报告
15	E-Learning	网络学习平台
16	EPC	工程总承包模式
17	EVA	附加经济价值
18	FCD	核岛第一罐混凝土浇注
19	FPGA	现场可编程门阵列
20	FSAR	最终安全分析报告

续表

序　号	英文缩写	释　义
21	GF报告	国防科技报告
22	GMP	药品生产质量管理规范
23	HSE	职业健康、安全、环境
24	IAEA	国际原子能机构
25	IDR	全干法流程
26	IEEE	电气和电子工程师协会
27	IFS	企业资源管理软件
28	JYK	计划、预算、考核一体化管理体系
29	K2/K3	巴基斯坦卡拉奇项目
30	MOX燃料	铀钚混合氧化物燃料
31	NCC	核回路冲洗
32	OBN	观察意见单
33	P6平台	Primavera P6 Project Management，P6进度管理平台
34	PCS	能动安全壳热量导出系统
35	PCS	非能动安全壳热量导出系统
36	PCT	国际专利公约
37	PDMS	平台设计管理系统
38	PMP	项目管理专业人士资格认证
39	POC评审	Proof of concept，即为观点提供论据
40	ProMIS	公司核电工程项目管理平台
41	PSA	概率安全评价
42	PSAR	初步安全分析报告
43	PSR	定期安全审查
44	PX厂房	联合泵房
45	QC小组	质量控制小组
46	QHSE	质量、职业健康、安全、环境

续表

序　号	英文缩写	释　义
47	RPN	核仪表系统
48	RTX	通信软件
49	SAMG	严重事故管理导则
50	SAP	企业资源管理软件
51	SSC	电厂分解结构
52	TC	生命周期管理系统软件
53	TOTO 移交	临时运行移交
54	TP13A	数字化仪控设计技转任务包
55	TQM	全面质量管理
56	TUV	Technischer Überwachungs-Verein，技术监督协会
57	WBS	工作分解结构
58	WWER（VVER）	俄罗斯设计的压水堆
59	YA	除盐水生产车间
60	50% FP	核电站 50% 满功率（电功率）

ISBN 978-7-5022-6863-3